Günter Krause **U-Boot-Alarm**

Günter Krause

U-Boot-Alarm

Zur Geschichte der U-Boot-Abwehr 1914 – 1945

Brandenburgisches Verlagshaus

Bildnachweis:
Sammlung Israel (24), Verlagsarchiv (30),
Imperial War Museum (1), U.S. Air Force (1),

Reproduktionen aus:
Dan van der Vat, Schlachtfeld Atlantik, München 1990 (4);
L. Peillard, Die Schlacht im Atlantik, Klagenfurt 1975 (1);
ders., Geschichte des U-Boot-Krieges, Wien 1970 (1);
Michael Gannon, Operation Paukenschlag, Augsburg 1997 (2).

Nicht in allen Fällen konnte der urheberrechtliche Nachweis
der Weltkriegsfotos erbracht werden.

Kartenzeichnungen:
Georg Seyler, Berlin und Bernd Anders, Greifswald

Die Deutsche Bibliothek – CIP-Einheitsaufnahme
Krause, Günter:
U-Boot-Alarm : zur Geschichte der U-Boot-Abwehr (1914 – 1945) /
Günter Krause. - Berlin : Brandenburgisches Verl.-Haus, 1998
ISBN 3-89488-126-7

ISBN 3-89488-126-7

Gestaltung: Typografik & Design – Ingeburg Zoschke
Satz und Reproduktion: LiSa Lithografie und Satz GmbH
Schutzumschlag: Rex Verlagsproduktion, München
Gesamtherstellung: Wiener Verlag, Himberg
Printed in Austria
Gedruckt auf alterungsbeständigem Papier
mit chlorfrei gebleichtem Zellstoff.

Inhalt

Einleitung

Im deutschen Schrifttum finden wir ein relativ breites Angebot an Literatur zum Einsatz deutscher U-Boote, vor allem im Zweiten Weltkrieg. Kräfte, Mittel und Methoden der U-Boot-Abwehr werden in erster Linie aus dem Blickwinkel des U-Boot-Einsatzes beschrieben.

Das vorliegende Buch soll einen Beitrag zur Geschichte der U-Boot-Abwehr leisten, einer Geschichte, die im wesentlichen von den Seeleuten der britischen Royal Navy, ihrer Verbündeten und den deutschen U-Boot-Fahrern im Atlantik geschrieben wurde. Es sollen nicht die gelungenen Darstellungen der U-Boote in beiden Weltkriegen von Michelsen, Thomas, Tarrant, Brennecke und Böddeker wiederholt werden. Es liegt aber in der Natur der Sache, wenn bei der Untersuchung der Geschichte einer *Gegenwaffe* die Entwicklung der *Waffe* mit herangezogen wird.

Der schwere Weg von der absoluten Ohnmacht gegen die erfolgreichen deutschen U-Boote, über U-Boot-Netze, Minen, Wasserbomben und Horchgeräte bis zur organisierten Konvoifahrt und den U-Jagd-Versuchen im Ersten Weltkrieg, soll der Bogen über die Vernachlässigung der U-Boot-Abwehr zwischen den Kriegen zum siegreichen alliierten U-Boot-Abwehr-Kampf des Zweiten Weltkrieges geschlagen werden. Kampfgeist und Leistung der Deutschen U-Boot-Fahrer können am besten an der Härte und den gigantischen Aufwand, mit dem der U-Boot-Abwehr-Kampf geführt wurde, gemessen werden. Nach dem Kriege wurde errechnet, daß der alliierte Kampf gegen die U-Boote 32 mal teurer war als der deutsche U-Boot-Bau und -Einsatz. Über 80 Prozent der deutschen U-Boot-Fahrer fanden mit ihren Booten den Tod in See.

Auf die politischen Ursachen, die zu diesen mörderischen Kriegen in der ersten Hälfte unseres Jahrhunderts führten, wird nicht weiter eingegangen. Die seestrategischen Ansichten in den Seemächten bezüglich des Einsatzes von U-Booten vor und im Ersten Weltkrieg sowie zwischen den Kriegen und im Zweiten Weltkrieg werden betrachtet, weil die Unterschätzung der U-Boot-Gefahr maßgeblich die völlig unzureichende Entwicklung der U-Boot-Abwehr verursacht hatte.

England mußte im Ersten Weltkrieg erst wieder zur Hauptaufgabe der Flotte – Schutz des Handels und der Seeverbindungen – zurückfinden. Die Sicherungskräfte der großen Seemächte waren vor allem damit beschäftigt, die Schlachtflotte zu schützen. Zu diesem Umdenken zwangen die U-Boote. Nach dem Ersten Weltkrieg gerieten die Gefahren, die von den U-Booten ausgingen, schnell wieder in Vergessenheit. Erneut bestimmte der Einsatz von Großkampfschiffen die Seekriegsdoktrinen der Seemächte. In Großbritannien kam noch die Überschätzung der eigenen U-Boot-Ortung und die Unterschätzung der deutschen U-Boot-Waffe hinzu.

U-Boot-Alarm soll zeigen, wie vor allem die britische Flotte im Ersten Weltkrieg unter den Schlägen der U-Boote alarmiert wurde. Die Welt horchte auf als deutsche U-Boote, zunächst gegen britische Kampfschiffe erfolgreich eingesetzt, später gegen die Seeverbindungen, das Empire im Jahr 1917 an den Rand der militärischen Niederlage brachten. In eine ähnliche Situation wären die Briten in den Jahren 1940/41 gekommen, hätte Deutschland zu diesem Zeitpunkt über die U-Boote verfügt, die Dönitz 1938 gefordert hatte. Wie Großbritannien und später die Alliierten ihre Kräfte, Mittel und Methoden in diesem Kampf entwickelten und siegten, soll anhand von Beispielen und Fakten erzählt werden.

Nach dem Kriege schätzte Winston Churchill ein, daß von den Plagen die U-Boot-Plage die schlimmste war. *Die Deutschen hätten gut daran getan, alles auf diese Karte zu setzen.*

Günter Krause
Warnemünde, im Februar 1998

ERSTER WELTKRIEG 1914–1918

Seestrategisches Denken und U-Boot-Abwehr

Seestrategie am Beginn des Krieges

Seestrategisches Denken und Flottenrüstung waren bis zum Beginn des Ersten Weltkrieges auf die alles entscheidende Generalschlacht der Hochseeflotten ausgerichtet. Nach Vernichtung der gegnerischen Flotte sollte dann die Seeherrschaft auf den Weltmeeren gewährleistet sein. Dazu waren große Einheiten, Linienschiffe und Kreuzer, die alles dominierende Kraft in den Flotten. Zerstörern, Torpedobooten und auch den U-Booten waren sicherstellende Aufgaben zugedacht.

Die britische Seekriegsdoktrin hatte auf der Grundlage überlegener Seestreitkräfte die Seeblockade aller deutschen Häfen zum Inhalt. Die deutsche Flotte war zwar am Beginn des Ersten Weltkrieges nach der britischen die zweitgrößte Seemacht und operativ sowie technisch auf dem Stand der Zeit, aber in der Anzahl der schweren Einheiten der britischen Grand Fleet unterlegen. Deshalb sah die deutsche Seestrategie vor, durch überraschende Gefechtseinsätze starker Geschwader die britischen Blockadekräfte in der Nordsee und im Kanal soweit zu dezimieren, daß die Generalschlacht mit Aussicht auf Erfolg gesucht werden konnte. Der Krieg sollte dann aber zeigen, daß England die Generalschlacht nicht zu suchen brauchte. Das Inselreich war in der Lage, durch eine großangelegte Fernblockade außerhalb der Reichweite der deutschen Flottenkräfte, Deutschland von der Außenwelt abzuschneiden.

Der Einsatz von U-Booten spielte in der deutschen Seekriegsdoktrin eine unbedeutende Rolle. Am Beginn des Krieges wurde auch der Kampfwert der U-Boote in der deutschen Admiralität nicht allzu hoch eingeschätzt. Dennoch wurden im ersten Kriegsmonat auf der Grundlage des deutschen Mobilmachungsplanes bei der Werftindustrie die Aufträge für den Bau von weiteren 11 U-Booten ausgelöst.

In der deutschen Admiralität ging man davon aus, daß die britische Grand Fleet im Falle eines Krieges mit der Hauptmacht der Flotte unverzüglich die deutsche Hochseeflotte in der Deutschen Bucht zur Schlacht stellen würde. Von einer solchen Lage ausgehend, wurde der Hafen von Helgoland als U-Boot-Stützpunkt ausgebaut und beide U-Boot-Flottillen hier, 55 Seemeilen vor der Flottenbasis Wilhelmshaven, entfaltet. Außerdem übernahmen Torpedoboote bei Tage den Vorpostendienst in der Deutschen Bucht. Die Hauptaufgabe der U-Boote und der Torpedoboote bestand darin, rechtzeitig das Nahen der Grand Fleet zu erkennen, es an den Flottenstab weiter zu melden, und so vor Überraschungen sicher zu sein.

Daß die Royal Navy, wie dann im Kriege praktiziert, zum Mittel der strategischen Defensive greifen würde, wurde mit der Begründung zurückgewiesen, daß die Briten schon aus Prestigegründen nicht auf die Offensive verzichten könnten. Wie wir heute wissen, hat die britische Flotte auf zwei Blockadelinien, eine 20 Seemeilen quer zur Straße von Dover und eine 200 Seemeilen von den Orkney-Inseln über die Nordsee bis zur norwegischen Küste Deutschland von seinen überseeischen Verbindungen abgeschnitten. Die Generalschlacht beider Flotten brauchte von der britischen Seite nicht gesucht zu werden, schon gar nicht in der Deutschen Bucht. Aber auf diese Generalschlacht war die gesamte deutsche Seestrategie angelegt.

Mit den Blockadelinien wollten die Briten den Durchbruch deutscher Überwasserstreitkräfte in den Atlantik verhindern und damit eine Bedrohung der Seewege zum Inselreich ausschließen. Es sollte aber auch Druck auf die deutsche Wirtschaft ausgeübt werden. Das Deutsche Reich war ebenfalls auf seine Seeverbindungen angewiesen, denn mit 11,9 Prozent der Welthandelstonnage verfügte es über die zweitgrößte Handelsflotte der Welt.

Die Geburtsstunde des Kampfes gegen U-Boote

Obwohl am Beginn des Ersten Weltkrieges bereits U-Boote in den Bestand der Flotten eingegliedert waren – Großbritannien verfügte über 76 U-Boote, Frankreich über 38, Rußland über 15 und Deutschland über 28 U-Boote – gab es weder über den Einsatz dieser Boote noch über die Abwehr der neuen Waffe ausgereifte Konzeptionen. Auch die Bewertung des U-Bootes als Torpedoträger sowohl gegen Kampfschiffe als auch gegen die Zufuhr über See wurde sehr niedrig angesetzt. Dabei muß man sich vergegenwärtigen, daß man am Beginn des Ersten Weltkrieges U-Boote in der Unterwasserlage weder orten noch wirksam bekämpfen konnte. Dennoch sind in den Flotten keine nennenswerten Schritte unternommen worden, zumindest die eigenen Überwasserstreitkräfte vor den zu erwartenden U-Boot-Angriffen wirksam zu schützen. Vereinzelt begann man in Flottenkreisen auch die Gefahren zu erkennen, die mit der Weiterentwicklung des U-Bootes vor allem für Großkampfschiffe entstanden waren. Aber es waren Rufer in der Wüste, sie wurden kaum gehört.

Krieg sollte dann zeigen, wozu U-Boote in der Lage waren. In den Flotten horchte man auf, als am 5. September 1914 das erste Kriegsschiff von einem U-Boot versenkt worden war. Das deutsche U-Boot U 21 (Kapitänleutnant Otto Hersing) hatte das Flaggschiff eines britischen Zerstörerverbandes, den Kreuzer *Pathfinder* (3 200 ts), durch einen Treffer in den Munitionsbunker innerhalb von vier Minuten versenkt. Der Kreuzer sank mit dem Bug voran und riß die Hälfte seiner 360 köpfigen Besatzung mit in die Tiefe. Bereits die Versenkung der *Pathfinder* ließ in der Royal Navy die Gefahren erkennen, die von den U-Booten für die Überwasserflotte ausgingen. Noch am selben Tag wurde die Grand Fleet von ihrer Nordseebasis nach Loch Ewe an die Westküste Schottlands verlegt.

Am 8. August machte U 15 (Kapitänleutnant Pohle) zwischen den Orkneys und den Shetlands drei Schlachtschiffe, *Orion, Monarch und Ajax* aus. Pohle ging auf Gefechtskurs, nahm die *Monarch* voraus und schoß als erster U-Boot-Kommandant in der Seekriegsgeschichte auf ein Schlachtschiff. Von den Schlachtschiffen unbemerkt, verfehlte der Torpedo sein Ziel. Das erste U-Boot, das in diesem Weltkrieg von Feindfahrt nicht zurückkehrte, war dann

U 9 versenkte die britischen Panzerkreuzer »Aboukir«, »Hogue« und »Cressy«, 1914. Foto: Verlagsarchiv

Ein Blick in das Innenleben eines deutschen U-Bootes aus dem Ersten Weltkrieg. Zeichnung von Willy Stoewer. Foto: Verlagsarchiv

auch U 15, das am 9. August, nach seinem historischen Torpedoschuß in der Morgendämmerung von dem britischen Kreuzer *Birmingham* gerammt wurde. U 13 lief am 12. August vermutlich auf eine Mine. Aus den weniger erfolgreichen Unternehmungen der ersten Augusthälfte, zog die Flottenleitung die Schlußfolgerung: »*Das englische Gros und wahrscheinlich überhaupt alle den Angriff durch U-Boote lohnende Kriegsschiffe halten sich in solcher Entfernung von der deutschen Küste, daß das Aufsuchen dieser Streitkräfte die technische Leistungsfähigkeit der U-Boote übersteigt.*« (Zit. nach: V. E. Tarrant, Kurs West, S. 13.)

Diese Unterschätzung der neuen Waffe war bald widerlegt. Als wenige Wochen später gleich drei britische Panzerkreuzer von einem deutschen U-Boot versenkt wurden, war die Gefahr, die in den Tiefen der See lauerte, nicht mehr zu übersehen.

Was war geschehen?

In der Nacht zum 22. September 1914 hatte U 9 unter Land auf dem Grund der Nordsee gelegen und lief bei Hellwerden mit nordwestlichem Kurs, die holländische Küste bei Hoek von Holland hinter sich lassend, in die offene See hinaus. Aufmerksam suchten der Wachoffizier und ein Maat mit ihren Gläsern den Horizont ab. Doch schon seit Wochen zeigte sich in der Nordsee kein Schiff der britischen Flotte.

Unten, im Inneren des Bootes, machte der Qualm der alten Petroleummotoren den U-Boot-Männern das Leben zur Qual.

»Rauchwolken voraus in Sicht!«

Dieser Ruf durchdrang das kleine Boot bis zu den äußersten Gefechtsstationen.

»Alarmtauchen!« befahl der Kommandant, Kapitänleutnant Weddingen. Viel zu langsam verlief das Tauchmanöver dieses bereits veralteten Bootes. Die Besatzung befand sich auf Tauchstation, U 9 ging auf Tiefe.

Indessen dampften drei britische Panzerkreuzer in einer losen Dwarslinie mit zehn Knoten, ohne Zickzackkurs zu laufen, ihrem Operationsgebiet entgegen. Sie sollten im Rahmen der Seeblockade gegen Deutschland das Seegebiet kontrollieren und das Eindringen leichter deutscher Flottenkräfte in den Ärmelkanal verhindern. Die Wachen standen auf ihren Posten und meldeten von Zeit zu Zeit treibende Gegenstände. Doch Rauchfahnen deutscher Kriegsschiffe, auf die der Chef dieses Verbandes wartete, wurden ihm

Britischer Panzerkreuzer »Aboukir«.
Foto: Verlagsarchiv

nicht gemeldet. Daß sich ganz in der Nähe ein deutsches U-Boot soeben auf Gefechtskurs legte und sich anschickte, die drei Panzerschiffe Seiner Britischen Majestät auf den Grund des Meeres zu schicken, damit rechnete keiner der über 2 500 Seeleute.

Wer fürchtete denn schon diese schwimmenden Särge? Ihre Besatzungen achtete man mit einem Gefühl von Bewunderung und Bedauern, und es hieß, daß sich die U-Boot-Fahrer über jedes gelungene Auftauchen freuten. Die Offensivkraft der Unterseeboote war damals ein völlig unbekannter Faktor im Seekrieg. Die Gefechtsmöglichkeiten der U-Boote gegen Kampfschiffe existierten bis zu den ersten Erfolgen nur in der Theorie.

Plötzlich, es war gegen 06.30 Uhr, ging durch den Leib des zweiten Schiffes der britischen Formation ein Zittern. Wie ein Riesenarm hob die Torpedodetonation das Heck in die Höhe. Auf den Schiffen gab man Minenalarm, denn man vermutete, daß die *Aboukir* – um dieses Schiff handelte es sich – auf eine Mine gelaufen wäre. Gleich darauf begann der 12 000 ts große Panzerkreuzer mit dem Heck zuerst zu sinken. Die beiden anderen gleichgroßen

Britischer Panzerkreuzer »Hogue«.
Foto: Verlagsarchiv

Schiffe stoppten sofort ihre Fahrt. Sie brachten Rettungsboote aus, um die Schiffbrüchigen aufzunehmen. Auf dem getroffenen Kreuzer herrschte indessen Panik. Der unsichtbare Feind, der Gedanke an die vielen in den unteren Decks eingeschlossenen Kameraden und die Angst ums nackte Leben trieben die englischen Matrosen von ihrem Schiff. Teilweise sprangen sie ohne Schwimmwesten über Bord. Von den Booten, die noch zu Wasser gebracht werden konnten, schlugen nicht wenige Leck.

Eine gute halbe Stunde war vergangen. Über das Heck der *Aboukir* spülten bereits die Wellen der Nordsee. Rund um den sinkenden Riesen waren die Schiffbrüchigen bemüht, dem reißenden Sogstrudel zu entkommen. Da wurde die *Hogue* von zwei Torpedos getroffen. Sie legte sich sofort stark auf die Seite und begann zu sinken. Auch hier herrschte sogleich Panik, die dadurch verstärkt wurde, daß sich an Deck der *Hogue* ein Teil der Überlebenden von dem zuerst getroffenen Kreuzer befand. Bereits nach wenigen Minuten, zehn Minuten nach der *Aboukir*, versank gegen 07.00 Uhr die *Hogue* und riß Hunderte von Menschen mit hinab.

Obwohl man auf der *Cressy* langsam bemerkt haben mußte, daß die Detonationen kaum von Minen, desto wahrscheinlicher aber von U-Boot-Torpedos herrühren konnten, setzte man die Bergung fort, ohne Schutzmaßnahmen zu ergreifen. Unbeachtet lief indessen das Unterseeboot mit ausgefahrenen Periskop in seine neue Schußposition. Der Kommandant beobachtete am Sehrohr den verzweifelten Kampf auf der *Cressy,* so viele Menschenleben wie möglich zu retten. Er sah den tausendfachen Tod in den Wellen und die Verwundeten an Oberdeck der *Cressy*. Ohne selbst gefährdet zu sein, ließ er wie beim Übungsschießen die beiden Hecktorpedos auf das Ziel laufen. Unter Wasser ließ Weddingen die Torpedos nachladen.

Um 07.17 Uhr sichtete der Ausguck der *Cressy* ein Periskop und eine Torpedospur. Auf der *Cressy* hatten Ärzte und Sanitäter alle Hände voll zu tun. Das Oberdeck glich einem Verbandsplatz. Vom Bug bis zum Heck drängten sich die Überlebenden der beiden versenkten Schiffe. Jetzt, während der Rettungsaktion, wurde auch das letzte Schiff des Verbandes von einem der beiden Torpedos getroffen. Es reagierte jedoch nicht weiter auf den Torpedotreffer. Ruhig blieb es in normaler Schwimmlage liegen. Die Besatzung und die Überlebenden der anderen Schiffe gingen jedoch in panikartiger Flucht in die wenigen Boote oder sprangen über Bord. Als der letzte Kreuzer nicht sank, manövrierte U 9 zum Bugangriff. Mit dem letzten Torpedo traf er die *Cressy*. Das Schiff bekam schwere Schlagseite und versank in kurzer Zeit.

Soweit der sachliche Bericht über den Untergang der drei britischen Panzerkreuzer mit hundert Geschützen und über 2 500 Mann Besatzung, die den Torpedos eines einzigen U-Bootes zum Opfer gefallen waren.

Die Geburtsstunde der U-Boot-Abwehr (UAW) wird vielfach mit der Versenkung der drei britischen Panzerkreuzer durch ein U-Boot in Verbindung gebracht. Die Hilflosigkeit der drei gepanzerten und bestückten Kampfschiffe gegenüber den Torpedos eines einzelnen U-Bootes beweist, wie extrem niedrig der Stand der UAW zu Beginn des Ersten Weltkrieges war. Abwehr- und Ausweichmanöver vor U-Boot-Angriffen waren in der britischen Flotte unbekannt, von aktiven Handlungen gegen U-Boote ganz zu schweigen.

Eine der nächsten Anweisungen des Flottenkommandos nach

Britischer Panzerkreuzer »Cressy«.
Foto: Verlagsarchiv

Kapitänleutnant Weddigen,
Kommandant von U 9.
Foto: Verlagsarchiv

dem Verlust der drei Panzerkreuzer war das Verbot, die Maschinen zu stoppen, wenn in der Nähe ein Schiff von den Torpedos eines Unterseebootes getroffen worden war. Die Kommandanten erhielten den Befehl, in solchen Fällen keine Rettungsversuche zu unternehmen, sondern mit Zickzackkursen abzulaufen. Dieser Befehl galt auch noch im Zweiten Weltkrieg und wurde einem Teil der Überlebenden des deutschen Schlachtschiffes *Bismarck* zum Verhängnis. Als die *Dorsetshire* die Meldung über die Anwesenheit eines deutschen U-Bootes im Seegebiet erhielt, brach sie sofort die Rettungsaktion ab und verließ die Position an der die *Bismarck* gesunken war.

Obwohl man nach dem 22. September 1914 überall von der Notwendigkeit eines wirksamen Schutzes vor den U-Booten überzeugt war, entwickelte sich die UAW in den ersten beiden Kriegsjahren nur schleppend. Die Angriffe der U-Boote auf die schweren Einheiten der Flotte, zwang die britische Admiralität, ihre Linienschiffe und Panzerkreuzer in den Häfen und in sicheren Buchten vor Anker gehen zu lassen. Von Netz- und Minensperren geschützt und von Sicherungskräften bewacht, lag hier der Kern der Flotte und hütete sich, ohne Zerstörerschutz auszulaufen.

Nach dem ergebnislosen Eindringen von U 18 (Kapitänleutnant Henning) am 23. November 1914 in Scapa Flow – der Ankerplatz der Grand Fleet war zu diesem Zeitpunkt leer – wurde die britische Admiralität aufgeschreckt. Man hatte bis dahin angenommen, daß die Flottenbasis – sie war 475 Seemeilen von den deutschen Basen entfernt – für U-Boote unerreichbar wäre. Deshalb waren auch keinerlei Sperrmaßnahmen eingeleitet worden. U 18 war mit sechs Torpedos in der Bucht. Welch eine Katastrophe hätte das Boot anrichten können. Beim Ausbruch ging U 18 durch einen Rammstoß des britischen Zerstörers *Garry* verloren. Die Vorstellung aber, daß stündlich weitere U-Boote in die Bucht von Scapa Flow einlaufen könnten, rief in der Grand Fleet eine U-Boot-Panik hervor. Umgehend wurde das Gros der Flotte nach Loch Ewe an der Nordwestküste Schottlands verlegt. Eilig sicherte man den Flottenstützpunkt durch das Legen von Minen-, Balken- und Netzsperren gegen U-Boote. Die drei Haupteingänge (Hoxa-, Switha- und Hoy-Sund) waren im Februar 1915 gesperrt.

Da die deutsche Flottenführung davon ausging, daß die britischen Flottenstützpunkte ebenso gesichert und befestigt waren wie die eigenen, versäumte sie in den ersten vier Kriegsmonaten, weitere aufeinander folgende U-Boot-Einsätze gegen britische Basen durchzuführen. Der Verlust von U 18 dürfte hier abschreckend gewirkt haben. Ein anderer Grund mag darin liegen, daß man die Möglichkeiten der eigenen U-Boote unterschätzte.

Andererseits wurde in Deutschland der U-Boot-Bau forciert. Vor allem galt es die technischen Mängel der Boote zu überwinden. Ein entscheidender Schritt war dabei die Ausrüstung der U-Boote mit Dieselmotoren für die Überwasserfahrt. Dieser Antrieb war zuverlässig und verbreitete in den Booten keinen atemberaubenden Qualm wie die Petroleummotoren. Bei Kriegsbeginn verfügte Deutschland über 28 U-Boote, noch im Jahre 1914 wurden weitere 10 U-Boote in Dienst gestellt. Auch der operative Einsatz der neuen Waffengattung der Flotte wurde zügig entwickelt. Die Erfahrungen der einlaufenden Kommandanten werteten die Stäbe aus und nutzten sie für die weitere Ausbildung der neuen Besatzungen.

Für die britische Flotte war die *U-Boot-Pest* das größte Problem des Krieges. Erst nach Gründung einer speziellen UAW-Abteilung in der Admiralität im Dezember 1916 beschleunigte man die Entwicklung von Waffen und Horchmitteln gegen U-Boote. Bei den Bestrebungen, Kriegsschiffsverbände zu sichern und den Geleitdienst einzuführen, zeigte sich bald, daß es an Sicherungsfahrzeugen fehlte. Torpedoboote und Zerstörer, die sich am besten geeignet hätten, konnten aber die UAW-Aufgaben nicht erfüllen, weil ihnen noch die notwendige Ausrüstung fehlte und weil sie zahlenmäßig bei weitem nicht ausreichten. In der Stunde der Gefahr wurden Hunderte von Trawlern, Jachten und anderen Fahrzeugen aktiviert und zur U-Boot-Jagd ausgerüstet und bemannt. Bis Januar 1915 waren 827 dieser Hilfs-U-Jäger für den Einsatz vorbereitet. Aber das reichte nicht, es mußte ein neuer, spezieller Schiffstyp entwickelt werden, der auf jeder kleineren Werft und in größerer Anzahl gebaut werden konnte

Kräfte, Mittel und Methoden der U-Boot-Abwehr

Erste U-Boot-Jäger

Nun ergab es sich, daß man in Großbritannien im Jahre 1915 ein Minensuchschiff gebaut hatte, das sehr seetüchtig war und sich durch seine einfache Bauart auszeichnete. Es konnte auch auf kleineren Werften hergestellt werden. Diese Schiffe gehörten zur *Flower*-Klasse, hatten eine Wasserverdrängung von 1 200 ts und eine Geschwindigkeit von 16 Knoten. Im weiteren erhielten die Schiffe Einrichtungen zum Einsatz von Wasserbomben. Wegen ihrer damals hervorragenden Eigenschaften können diese Schiffe als erste U-Boot-Jäger in der Seekriegsgeschichte betrachtet werden. Neben einem kleineren, schnelleren Typ von 600 ts Wasserverdrängung und einer Geschwindigkeit von 20 Knoten wurden zur U-Jagd in küstennahen Gewässern Hunderte von Kleinbooten in Dienst gestellt.

Der beschleunigte Bau von Geleitern machte sich um so notwendiger, da Deutschland am 22. Februar 1915 im Rahmen der ersten U-Boot-Offensive gegen die britischen Seeverbindungen mit dem eingeschränkten U-Boot-Krieg begonnen hatte. Das hieß, daß die U-Boote auch Handelsschiffe ohne Warnung versenkten. Im Unterschied zum uneingeschränkten U-Boot-Krieg, bei dem alle Schiffe, die Häfen der Entente anliefen, ohne Warnung versenkt wurden, sollten noch bei Neutralen die Ladung und der Bestimmungshafen kontrolliert werden. Stellte sich heraus, daß das neutrale Schiff kriegswichtige Güter für den Gegner geladen hatte, so ließ man die Besatzung in die Rettungsboote gehen und versenkte das Schiff.

Am Anfang des Jahres 1916 verfügte die britische U-Boot-Abwehr im Bereich der Küste über 2 595 Sicherungsfahrzeuge. Die U-Boot-Jäger jener Zeit konnten aber ihre Aufgaben nur bedingt erfüllen, denn es gab damals weder wirksame Waffen zur U-Boot-Bekämpfung noch Ortungsanlagen. So blieb den Schiffen nichts weiter übrig, als aufgetaucht angreifende U-Boote zu rammen, sie mit Artillerie zu bekämpfen oder in Richtung gesichteter U-Boot-Sehrohre mit Spezialgranaten zu schießen, die auch unter Wasser detonierten.

Die Schiffe waren mitunter erfolgreich, wenn sie rechtzeitig die Position aus der die Blasenbahn eines abgeschossenen U-Boot-Torpedos kam, mit Artilleriefeuer belegten oder gar einen Torpedo schossen. In beiden Fällen ging die Trefferwahrscheinlichkeit gegen Null. Mehrere U-Boot-Verluste hatten ihre Ursache im Rammstoß eines U-Jägers. Wurde dann später mit den wenigen Wasserbomben einer der Treibstoff- oder Öltanks des U-Bootes beschädigt, so zeigte sich bald an der Wasseroberfläche eine Ölspur, die den Standort und den Kurs des U-Bootes verriet. Diese Ölspur ermöglichte erst eine erfolgversprechende Bekämpfung des U-Bootes.

Vor der britischen Admiralität stand die für den wirksamen Kampf gegen U-Boote entscheidende Aufgabe, leistungsfähige Ortungsgeräte zu schaffen. Erst dann war der effektive Einsatz von U-Jägern möglich. Zielstrebig wurde an dieser Aufgabe gearbeitet. Ende 1915 konnte die Industrie die ersten Horchgeräte für Schiffe liefern. Diese ersten Hydrophone waren in der Lage, Geräusche eines U-Bootes zwischen einer und zwei Seemeilen festzustellen. Mit diesen Anlagen konnten nicht nur die Geräusche der Schrauben und der Trimmzellenpumpen eines U-Bootes gehört, sondern auch die Peilung bestimmt und die Entfernung zum Ziel annähernd geschätzt werden. Damit war der erste Schritt getan, dem U-Boot seine *Unsichtbarkeit* zu nehmen.

Die Ortung mit den ersten Hydrophonen war in hohem Maße von der Wetterlage abhängig. Die Geräte waren noch nicht fest an Bord installiert, sondern mußten vor dem Einsatz umständlich außenbords gebracht werden. Dazu mußten die U-Jäger stoppen und die Fahrt aus dem Schiff nehmen, weil die Effektivität dieser Unterwassermikrofone stark von den Eigengeräuschen des Schiffes und vom Meeresrauschen beeinflußt wurde. Diese Störgeräusche überlagerten oft die U-Boot-Geräusche und machten eine Ortung unmöglich.

Unter Kriegsbedingungen wurden die ersten Horchgeräte erprobt, weiterentwickelt und das Personal ausgebildet. Erst Ende 1917 erlangten die Bedienungen den erforderlichen Ausbildungsstand und die Anlagen Einsatzreife. Für einzeln operierende Patrouillen-U-Jäger taugten die Hochgeräte aber noch nicht zur U-Boot-Bekämpfung, weil die Richtung zum Ziel von einem alleinfahrenden Schiff nur vage bestimmt werden konnte. Bei entsprechendem Ausbildungsstand des Horchers und bei der notwendigen Erfahrung und Geduld des Kommandanten, war es möglich, Fühlung zum U-Boot zu halten, bis es aus Mangel an Energie und Sauerstoff zum Auftauchen gezwungen gewesen wäre. Die Wahrscheinlichkeit, ein U-Boot mit diesen ersten Horchgeräten auszumachen und dann auch noch zu bekämpfen war am Beginn dieser Entwicklung noch sehr gering. Auch das im Oktober 1917 eingeführte *Nash Fish Hydrophone* konnte – Standort, Kurs und Geschwindigkeit – Daten, die für den effektiven Angriff unerläßlich sind, noch nicht liefern. Die U-Boote dagegen konnten ihre Horchanlagen weit effektiver gegen Überwasserziele einsetzen.

Im Jahre 1917 wurden 37 Meter lange und leistungsfähige amerikanische U-Boot-Jäger nach Europa überführt, die Horch-

Österreichisch-ungarisches U-Boot des Ersten Weltkrieges.
Foto: Verlagsarchiv

anlagen mit beachtlichen Leistungsparametern an Bord hatten. Von diesem Typ, der sich bereits bei der selbständigen Überführung von Amerika nach Europa unter ungünstigen Wetterbedingungen durch seine Seetüchtigkeit ausgezeichnet hatte, wurden im Juni 1917 zwei Flottillen mit insgesamt 36 Schiffen in Plymouth für die Kanalzone stationiert. Durch diese U-Jäger waren die auf den Zufahrten zu britischen Häfen operierenden deutschen U-Boote gefährdet.

Italienisches U-Boot des Ersten Weltkrieges.
Foto: Verlagsarchiv

Französisches U-Boot des Ersten Weltkrieges.
Foto: Verlagsarchiv

Britisches U-Boot des Ersten Weltkrieges.
Foto: Verlagsarchiv

Erfolgte die U-Boot-Suche in der Gruppe, setzten die U-Jäger ihre Horchanlagen nach folgendem Prinzip ein: Die Schiffe durchliefen das Suchgebiet in breiter Formation mit Abständen bis zu zwei Seemeilen. Dieser Abstand entsprach etwa der Reichweite der Horchanlagen. In bestimmten Intervallen stoppten sie, horchten im Voraussektor das Seegebiet ab und liefen weiter. Bei diesem Verfahren waren die U-Jäger auf das höchste gefährdet, denn wenn die Schiffe stoppten, um zu horchen, liefen sie Gefahr, von einem in dem Gebiet befindlichen U-Boot torpediert zu werden.

Wurde ein U-Boot ausgemacht, so signalisierten die Schiffe ihre Peilungen an das Führerschiff, und auf diesem wurden die Peilungen in der Seekarte ausgewertet. Aus zwei bis drei Peilungen erhielt man den angenäherten Standort des U-Bootes. Die U-Jäger liefen dann in Richtung der letzten Peilung, stoppten abermals und peilten erneut. Danach legten sie ihre Schiffe wieder in Richtung der letzten Peilung auf Kurs. Das wiederholte sich bis zum Zeitpunkt des Bombenwurfs. Auf diese Art wurden die Operationsgebiete der U-Boote in Küstennähe systematisch abgesucht.

Auch die jetzt unter dem Schiff montierten Horchgeräte hatten noch immer erhebliche Schwächen. So konnten die Anlagen nur bei geringer Fahrt und bei günstigen Wetterbedingungen eingesetzt werden. Dennoch wuchsen die Erfolge der britischen und amerikanischen U-Boot-Abwehr in dem Maße wie die Erfahrungen des Personals größer wurden und die Technik verbessert und massiert zum Einsatz gebracht werden konnte. Wie schwer es mit der damaligen Ortungstechnik war, U-Boote zu suchen und zu verfolgen, zeigen die Ergebnisse einer großangelegten U-Boot-Abwehroperation in der Zeit vom 15. bis 24. Juni 1917. An diesem Unternehmen waren 35 britische Zerstörer und 15 Jagd-U-Boote beteiligt. Diese Kräfte setzten die Briten nördlich um Schottland und auf den bekannten Anmarschwegen der deutschen U-Boote ein. Während der Operation wurden 61mal U-Boote ausgemacht und zwölf Angriffe gefahren. Es wurden weder U-Boote versenkt noch beschädigt.

Dennoch sind von den 178 deutschen U-Booten, die während des Ersten Weltkrieges versenkt worden waren, 115 U-Boote vom Juni 1917 bis Ende des Krieges von U-Jagd-Einheiten vernichtet worden. Diese Erfolge werden verständlich, wenn man bedenkt, daß die britische U-Boot-Abwehr allein im November 1917 über 2 500 Schiffe und Boote gegen den deutschen Unterwassergegner eingesetzt hatte. Außerdem waren 184 Flugzeuge und 50 kleine Luftschiffe im Einsatz.

Ende 1917 legte man auch die ersten Horchbojen zur Sicherung von Hafeneinfahrten und Ankerplätzen. Die Bojen wurden seefest auf dem Meeresboden verankert. Zwölf Horchbasen wurden vor der britischen Küste errichtet. Diese Bojen wurden im Küstenvorfeld verankert und über Drahtleitungen mit Landstationen verbunden. In den Bojen befand sich nur ein Hydrophon, das jeweils die Geräusche vorbeilaufender Fahrzeuge aufnahm und von der Landstationen abgehört werden konnte.

Hier wurde das Ziel klassifiziert, ob es sich um ein Überwasser- oder um ein Unterwasserfahrzeug handelte. Mit diesem einen Mikrofon konnte man noch nicht die Richtung zum Ziel bestimmen, sondern nur die Tatsache, daß sich ein Ziel in Hörweite von einer bis zwei Seemeilen befand. Erst wenn feststand, daß sich kein Überwasserziel in der Nähe bewegte, mußte man annehmen, daß sich ein U-Boot näherte oder entfernte. Hatte eine Boje ein U-Boot aufgefaßt, so meldete die Landstation, in deren Bereich die Boje lag, ihre Beobachtung an die nächste U-Jagd-Flottille, die nach den erhaltenen Angaben die U-Boot-Suche und die Verfolgung aufnahm.

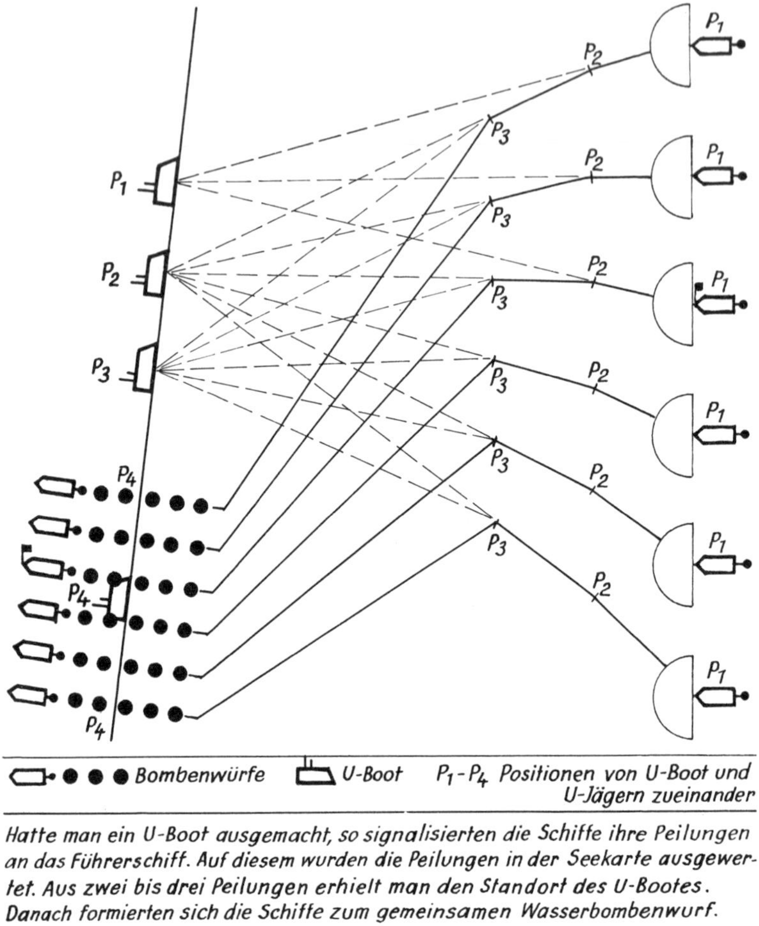

Suche und Bekämpfung von U-Booten mit Hilfe passiver Horchgeräte

Um sich ein Bild von dem Aufwand machen zu können, mit dem die Entwicklung neuer Horchanlagen und ihr Einsatz allein in Großbritannien vorangetrieben wurde, muß man wissen, daß damals von der britischen Marine 1 000 Offiziere und 2 000 Unteroffiziere und Matrosen an Horchtechnik ausgebildet wurden.

U-Boot-Fallen

Ein wirksamer Kampf gegen U-Boote setzte voraus, daß die technischen Möglichkeiten des U-Bootes und die sich daraus ergebende Taktik des U-Boot-Einsatzes bekannt waren, um Gegenmaßnahmen zu ergreifen. So wurde auf beiden Seiten, bei Waffe und Gegenwaffe, erst einmal Neuland betreten. Da die Transportschiffe zu Beginn des Krieges noch einzeln auf die Reise geschickt wurden, waren die U-Boote nach internationalem Recht verpflichtet, die Frachter zu stoppen, die Ladungspapiere zu kontrollieren und dann zu entscheiden, ob das Schiff als neutrales seine Reise fortsetzen konnte, oder ob der Transporter mit Ladung für den Gegner versenkt werden sollte.

Die Tatsache, daß die U-Boote zur Kontrolle auftauchen mußten machte sich die britische U-Boot-Abwehr zu nutze und baute sogenannte U-Boot-Fallen oder *Q-Schiffe*, als *decoy chips* bezeichnete Lockschiffe. Das waren mit Artillerie bewaffnete Handelsschiffe, deren Geschütze getarnt aufgestellt wurden und die man mit Holz, leeren Fässern oder Kork belud, um sie unsinkbar zu machen. Zu diesem Zweck wurden selbst kleinere Kriegsschiffe so verkleidet, daß sie als U-Boot-Fallen zum Einsatz kommen konnten. Zum Teil fuhren sie sogar unter neutraler Flagge. Tauchte ein U-Boot auf, um den Kapitän mit den Ladungspapieren zum U-Boot zu beordern oder um ein Prisenkommando zur Kontrolle des vermeintlichen Handelsschiffes auszusetzen, so wurden die Bordwände abgeklappt, und die U-Boot-Falle eröffnete überraschend das Feuer.

Es sind aber auch Beispiele überliefert, in dem ein Trawler als U-Boot-Falle hergerichtet worden war. Anstelle eines Fischnetzes schleppte er ein getauchtes Unterseeboot, das mit dem Trawler über Telefon verbunden war. Als dann nacheinander zwei deutsche U-Boote den Trawler zum Stoppen aufforderten, um ihn zu durchsuchen, wurden sie von dem britischen Unterseeboot mit Torpedos versenkt. Es handelte sich dabei um die Boote U 23 (Kapitänleutnant Schultheiß) und U 40 (Kapitänleutnant Fürbringer).

Für das erfolgreiche Zusammenwirken von Q-Schiff und Jagd-U-Boot war das Überraschungsmoment und damit Geheimhaltung die wichtigste Voraussetzung. Als das Geheimnis durch überlebende U-Boot-Fahrer in Gefangenschaft an deutsche Zivilgefangene,

Klassische U-Boot-Falle. Nachdem Herunterklappen der Deckung in der Bordwand, ist das Geschütz sofort einsatzbereit. Foto: Verlagsarchiv

die bald in die Heimat entlassen wurden, gelüftet worden war, fielen die U-Boot-Kommandanten nicht mehr auf diese List herein.

Durch U-Boot-Fallen wurden in den Jahren von 1915 bis 1917 12 deutsche U-Boote versenkt. Nach 1917, als Deutschland den uneingeschränkten U-Boot-Krieg begonnen hatte, kamen U-Boot-Fallen nicht mehr zum Erfolg.

Erste Jagd-U-Boote

Ab Mitte 1915 wurden britische U-Boote immer häufiger zu U-Jagd eingesetzt. Der Vorteil dieser ersten Jagd-U-Boote gegenüber den deutschen Unterseebooten bestand darin, daß sie den Überraschungseffekt auf ihrer Seite hatten. Sie lauerten am Tage im getauchten Zustand den feindlichen U-Booten auf und konnten diese überraschend angreifen. Während sie selbst kaum Geräusche von sich gaben, hörten sie über ihre Hydrophone die über Wasser anlaufenden deutschen U-Boote schon aus größerer Entfernung. Ihre Akkumulatoren für den Elektro-Antrieb luden die Jagd-U-Boote in der Nacht.

Diese britischen Unterseeboote wurden vorrangig auf den Anmarschwegen deutscher U-Boote eingesetzt. Mit der Zunahme von zuverlässigen Aufklärungsinformationen über den gegnerischen U-Boot-Einsatz handelten die britischen U-Boote auch gezielt in den Seegebieten, in denen die deutschen U-Boote ihre Akkumulatoren aufluden. Die britischen Submarinekiller handelten einzeln und auf sich gestellt auf ihren Positionen, erhielten aber Aufklärungsmeldungen über beobachtete deutsche U-Boote von der Kommandozentrale der Flotte.

Zur Suche und Bekämpfung der deutschen U-Boote entfalteten die Briten ihre Jagd-U-Boot-Patrouillen an der Ostküste der Britischen Inseln, vor den Shetlands, im Nordkanal und in der Straße von Dover sowie in der Deutschen Bucht und vor dem Horns-Riff. Die Effektivität der Jagd-U-Boote wurde durch die konstruktiven Mängel bei den britischen Torpedos stark herabgesetzt.

In den Jahren 1917 und 1918 hatten Jagd-U-Boote zwar 564 Kontakte zu deutschen Unterseebooten, doch wurden in den folgenden Angriffen nur 19 Treffer erzielt. Das war ein Verhältnis von 1 : 29,7. Auf dieses ungünstige Verhältnis wirkte auch die niedrige Unterwassergeschwindigkeit der britischen U-Boote negativ. Die Jagd-U-Boote waren im Nachteil, wenn sie die schnelleren deutschen Unterseeboote verfolgen sollten.

Die deutschen U-Boote mußten wegen des geringen Unterwasserfahrbereiches lange Strecken über Wasser laufen, um auf dem Weg in die entfernten Operationsgebiete ihre Batterien aufzuladen und schneller voranzukommen. Durch die britischen U-Boote wurden sie gezwungen, die Überwasserfahrt einzuschränken bzw. über Wasser Zickzackkurse zu laufen. Beides war zeitraubend. Als Gegenmaßnahme legten deutsche U-Boote in den für sie gefährlichen Seegebieten Minen, deren Koordinaten der deutschen Flotte bekannt waren. Auf diese Minen wird ein großer Teil der britischen U-Boot-Verluste zurückgeführt, deren Ursachen nicht geklärt werden konnten.

Der Einsatz britischer Jagd-U-Boote wurde von Admiral Duff, dem Leiter der U-Boot-Abwehrabteilung wie folgt begründet: *»Das gegnerische Unterseeboot (wird niemals) sicher sein, daß es nicht verfolgt wird, und infolgedessen muß es entweder*
a) getaucht bleiben oder

b) ständig mit mittlerer Geschwindigkeit (acht bis zehn Knoten) in Fahrt bleiben und Zickzackkurse steuern.

Wenn a) gewählt wird, ist unser Ziel erreicht. Bei b):

1. Die Besatzung steht unter ständiger Anspannung.

2. Dieselmotoren sind fortwährend in Betrieb. Dies hat zwischen den Feindfahrten längere Werftliegezeiten zur Folge.

3. Der Zeitraum zum Aufenthalt im Einsatzgebiet wird durch den gestiegenen Treibstoffverbrauch eingeschränkt.

4. Das Boot wird leichter gesichtet, als wenn es an der Wasseroberfläche gestoppt liegt.

Wenn das Boot einen Angriff fährt, ob erfolgreich oder nicht, wird stets das Gefühl vorherrschen, daß nicht erkannte Unterseeboote heranschließen können, und dies wird als starker Anreiz wirken, getaucht zu bleiben und sicher zu sein.« (Zit. nach: V. E. Tarrant, Kurs West, S. 565.) Dieser Optimismus schlug sich allerdings nicht in den Einsatzergebnissen der britischen Jagd-U-Boote nieder.

Nach Auswertung aller Erfahrungen und Mängel beim Einsatz von Jagd-U-Booten, kam es im Herbst 1917 zur Entwicklung eines speziellen Unterseebootes zur U-Boot-Abwehr. Die Boote der britischen *R-Klasse* waren die ersten Submarinekiller in der Seekriegsgeschichte. Die Boote hatten eine Länge von 49,9 Meter, verdrängten unter Wasser 503 ts und verfügten über sechs Torpedorohre, zum Kampfsatz gehörten 12 Torpedos. Die Submarinekiller waren mit hochempfindlichen und technisch verbesserten Horchanlagen ausgerüstet. Die Besatzung setzte sich aus 22 Offizieren und Mannschaften zusammen. Die Jagd-U-Boote waren sehr manövrierfähig und erreichten eine Unterwassergeschwindigkeit von 15,5 Knoten. Bis zum Kriegsende wurden von den geplanten 12 Booten 5 in Dienst gestellt.

Im Verlaufe des Ersten Weltkrieges wurden 31 U-Boote von U-Booten vernichtet. Deutschland verlor 19, Großbritannien fünf, Frankreich drei, Italien zwei und Österreich-Ungarn ebenfalls zwei U-Boote. Das sind 11,7 Prozent aller vernichteten U-Boote.

Netze und Minen gegen U-Boote

Bereits vor 1914 hatte es im Rahmen von britischen Flottenmanövern Versuche gegeben, U-Boote mit Netzen zu fangen. Dafür gab es verschiedene Methoden. Einmal versuchte man, Stahlnetze von einem Schiff oder von zwei Schiffen auf dem vermuteten Kurs des U-Bootes zu schleppen, damit es sich darin verfing, an den Schrauben beschädigte und auftauchen mußte.

Die andere Methode bestand darin, in Meerengen, vor den Buchten oder Reeden und in Hafeneinfahrten stationäre Netzsperren, die aus schweren und großmaschigen U-Boot-Netzen bestanden, zu legen, die zusammen mit Balkensperren das Eindringen von U-Booten unter und über Wasser verhindern sollten.

Der Ärmelkanal, durch den alle Nachschubwege zur Front nach Frankreich liefen, wurde im Verlaufe des Krieges durch ein ständig dichter werdendes System von Sperren verschiedenster Art gesichert. Die britische U-Boot-Abwehr trachtete danach, vor allem der deutschen *U-Boot-Flottille Flandern*, den Zugang zu diesen Seewegen zu verwehren.

Auf diese Weise versuchte man vor dem Ersten Weltkrieg U-Boote zu fangen

In der Konzeption der britischen Flotte zur Abwehr eines gegnerischen Angriffes hatte der Mineneinsatz einen festen Platz. In den Depots waren bereits vor dem Kriege große Mengen an Minen eingelagert worden. So war es nur folgerichtig, daß man die Minen zur U-Boot-Abwehr einsetzte. Einen Monat nach Kriegsausbruch begannen die Briten, die östliche Einfahrt in die Straße von Dover zu verminen. In der Zeit vom 2. Oktober bis zum 3. November 1914 wurden in diesem Seegebiet 2764 Minen und vom 4. bis 16. Februar 1915 4 390 Minen gelegt.

Es sollte sich aber sehr bald zeigen, daß die britischen Seeminen noch bei weitem nicht einsatzreif waren. Immer wieder gelang es deutschen Flottenkräften, darunter auch U-Booten, die Sperren zu durchbrechen. Wie unwirksam die Sperren sein konnten, zeigt folgendes Beispiel: als UB 10 (Oberleutnant zur See Saltzwedel) im April 1916 sich in einem Minennetz verfing, manövrierte er acht Stunden in der Sperre, um freizukommen. Keine der Minen detonierte. UB 10 kam unbeschädigt nach Hause.

Verstärkt mußte darangegangen werden, die Minen und ihre Zündeinrichtungen zu verbessern, sie zuverlässiger zu machen. Aber das kostete Zeit, und die U-Boot-Gefahr wuchs weiter an. In dieser Situation sprang der russische Verbündete ein. Aus den Beständen der zaristischen Flotte wurden Minen und technische Dokumentationen zur Verfügung gestellt und erfahrene Sperroffiziere als Berater nach Großbritannien geschickt. Die Minen erwiesen sich als zuverlässiger und sollten zu einer ernsten Gefahr für die deutschen U-Boote werden. Nach den eigenen Kriegserfahrungen und der russischen Unterstützung wurde dann die Minenproduktion umgestellt, und hochempfindliche neue Minen gingen in Serie. Doch die Auslieferung sollte sich noch bis zum Jahre 1917 hinziehen. Bis dahin wurden die alten Bestände weiter eingesetzt.

Hauptziel des Mineneinsatzes waren die Zufahrten zu den deutschen U-Boot-Stützpunkten und die Anmarschwege der U-Boote zu ihren Operationsgebieten. So legten britische Minenlegkräfte Ende 1915 in der Deutschen Bucht annähernd 4 500 Minen. An den Ostküsten Englands und vor der Einfahrt in die Straße von Dover wurden weitere 7 000 Minen gelegt. Aber immer wieder gelang es U-Booten diese Sperren zu durchbrechen. In der Folge wurden Minensperren mit U-Boot-Netzen kombiniert. Diese Sperrsysteme wurden dann auch zusätzlich durch Schiffskräfte gesichert.

Minenwall

Zielstrebig wurde im Jahre 1917 auf der Grundlage einer erbeuteten deutschen Kontaktmine ein neuer Minentyp (MK H-2) entwickelt, von dem bis zum Dezember 1917 12 450 Stück an die Navy ausgeliefert wurden. Es befanden sich aber auch noch die alten inzwischen verbesserten Minentypen in der Bewaffnung. Alle Schiffe, die in der Lage waren, Minen zu legen, kamen zum Einsatz. So wurden allein 1917 in der Deutschen Bucht 22 000 und Anfang 1918 weitere 15 000 Minen gelegt. Um den U-Booten das Untertauchen der Sperren zu verwehren, legte die britische Flotte sogenannte Minenwälle. Die Minenwälle setzten sich aus mehreren Minenlinien zusammen, wobei der Tiefenstand der Minen in jeder Linie unterschiedlich war. Diese Sperren waren für U-Boote schwer zu überwinden. Die Konstruktion der Minen war jedoch noch immer nicht vollkommen. Oftmals detonierten die Minen in den maximalen Tauchtiefen der U-Boote nicht.

Die festverankerte zwischen Dover und der belgischen Küste bestehende Sperre aus Netzen und Minen, erfüllte nach Einschätzung des Seebefehlsbereiches Dover niemals ihren Zweck. Wie wirkungslos diese Sperre war, erfuhren die Briten nach dem Kriege aus deutschen Unterlagen. Zwischen dem 23. Dezember 1916 bis zum 6. Januar 1917 passierten deutsche U-Boote, vor allem die kleinen Boote der Flandern-U-Flottille 190 mal dieses Sperrsystem. Dennoch ist die Doversperre in ihrer strategische Wirkung für den U-Boot-Krieg weitaus höher einzuschätzen, auch wenn sie im Verhältnis zum Aufwand nicht die gewünschte Zahl versenkter U-Boote gebracht hatte. Die U-Boot-Kommandanten der Hochseeflotte zogen bereits 1916 und 1917 den Umweg um Schottland und damit eine kürzere Operationszeit dem Durchbruch durch dieses Sperrsystem vor.

Erst ab Januar 1918 lag dann in der Straße von Dover die sogenannte *Dover-Barriere* in der neue hochempfindlichen Minen verlegt waren. Diese Barriere bestand aus drei Hauptabschnitten. Im ersten Abschnitt befanden sich Netzsperren, in denen Minen eingearbeitet waren. Die Netze sollen an der Wasseroberfläche nicht oder kaum zu sehen gewesen sein. Sie hingen so tief, daß sie von den U-Booten nicht oder sehr selten untertaucht werden konnten. Um zu verhindern, daß die U-Boot-Kommandanten die Sperren in Überwasserlage überwanden, waren zahlreiche Bewacher in dem Seegebiet entfaltet. Den zweiten Teil der Barriere bildeten Minenwälle. Auch die Minensperren wurden stark bewacht, um eventuelle Überwasserdurchbrüche zu verhindern. Nachts war die Sperre von Küste zur Küste mit Magnesiumlampen beleuchtet. Durch das flackernde und unstete Licht soll es einigen Kommandanten gelungen sein, in Überwasserlage durchzubrechen. Im dritten Abschnitt, an der engsten Stelle des Kanals, waren an beiden Seiten je ein gewaltiger Scheinwerfer in Stellung gebracht worden, deren starke Lichtstrahlen sich in der Mitte kreuzten. Auch hier waren massiert Sicherungskräfte entfaltet. Die Dover-Barriere verlegte den deutschen Unterseebooten im letzten Kriegsjahr den Weg. Ab Februar 1918 waren die U-Boote der Hochseeflotte gezwungen, nur noch um die Orkney-Inseln herum in den Atlantik zu laufen.

Eine besondere Gefahr ging für die britischen Seeverbindungen zum Kontinent von den in Flandern stationierten deutschen U-Booten aus. So wurde zusätzlich zu der Dover-Barriere von der britischen Admiralität beschlossen, die U-Boote der Flandern-U-Flottille unmittelbar in ihrer Basis in Zeebrügge einzuschließen. Keine 20 Seemeilen vor der Hafeneinfahrt legte die britische UAW eine kombinierte Sperre bestehend aus Netzen und Minen. Die Netze

Kombinierte Netz- und Mienensperre

hingen bis auf den Grund. Die 27 Seemeilen lange Sperre reichte von den flachen Gewässern vor Dünkirchen bis an die Schelde. Auch diese gefährliche Sperre wurde von Sicherungskräften bewacht. Die U-Boot-Kommandanten hatten nur eine Möglichkeit die Sperre zu überwinden, sie mußten nachts in Überwasserlage an den Bewachern vorbei durchbrechen. Und das soll nach britischen und deutschen Angaben trotz der Verluste einigen gelungen sein. Die hohen Verluste, die die U-Boot-Fahrer der Flandern-U-Flottille erlitten, resultierten in erster Linie aus den Sperrsystemen im Kanal. So liefen im Februar 1918 18 U-Boote aus und nur zwei kehrten wieder in den Stützpunkt zurück. Wegen dieser dramatischen Verluste kamen die Boote im Jahre 1918 kaum noch zum Einsatz.

Das Bestreben, Standort, Kurs und Geschwindigkeit eines U-Bootes festzustellen, führte dazu, sogenannte Signalnetze zu verwenden. Man legte schwache Stahlnetze aus, die durch Glaskugeln oder Kork getragen wurden und an denen über Wasser Signalbojen befestigt waren. Diese Netze ließ man durch Drifter bewachen, die sich mit den Netzen treiben ließen. Die einzelnen Netzmaschen waren nur schwach miteinander verbunden, so daß ein U-Boot, wenn es in eines dieser Netze geriet, unbemerkt ein Stück heraus-

Britischer Fischdampfer legt eine Netzsperre.
Foto: Verlagsarchiv

riß und eine Signalboje mitschleppte. Für die Bewacher war es dann leicht, die Geschwindigkeit des U-Bootes auszudampfen (mit der Boje mitlaufen und die Geschwindigkeit bestimmen) und dann zu vernichten.

Diese Methode war vor allem in flachen Gewässern erfolgversprechend, wenn die U-Boote nicht in die Tiefe ausweichen konnten. Beim Angriff bewegten sich die U-Jäger parallel zum Kurs des U-Bootes und stimmten ihre Geschwindigkeit mit der geschleppten Boje ab, bis die Geschwindigkeiten einander angeglichen waren. Danach setzten sich die U-Jäger so weit vor das U-Boot, daß ihre Wasserbomben genau auf das U-Boot treffen mußten. Ab 1916 arbeitete man in die Netze zusätzlich Minen ein. Damit wurden die U-Boote nicht mehr nur angezeigt und behindert, sondern auch noch beschädigt.

Am 5. April 1916 geriet UB 26 (Oberleutnant zur See Smiths) vor Le Havre in ein Signalnetz und wurde von dem Drifter *Endurance* verfolgt. Das U-Boot schleppte eine Netzsektion mit. Die überbelasteten Batterien fingen Feuer, und es entwickelte sich Chlorgas, so daß UB 26 auftauchen und sich selbst versenken mußte. Später barg die französische Marine das Wrack. Die Zugänge zur Irischen See wurden mit Driftern und Signalnetzen gesichert. Im Nordkanal richtete die Royal Navy sieben Drifterlinien mit dem Ziel ein, die U-Boote zur Unterwasserfahrt in großer Tiefe zu zwingen. Man hatte berechnet, in welchem Streifen eingedrungene U-Boote zum Nachladen der Batterien wieder auftauchen mußten. Hier warteten die U-Jäger, um den Unterwassergegner mit Artillerie zu bekämpfen. Die Effektivität dieser Idee wurde aber in hohem Maße durch Gezeitenströme und Stürme beeinträchtigt.

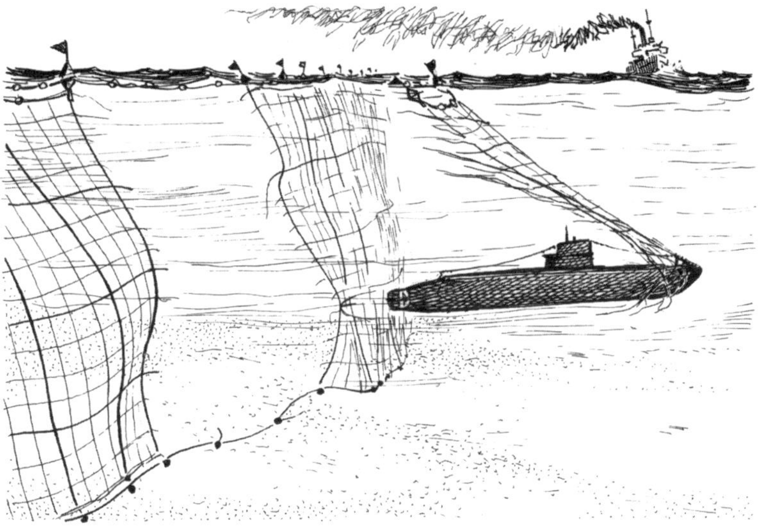

U-Boot im Sigalnetz

Zur Überwachung der Seewege wurden in vielen Küstenhäfen Drifter stationiert. 30 Fahrzeuge dieser Art zogen und bewachten allein in der Straße von Dover ihre Netze. Der Versuch, die Meerenge durch eine Balkensperre zu sichern, scheiterte an den hydrometeorologischen Bedingungen in diesem Seegebiet.

Eine weitere Aufgabe im Kampf gegen deutsche U-Boote bestand darin, eine Minensperre zwischen Norwegen und den Orkneys zu legen. Die Entfernung beträgt etwa 250 Seemeilen. Da man jedoch nicht über die erforderliche Anzahl Minen verfügte, waren die Briten auf den amerikanischen Verbündeten angewiesen. So wurden in den USA neue Werke errichtet und die Minen selbst

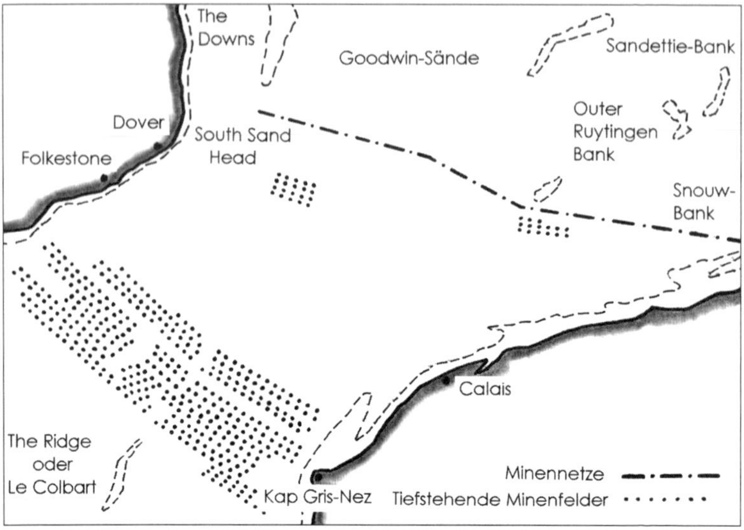

Minensperre bestehend aus Minennetzen und tiefstehenden Minenfeldern in der Straße von Dover, 1918

weiter verbessert. Dennoch hätte man die 400 000 Minen, die etwa für dieses Unternehmen gebraucht wurden, auch bei Anspannung aller Kräfte der britischen und amerikanischen Industrie nicht liefern können.

Diese hohe Zahl wird verständlich, wenn man berücksichtigt, daß ein U-Boot nur 4 bis 8 Meter breit war, und daß die Minen, wenn sie detonieren sollten, mit einer bestimmten Wucht angestoßen werden mußten. Dazu kommt, daß die Minen in einem Sicherheitsabstand von 35 bis 60 Metern zueinander liegen mußten, um bei der Detonation einer Mine die Beschädigung, Zerstörung oder sogar die Detonationen der benachbarten Minen zu verhindern. Darum also mußten die Minen in mehreren Linien gelegt werden, wenn eine vorgegebene Auflaufwahrscheinlichkeit garantiert werden sollte.

Die erste Fernzündungsmine, die von den Alliierten gegen die deutschen U-Boote zum Einsatz kam, war die amerikanische Magnetmine *Mark VI*. Es war eine Grundmine, die bis zu einer Wassertiefe von 60 Metern gelegt werden konnte. Von der Mine zur Wasseroberfläche führte eine Kupferdrahtantenne, die von einer

Mine aus dem Ersten Weltkrieg.
Foto: Verlagsarchiv

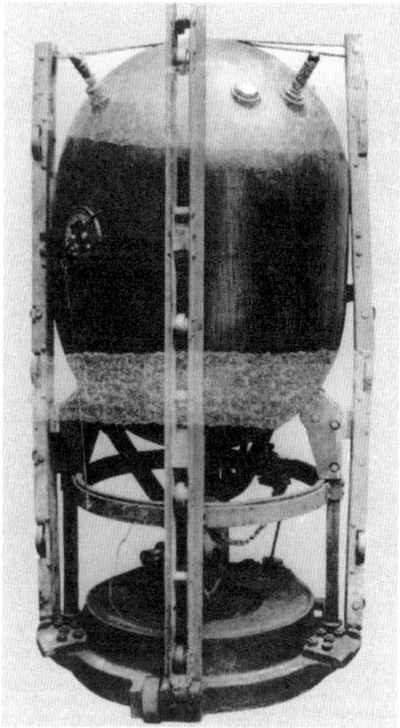

Sperrsystem Zareba bestehend aus tief- und flachstehenden Minensperren sowie verankerten Minennetzen vor der flandrischen Küste

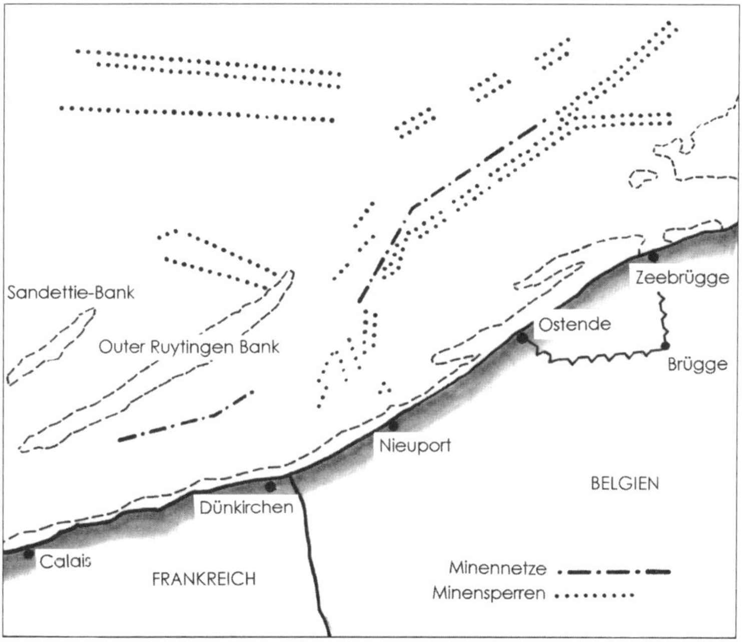

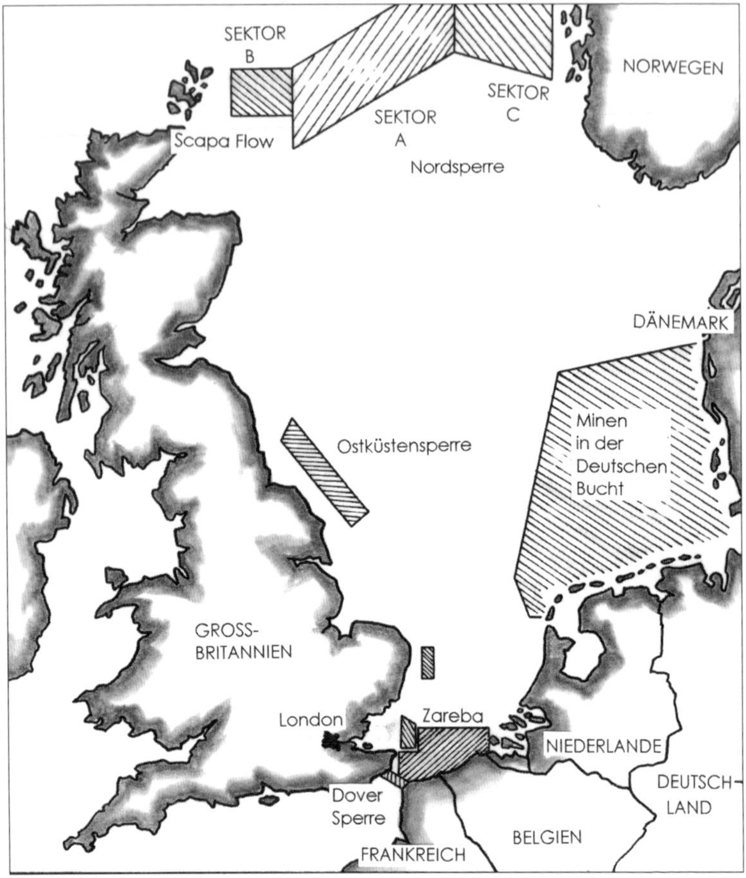

Britische Minensperren und größere Minensperren in der Nordsee und vor der Deutschen Bucht bis 1918

kleinen Trageboje in der Senkrechten gehalten wurde. Berührte ein U-Boot die Antenne, detonierte die Mine. Allerdings waren diese Minen hochempfindlich, es kam vor, daß die Detonation einer Mine gleich mehrere zur Detonation brachte.

Als dann Antennenminen in die Bewaffnung eingeführt wurden, reduzierte sich die notwendige Anzahl für das Orkney-Norwegen-Unternehmen auf ein Viertel. Jetzt genügte bereits die Berührung des Ankertaues, d. h. des unteren oder des oberen Teils der Antenne, die Mine zu zünden. 1918 lag dann die gewaltige Sperre. Von den geplanten 100 000 Minen wurden bis Kriegsende 70 000 gelegt. Achtzig Prozent dieser Minen waren von amerikanischen Schiffen gelegt worden. Doch im Verhältnis zum Aufwand und zu den Eigenverlusten brachte sie nicht den erwarteten Erfolg. Die deutschen U-Boote wurden zwar durch diese Sperre empfindlich in ihrer Bewegungsfreiheit behindert, doch zahlenmäßig verlor Deutschland in dieser umfangreichen Sperre nach unterschiedlichen britischen und deutschen Quellen nur vier bis acht U-Boote.

Auch im Mittelmeerraum wurden erste Schritte zur U-Boot-Abwehr gegangen. Nach dem verstärkten Einsatz deutscher und österreichisch-ungarischer U-Boote auf diesem Seekriegschauplatz mußten auch hier die Aktivitäten im Kampf gegen U-Boote erhöht werden. In dem Maße, wie die Handlungen der Unterseeboote auf den Seeverbindungen zunahmen, wurde auch die U-Boot-Abwehr verstärkt. Die wichtigste Aufgabe war die Sperrung des Anmarschweges der aus Pola und Cattaro nach Süden in das Mittelmeer auslaufenden U-Boote.

Ab September 1915 wurden britische Minensuchfahrzeuge eingesetzt, um die Straße von Otranto zu sperren. Die Minensucher schleppten 5 Kabellängen lange U-Boot-Netze, die zwischen den Schiffen gespannt waren. So war eine Suchgruppe mit fünf bis sechs Minensuchern in der Lage, das zu sperrende Gebiet auf einer Breite von drei Seemeilen und bis zu einer Tiefe von 50 Metern zu überwachen.

Obwohl im Laufe der Jahre über 160 Minensucher aus Großbritannien überführt worden waren, der Sperrstreifen eine Länge von 80 Seemeilen zwischen Brindisi und Otranto erreichte und die Sicherungskräfte von Kreuzern, Zerstörern und später von Flugzeugen gedeckt wurden, überwanden deutsche und österreichisch-ungarische U-Boote den Sperrstreifen bis zum Jahre 1917 192mal. Die an der Minensperre eingesetzten Kräfte und Mittel waren noch zu unvollkommen.

Als dann Ende 1917 die materiellen Voraussetzungen gegeben waren, gingen britische, französische und italienische Seestreitkräfte daran, in der Straße von Otranto ein umfangreiches Sperrsystem zu entfalten. U-Boote, die 1918 die Meerenge passieren wollten, mußten in einem Seegebiet von 150 Seemeilen Ausdehnung folgende Hindernisse überwinden:

1. Eine von U-Booten der drei verbündeten Flotten besetzte U-Boot-Abwehr-Vorpostenlinie;

2. Eine U-Boot-Abwehr-Vorpostenlinie, kontrolliert von Zerstörern und Wachschiffen mit Horchanlagen;
3. U-Boot-Suchgebiete, in denen von Zerstörern gesicherte kleine U-Jäger handelten;
4. Eine bewegliche von Minensuchern getragene und kontrollierte Netzsperre;
5. Eine von den Bewachern gesicherte kombinierte Netz- und Minensperre;
6. U-Boot-Suchgebiete, in denen zu U-Jägern umgebaute Trawler handelten.

Trotz dieser umfangreichen Maßnahmen wurde auch dieses Sperrsystem im Jahre 1918 220mal von deutschen und österreichisch-ungarischen U-Booten überwunden. Nach unterschiedlichen Angaben sollen im Verlaufe des Ersten Weltkrieges in der Sperre von Otranto drei bis fünf U-Boote verlorengegangen sein. Stellt man aber die einzelnen Versenkungsursachen im ersten Weltkrieg einander gegenüber, so wird deutlich, daß insgesamt der Anteil der Minen sehr hoch war. Allein durch Minen wurden 54 U-Boote Deutschlands, Österreich-Ungarns, Italiens, Großbritanniens und Frankreichs versenkt. Das sind 20,4 Prozent aller vernichteten U-Boote dieser Staaten. Deutschland, das am intensivsten U-Boote eingesetzt hatte, steht mit 44 durch Minen vernichtete U-Boote an der Spitze.

Erste Wasserbomben

Bis die ersten Wasserbomben in die Bewaffnung der U-Jäger eingeführt werden konnten, gab es nur ein Mittel, getauchte U-Boote anzugreifen, das waren die Sprengleinen. Dabei handelte es sich um lange geschleppte Drahtschlingen, in denen 36-kg-Sprengladungen befestigt waren. Mit diesen Sprengleinen wurde nur ein U-Boot (U 8, Kapitänleutnant Stoß) am 4. März 1915 versenkt.

Die Sprengleinen hatten sich nicht bewährt. Sie wurden im Jahre 1916 durch den *Spreng-Paravan*, einer Art Sprengdrachen oder U-Boot-Drachen mit 175 kg Sprengladung, ersetzt. Der *Spreng-Paravan* konnte seitlich vom Schiff auf eine Tiefe von 60 Metern ausgefahren werden. Bei dieser Methode, U-Boote zu bekämpfen, wurden die Geräte wie Minenräumgeräte von Überwasserschiffen

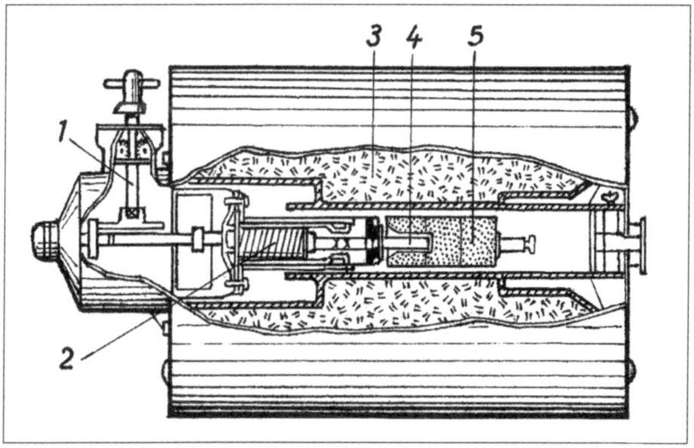

Wasserbomben mit hydrostatischer Zündeinrichtung
1 – Tiefeneinstellvorrichtung; 2 – Schlagbolzeneinrichtung;
3 – Ladung (136 kp): 4 Zünder; 5 – Übertragungsladung

geschleppt. Mit Hilfe eines *Spreng-Paravans* wurde am 6. Dezember 1916 UC 19 (Kapitänleutnant Nitzsche) durch den Zerstörer *Ariel* im Westausgang des Kanals versenkt.

Während ein U-Boot-Drachen Bojen trug, die, wenn der Drachen ein U-Boot berührte, dessen Standort anzeigte, detonierten die Sprengdrachen bei der Berührung mit dem Ziel sofort und beschädigten es. Später zündete man die Sprengdrachen auch von dem schleppenden Schiff aus, wenn man annahm, daß sich der Drachen in der Nähe eines U-Bootes befand. Dieses *Räumgerät* gegen U-Boote wurde in gefährdeten Gebieten eingesetzt. Vor allem wenn die Anwesenheit oder der Standort eines U-Bootes unbekannt waren, kamen sie zur Anwendung.

In der ersten Hälfte des Jahres 1915 begannen die Erprobungen mit den ersten Wasserbomben.Sie sollten zu einer wirksamen Waffe in der U-Boot-Bekämpfung werden. Aber zunächst konnten sie im Sommer 1916 nur schrittweise ausgeliefert werden. Pro Schiff konnten nur zwei Wasserbomben an Bord gegeben werden. Damit war eine zielgerichtete und erfolgversprechende U-Boot-Bekämpfung kaum möglich.

Im Dezember 1916 führte die Royal Navy zwei Wasserbombentypen in die U-Jagd-Bewaffnung ein. Der Typ *D* hatte 136 kg Sprengladung und wurde von Schiffen mit höherer Angriffsgeschwindigkeit eingesetzt. Der Typ *D 1*, mit 54 kg Sprengladung war für Schiffe bestimmt, die sich auf Grund ihrer langsamen Geschwindigkeit nicht schnell genug von der Gefahrenzone der Wasserbombe entfernen konnten. Die Wasserbomben waren auf 12 Meter und auf 24 Meter Wassertiefe einstellbar. Zur Zündung benutzte man den Wasserdruck und eine Uhrwerkseinrichtung. Nach dem Werfen wurde in einer bestimmten Wassertiefe durch den Wasserdruck das Uhrwerk eingeschaltet. Wenn die eingestellte Zeit abgelaufen war, detonierte die Wasserbombe in der entsprechenden Tiefe. Zur Zündung der Wasserbomben benutzte man auch regulierbare Hydrostaten. Hierbei wurde über eine Schlagbolzeneinrichtung die Wasserbombe in der eingestellten Wassertiefe zur Detonation gebracht.

Der Vernichtungsradius gegen U-Boote betrug bei der *D-Bombe* 4 Meter und der Radius einer möglichen Beschädigung lag bei 8, 5 Metern. Die Bomben wurden über das Heck von Ablaufbahnen geworfen, die auch von der Brücke hydraulisch ausgelöst werden konnten. Nach erfolglosen Angriffen mit Wasserbomben auf U 67 am 15. und auf U 69 am 20. April 1916 erhielt die deutsche U-Boot-Führung Kenntnis von der neuen Waffe. Der erste U-Boot-Verlust durch Wasserbomben war aber bereits am 22. März 1916 (U 68, Kapitänleutnant Güntzel) eingetreten. Am 6. Dezember gingen UC 19 (Oberleutnant zur See Nitzsche) und am 13. Dezember 1916 (UB 29, Oberleutnant zur See Platsch) durch Angriffe mit Wasserbomben verloren.

Neben diesen Wasserbomben setzte man auch solche ein, die mit Schwimmer und Leinentrommel versehen waren. An der dazugehörigen Leine wurde die geforderte Detonationstiefe markiert. Beim sinken der Wasserbombe trommelte die Leine bis zur markierten Tiefe ab, und wenn sie sich straffte, detonierte die Bombe.

Der erste Einsatz von Wasserbomben gegen U-Boote löste bei den Besatzungen große Unruhe aus. Die Boote, die bisher Sicherheit in den Tiefen des Meeres gefunden hatten, mußten jetzt auch nach Verlassen der Wasseroberfläche mit Beschädigungen oder gar ihrer Vernichtung rechnen. Ein durch Wasserbomben beschädigter Tank zeichnete eine ununterbrochene Ölspur an der Wasseroberfläche, die von den Verfolgern genutzt, die Daten für die weitere Bekämpfung liefern konnte.

Im Juni 1917 kamen die Wasserbomben in größeren Stückzahlen in die Flotte. Die Produktionsraten wurden von Jahr zu Jahr

Wasserbombenwurf mit Schwimmer und Leinentrommel

gesteigert. Im Jahre 1916 betrug die monatliche Fertigungsrate durchschnittlich 264 Wasserbomben. Im Jahr 1917 kamen monatlich 1 678 Stück an die Front und 1918 waren es 4 647 Wasserbomben.

Bis zum Ende des Jahres 1917 wurden Zündmechanismus und Tiefeneinstellung der Wasserbomben entscheidend verbessert. Die Bomben konnten jetzt auf 15 m, 30 m, 45 m oder 60 m Detonationstiefe eingestellt werden. Die Folge war, daß die Bomben vom Typ D (136-kg-Sprengstoff) auch von langsameren Schiffen eingesetzt werden konnten. Der Typ D 1 (54-kg-Sprengstoff) wurde aus der Produktion genommen.

Zur Abdeckung einer größeren Fläche mit Wasserbomben kamen im selben Jahr die ersten Wasserbombenwerfer in die Bewaffnung. Sie hatten eine Reichweite von 55 bis 90 Metern. Die Werfer waren seitlich an den Bordseiten aufgestellt. Je nach Schiffsgröße wurden an jeder Seite bis zu 6 dieser Werfer aufgestellt. So war man in der Lage, eine Fläche bis zu 180 Metern mit einem Bombenteppich von 15 Wasserbomben abzudecken. Das erhöhte erheblich die Wahrscheinlichkeit, ein U-Boot zu vernichten.

Im Jahre 1917 wurden auch weiterreichende Waffen gegen U-Boote eingeführt. Bewährt hatte sich dabei eine 19,1-cm-Haubitze mit gezogenem Rohr. Mit ihr konnte man Granaten bzw. Wasserbomben mit einem Gewicht bis zu 51 kg 600 m bis 2 400 m weit schießen. Diese Bomben waren auf 12 m und 18 m Wassertiefe einstellbar. Ab Juli 1917 wurden bis zum Kriegsende 1277 dieser Waffen an Bord installiert. Mit 735 dieser Haubitzen rüstete man Handelsschiffe aus.

Funkaufklärung

Bereits im ersten Weltkrieg waren Briten und Deutsche in der Lage, den Funkverkehr des jeweils anderen zu dechiffrieren. Auf diese Weise erhielt die britische U-Boot-Abwehr wichtige Informationen über den deutschen U-Boot-Einsatz. Man war über die Einsatzstärke auf dem laufenden, kannte die Operationsgebiete der Boote und ihre Positionen nach den täglichen Standortmeldungen.

Die britische Admiralität gab viermal täglich entsprechende Warnungen an die Schiffahrt über U-Boot-gefährdete Gebiete heraus. Leider verfügten zu dieser Zeit nur die wenigsten Handelsschiffe über Funkanlagen. Diese Warnungen erhielten aber Bedeutung, als das Konvoisystem eingeführt worden war. Von der Zeit an, war der betreffende Geleitzugführer in der Lage, nach Empfang einer Warnung, das gefährdete Gebiet zu umlaufen.

Die erste Schlacht um den Atlantik

Ausgangslage

Gleich mit Kriegsbeginn baute Großbritannien an den nördlichen Ausgängen der Nordsee und westlich des Ärmelkanals seine Seeblockade gegen Deutschland auf. Ziel war die Unterbrechung aller überseeischen Zufuhren. Unter Mißachtung völkerrechtlicher Gepflogenheiten erklärte die britische Admiralität die gesamte Nordsee zum militärischen Sperrgebiet. Umfangreiche Minensperren zwangen außerdem die neutrale Schiffahrt dicht unter die englische Küste zu laufen. Jedes Handelsschiff konnte so mühelos kontrolliert werden.

Deutschland hatte zur See nicht genügend Kräfte und Mittel, um diese Seeblockade aufzubrechen. Die Unterwasserstreitkräfte als Mittel zur Errichtung einer Gegenblockade außerhalb der britischen Blockadekräfte, hatte die deutsche Admiralität noch nicht erkannt.

Angriff auf die Seeverbindungen

Nach dem spektakulären Verlust der drei Panzerschiffe im September 1914, wurde am 20. Oktober 1914 das erste britische Handelsschiff von einem deutschen U-Boot versenkt. Südlich der norwegischen Küste versenkte U 17 (Kapitänleutnant Feldkirchner) den Frachter *Glitra*. Feldkirchner handelte dabei streng nach den Regeln der Prisenordnung. In der britischen Admiralität begann man zu erkennen, daß nicht der Angriff auf die Schlachtflotte die eigentliche Gefahr für das Inselreich darstellte, sondern eine bevorstehende Bedrohung der lebenswichtigen Seeverbindungen.

Auf der Suche nach Lösungen für die Abwendung der Gefahren, die aus dem gezielten Angriff der deutschen U-Boote auf die britische Handelsschiffahrt entstehen würden, kam es im Frühjahr 1915 zur Schaffung des *Board of Invention and Research* (BIR). Diese Einrichtung sollte Wissenschaft und Industrieforschung in den Dienst der U-Boot-Abwehr stellen. Hier wurde auch die Möglichkeit, U-Boote mittels Horchanlagen auszumachen, entwickelt.

Die erste U-Boot-Offensive vom Februar bis September 1915

Der Angriff auf die Seeverbindungen traf den Nerv der britischen Kriegswirtschaft. Mit den vorhandenen Kräften, Mitteln, Waffen und den taktischen Methoden war die im Entstehen begriffene britische U-Boot-Abwehr nicht in der Lage, den offensiv vorgetragenen U-Boot-Angriffen wirksam entgegen zu treten.

Die Verluste auf den Zufahrtswegen nach Großbritannien begannen dramatisch zu steigen. Von März bis Mai wurden in der Nordsee und in den Gewässern rund um die Britischen Inseln 115 Schiffe mit insgesamt 257 900 BRT versenkt und allein im August 1915 waren es 185 800 BRT Schiffsraum. Das war der erste Monat, in dem die Schiffsverluste die Neubauten überstiegen. Bis zum Ende November 1915 hatten die deutschen U-Boote 855 000 BRT Schiffsraum versenkt. Am empfindlichsten traf der U-Boot-Krieg die lebenswichtige britische Versorgung auf den südwestlichen Zugängen des Inselreiches, in denen sich die Seewege aus Frankreich, Gibraltar und aus dem Atlantik bündelten.

Die britische U-Boot-Abwehr konnte dem gegenüber bis zum Ende des Jahres 1915 nur zwanzig deutsche U-Boote vernichten. Da der Schwerpunkt des deutschen U-Boot-Einsatzes in der Nordsee und in den atlantischen Gewässern westlich Großbritanniens lag, richteten sich die Hauptanstrengungen der britischen U-Boot-Abwehr auf diese Seeräume.

Großbritannien unternahm große Anstrengungen, um sich vor den U-Boot-Angriffen zu schützen. Zu dem wirksamsten Schritt konnte sich die Admiralität noch nicht durchringen: zur Einfüh-

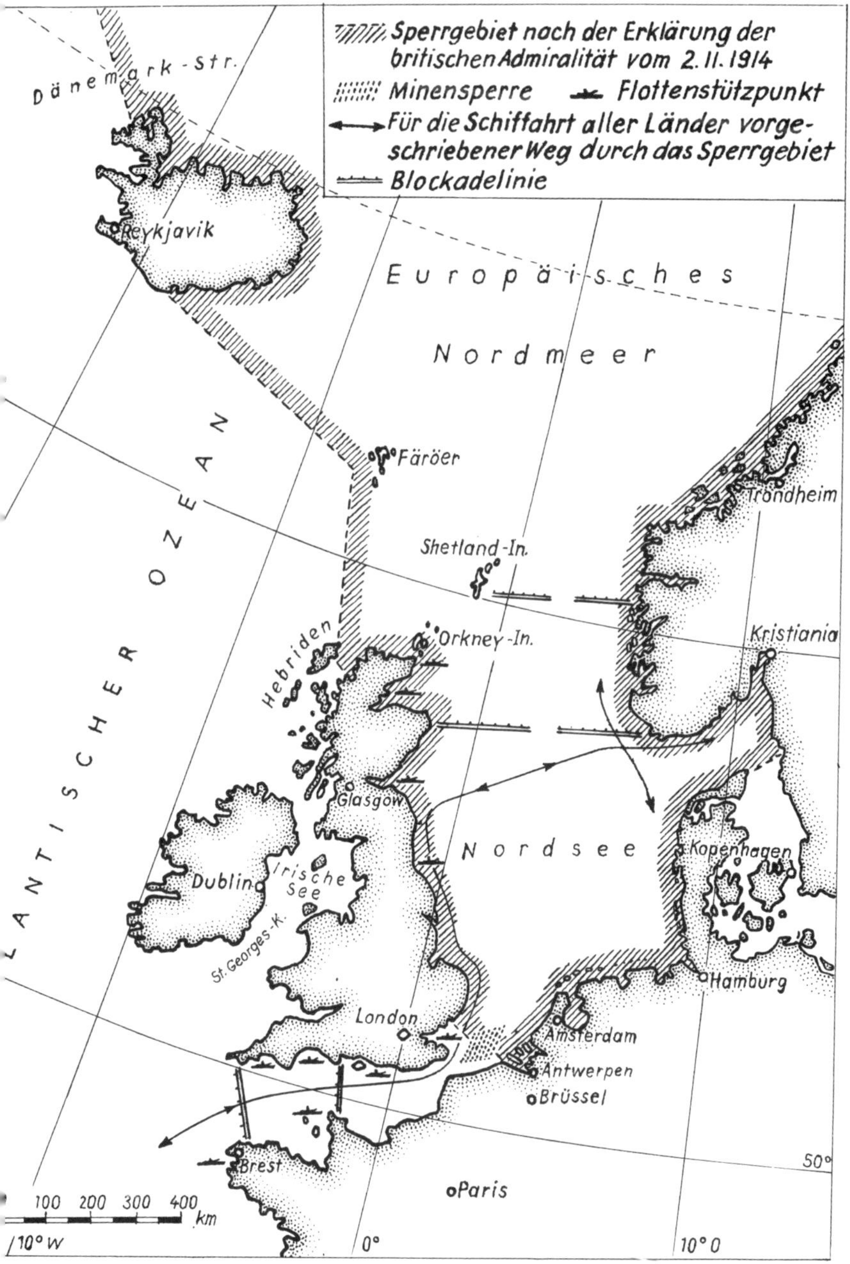

Britisches Sperrgebiet

rung des Konvoisystems. So wurden bis Dezember 1915 766 Handelsschiffe zur Selbstverteidigung mit Artilleriewaffen bestückt. Diese Maßnahme hatte aber mehr moralische Wirkung für die Seeleute als daß sie die deutschen U-Boote abschreckte. Sie bot eher die Rechtfertigung für den warnungslosen Torpedoangriff.

Im dichten Verkehr der westlichen Zugänge zu den britischen Inseln, in den Western Approaches griffen die U-Boote ankommende und abgehende Konvois an. Dem Kommando Westliche Zugänge unterstanden im Mai 1916 450 Fahrzeuge verschiedenster Schiffstypen. In den U-Jagd-Verbänden waren Sloops, bewaffnete Jachten, Trawler, Drifter und einige Zerstörer eingegliedert. Mit diesen Kräften waren riesige Seegebiete nach U-Booten abzusuchen. Das Verantwortungsgebiet reichte von der gesamten irischen Küste einschließlich der Irischen See, über den Sankt-Georgs-Kanal und den Bristol-Kanal bis zum Zugang des Englischen Kanals. Wenn in diesem Seeraum von den U-Boot-Suchern, die ohne effektive Ortungsgeräte operierten, ein U-Boot ausgemacht wurde, war das Zufall. Ähnlich war die Lage in den übrigen 23 Verantwortungsgebieten rund um die Britischen Inseln.

Zum größten Problem sollte sich der Ersatz der versenkten Schiffstonnage durch die britische Werftindustrie entwickeln. Da die Werften vor allem mit dem Bau und der Reparatur von Kriegsschiffen beschäftigt waren und bei Kriegsbeginn viele Arbeitskräfte an Armee und Flotte abgeben mußten, gab es in diesem Industriezweig eine dramatische Entwicklung im Neubau und bei der Reparatur beschädigter Handelsschiffe. Dabei mußte Großbritannien, um zu überleben, die von den U-Booten versenkte Transporttonnage ersetzen und den Bau noch steigern. Wurden im letzten Quartal 1914 noch 416 000 BRT gebaut, so sank die Produktion im März 1915 auf 267 000 BRT und im zweiten und dritten Quartal wurden nur noch 148 000 bzw. 146 000 BRT Schiffsraum in Dienst gestellt. Verschärft wurde die Lage noch dadurch, daß zwanzig Prozent der britischen Handelstonnage für den Truppentransport und für militärischen Nachschub bereitgestellt werden mußte. Diese Zweckentfremdung wirkte in der kritischen Zeit auf die Versorgung der Kriegswirtschaft noch verheerender als die Verluste durch U-Boote.

Aber auch die britische Blockade gegen Deutschland zeigte Ende 1915 Wirkung. Hunger und beginnende Kriegmüdigkeit vor allem in der Heimat waren die Folge. Die britischen Blockadeflottillen brachten bis zu diesem Zeitpunkt 743 Handelsschiffe mit Versorgungsgütern auf und führten sie als Prisen in britische Häfen. Das waren mehr Schiffe als deutsche U-Boote bis dahin versenkt hatten. Für die deutsche Kriegsführung zeichneten sich katastrophale Folgen ab. Der Zeitpunkt war abzusehen, wann das Reich selbst mit im Felde unbesiegten Armeen infolge des Hungers hätte kapitulieren müssen.

Die zweite U-Boot-Offensive von Februar bis April 1916

Um Großbritannien in die gleiche Lage zu bringen, blieb der deutschen Führung trotz aller Widerstände im eigenen Lager nur der Weg des uneingeschränkten U-Boot-Krieges. So wurde am 29. Februar 1916 ein entsprechender Befehl erlassen. Ausgenommen waren Passagierschiffe. Man wollte der internationalen Öffentlichkeit und vor allem die Vereinigten Staaten von Amerika nicht unnütz gegen sich aufbringen.

Die zweite deutsche U-Boot-Offensive eröffnete U 32 (Kapitänleutnant Freiherr v. Spiegel) am 4. März 1916 mit der Versenkung der britischen *Teutonion*, 36 Seemeilen südwestlich von Fastner Rock in den Western Approaches. Das Schiff hatte 6 000 Tonnen Öl an Bord. Die U-Boot-Offensive wurde von acht U-Booten in den Western Approaches und nördlich Schottland geführt. Die Boote versenkten 152 Schiffe mit 347 843 BRT. Die *U-Boot-Flottille Flandern* versenkte in dieser Zeit 66 Schiffe mit 106 199 BRT.

Nach dem *Sussex*-Zwischenfall, der Versenkung einer französischen Kanalfähre mit 325 Passagieren an Bord am 24. März 1916 kam es zu ernsten Spannungen mit den USA. Um den Kriegseintritt der Vereinigten Staaten zu vermeiden, wurde die Offensive im April abgebrochen. Die Boote sollten künftig wieder nach Prisenordnung handeln. Das lehnte der neue deutsche Flottenchef, Admiral Scheer, am 25. April ab. Er begründete den Rückruf der U-Boote damit, daß die Boote bei dieser Kampfesweise zu großen Gefahren ausgesetzt seien.

Zu dieser Zeit ging die deutsche Flottenführung davon aus, daß mit der quantitativ und qualitativ gewachsenen U-Boot-Flotte die

Passagierdampfer »Sussex« von Torpedo getroffen, 1916.
Foto: Verlagsarchiv

britische Grand Fleet angegriffen und dezimiert werden könnte, um so das Kräfteverhältnis zur See für Deutschland günstiger gestalten zu können. Zu dieser Zeit war das Kräfteverhältnis mit der britischen Überlegenheit an Schlachtkreuzern noch 37 : 21 und bei leichten Überwasserstreitkräften 105 : 76. Nach dem erfolgreichen U-Boot-Einsatz gegen die britischen Überwasserstreitkräfte sollte der *Würgegriff der britischen Fernblockade* durch eine Generalschlacht der Hochseeflotten beider Staaten gelöst werden.

Nach der Skagerrakschlacht äußerte Admiral Scheer in seinem Schlußbericht: *»... trotzdem kann kein Zweifel bestehen, daß selbst der glücklichste Ausgang einer Hochseeschlacht England in diesem Kriege nicht zum Frieden zwingen kann.«* Er sah die einzige Lösung der Probleme in der konsequenten Führung des uneingeschränkten U-Boot-Krieges mit dem Ziel der Niederringung des englischen Wirschaftslebens.

Noch im Sommer 1916 war die Royal Navy taktisch und waffentechnisch den Angriffen der U-Boote nicht gewachsen. Die Handelsschiffe liefen zum größten Teil als Einzelfahrer über den Atlantik. Das Konvoisystem war nicht eingeführt. Noch war das

Problem der U-Boot-Ortung, das heißt die Ausrüstung der U-Jäger mit Horchanlagen, nicht generell gelöst und genügend Wasserbomben konnten den Schiffen auch nicht an Bord gegeben werden.

Die dritte U-Boot-Offensive von Oktober 1916 bis Januar 1917

Die Verluste an wichtigen Zufuhren für die britische Kriegswirtschaft waren im Ergebnis der dritten deutschen U-Boot-Offensive enorm hoch. Vom September 1916 bis zum Januar 1917 versenkten die U-Boote 768 britische und neutrale Schiffe mit insgesamt 1 535 863 BRT. Im Verlaufe des uneingeschränkten U-Boot-Krieges vom Oktober 1916 bis zum Januar 1917 versenkten die U-Boote im Monatsdurchschnitt 307 000 BRT alliierten Schiffsraum. Zu der versenkten Tonnage kamen weitere 178 Schiffe mit 788 595 BRT Schiffsraum, die durch U-Boot-Angriffe beschädigt worden waren und für Monate die angespannten Werftkapazitäten belasteten. Außerdem wurde der gesamte Konvoiverkehr durch pausenlos

Torpedotreffer auf dem deutschen Schlachtschiff »Kronprinz«, Nov. 1916. Foto: Verlagsarchiv

wiederholte U-Boot-Alarme erheblich verzögert. V. E. Tarrant gibt den Schaden mit 30 Prozent der Frachtleistung an.

Von diesen Ergebnissen überzeugt, unterstützte der Chef des deutschen Admiralstabes, Admiral von Holtzendorf in einer Denkschrift vom 22. Dezember 1916 den erneuten Angriff auf die britischen Seewege im Frühjahr 1917. Die deutsche Führung sah im U-Boot-Krieg das einzige Mittel, um *»England das Rückgrat zu brechen«* (zit. nach V. E. Tarrant, Kurs West, S. 60). Als Ziel wurde vorgegeben, monatlich 600 000 BRT Tonnage zu versenken.

Eine Ursache für diese Zielstellung aber auch für die erbrachten Erfolge war die zahlenmäßig gewachsene deutsche U-Boot-Flotte. So standen der U-Boot-Führung am Beginn der ersten U-Boot-

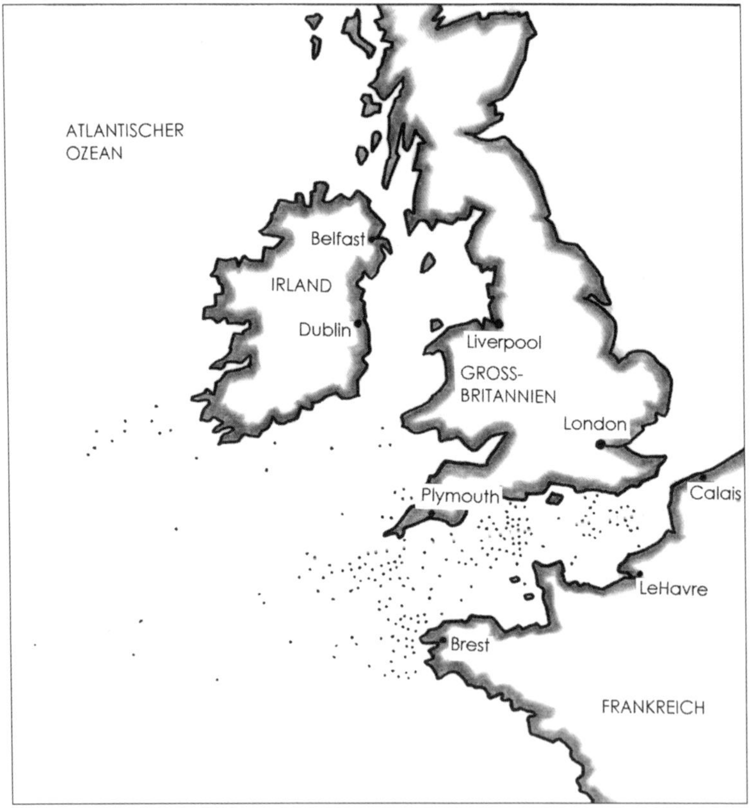

Schiffsverluste duch U-Boote in der Phase des U-Boot-Krieges nach Prisenordnung (Sept. 1916 – Jan. 1917)

Offensive im Februar 1915 30 Boote, am Beginn der zweiten im März 1916 52 Boote und am Beginn der dritten Offensive im Oktober 1916 96 U-Boote zur Verfügung. Der Bestand an U-Booten stieg auf deutscher Seite im Jahre 1916 weiter auf 140 Boote bis zum Jahresende an.

Nach eingehender Analyse schreibt der britische Marinehistoriker V. E. Tarrant: »*Zum Entschluß für den uneingeschränkten U-Boot-Krieg gab es keine realistische Alternative, denn die Lage Deutschlands war verzweifelt. An allen Kriegsfronten waren die alliierten Truppen den Mittelmächten zahlenmäßig überlegen. Die letzteren konnten den 405 alliierten Divisionen insgesamt nur 304 Divisionen entgegenstellen. Allein an der Westfront sahen sich 2 500 000 Mann an deutschen Truppen 3 900 000 französischen, britischen und belgischen Soldaten gegenüber.*« (s. V. E. Tarrant, Kurs West, S. 51.)

Aber auch die britische U-Boot-Abwehr verbesserte sich, wenn auch für die Lage auf den Seeverbindungen zu langsam, Schritt für Schritt. Von Mai bis September gelang es den Briten acht U-Boote zu versenken. Das reichte natürlich bei weitem nicht aus, wenn man die Zuwachsraten der deutschen U-Boot-Flotte betrachtet.

In der Royal Navy gab es einflußreiche Kreise, die statt der Einführung des Konvoisystems, der offensiven U-Boot-Jagd den Vorrang geben wollten. Von der Handelsschiffahrt unabhängige U-Jagd-Gruppen sollten die feindlichen U-Boote auf den Zufahrtswegen suchen und bekämpfen. Für dieses Vorhaben wurden beachtliche Kräfte und Mittel eingesetzt. Doch es sollte sich zeigen, daß die Erfolge dieser offensiven U-Jagd sehr gering waren. Bis zum November 1916 waren von der britischen Admiralität 2 994 Patrouillenschiffe zur U-Boot-Suche und Bekämpfung im Einsatz. Vom Beginn des Krieges bis zum Januar 1917 gelang es diesen U-Jagd-Einheiten einschließlich der U-Boot-Fallen lediglich 14 deutsche U-Boote zu versenken, das war ein monatlicher Durchschnitt von 0,46.

Konvoifahrt

In der britischen Flotte galt das Geleitsystem für die Royal Navy als unwürdige Einrichtung, die nicht den Seekriegstraditionen dieser Flotte entspräche. Außerdem sah man große Probleme bei der

Organisierung eines Konvoisystems und bei der Verwirklichung des Zusammenwirkens zwischen Kriegsschiffen und Transportern. Nur zögernd und nach den hohen Verlusten in der zweiten Hälfte des Jahres 1916 – Großbritannien hatte immerhin seit Kriegsbeginn zwanzig Prozent seiner Handelsschiffahrt verloren – kam man auch in der britischen Admiralität zu der Überzeugung, daß die Einführung des Konvoisystems unumgänglich sei. Die erforderlichen Zerstörer sollten nach Meinung von Admiral Jellicoe aus dem Bestand der Schlachtschiffsicherungen herausgezogen werden.

Am Ende des Jahres 1916 erhielt im neugeschaffenen Marineministerum die U-Boot-Abwehr höchste Priorität. Admiral Jellicoe schuf am 4. Dezember in diesem Ministerium die U-Boot-Abwehr-Abteilung als *Anti-Submarine Division* (ASD). Bis zu diesem Zeitpunkt gab es keine Stelle in der britischen Admiralität, die sich speziell mit den Fragen der U-Boot-Abwehr im Komplex befaßte. Die verschiedensten Bereiche und Institutionen lösten Einzelprobleme, die jetzt in der ASD zusammenliefen und koordiniert wurden. Jellicoe formulierte drei Möglichkeiten, nach denen die U-Boot-Bekämpfung ausgerichtet werden sollte: »*Die erste besteht natürlich darin, die U-Boote am Auslaufen zu hindern. Die zweite muß die Vernichtung ins Auge fassen, wenn sie sich in See befinden, und die dritte hat den Schutz der Handelsschiffe vor ihren Angriffen zu gewährleisten.*« (Zit. nach V. E. Tarrant, Kurs West, S. 54 ff.) An der Reihenfolge ist bereits zu erkennen, daß auch Jellicoe das Konvoisystem nur halbherzig wollte.

So wurde die aktive U-Boot-Suche auf den Seewegen verstärkt und die Luftüberwachung durch Flugzeuge und Luftschiffe intensiviert, um die Handlungen der U-Boote einzuschränken. Von der Industrie konnten die Produktionszahlen für Hydrophone und Wasserbomben erheblich gesteigert werden. Auch die Zahl der in See operierenden U-Boot-Fallen erhöhten die Briten.

Das deutsche Hauptquartier hatte die Schwachstelle für die britische Kriegsführung erkannt. Deshalb wurden mit Wirkung vom 1. Februar 1917 die Seegebiete, in denen die U-Boote nach den Regeln des uneingeschränkten U-Boot-Krieges operierten, weiter ausgedehnt. Das betraf den Seeraum um die Britischen Inseln, vor der französischen Küste und das gesamte Mittelmeer. Dann kamen noch die Gewässer um Norwegen hinzu. Von diesem Zeitpunkt an wurden alle alliierten und neutralen Handelsschiffe, die Großbritannien anliefen, ohne Warnung versenkt. Im Gefechtsbefehl vom 27. Januar an die U-Boot-Kommandanten hieß es: »... *der uneingeschränkte U-Boot-Krieg muß England zum Frieden zwingen und entscheidet deshalb den gesamten Krieg. Energisches und vor allem rasches Handeln ist erforderlich. Der U-Boot-Krieg ist deshalb mit voller Energie zu führen.*« (Zit. nach: V. E. Tarrant, Kurs West, S. 62.)

Deutschland begann den uneingeschränkten U-Boot-Krieg mit 105 Frontbooten. Im März kamen 12 Boote hinzu und im April standen 120 U-Boote im Einsatz. Selbst in dieser Lage gab es in der britischen Admiralität Kräfte, die noch immer das Konvoisystem ablehnten. Auch Handelsschiffskapitäne stimmten noch im Februar 1917 dagegen. Frankreich, das von britischen Kohlelieferungen abhängig war, führte am 7. Februar 1917 unter der Bezeichnung *Kontrollierte Überfahrten* ein begrenztes Konvoisystem ein, um seine Kohletransporte zu sichern.

Im Jahre 1917 stiegen die britischen Tonnageverluste weiter. Großbritannien verlor monatlich zehn Prozent seiner Handelsflotte. Die Verluste überstiegen die Neubauten bei weitem. Der Monat April 1917 war der verlustreichste Monat für die britischen Zufuhren sowohl des Ersten als auch des Zweiten Weltkrieges. In diesem Monat wurden 881 000 BRT Schiffsraum versenkt. Diese Zahl übertraf sogar die hohen Verluste, die Großbritannien am Anfang des Jahres 1943 hinnehmen mußte. Im Ergebnis dieser dramatischen Verluste fehlten nicht nur der britischen Verteidigungsindustrie die benötigten Rohstoffe, sondern auf der Insel stand eine Hungersnot bevor. Gleichzeitig reichten die Lebensmittelvorräte bei Zugrundelegung sparsamster Rationen nur noch für einen Monat, höchstens aber für sechs Wochen.

Versenkter Handelsschiffsraum Anfang 1917

Februar	254 Schiffe	500 573 BRT
März	310 Schiffe	556 775 BRT
April	413 Schiffe	873 754 BRT
Insgesamt	977 Schiffe	1 931 102 BRT

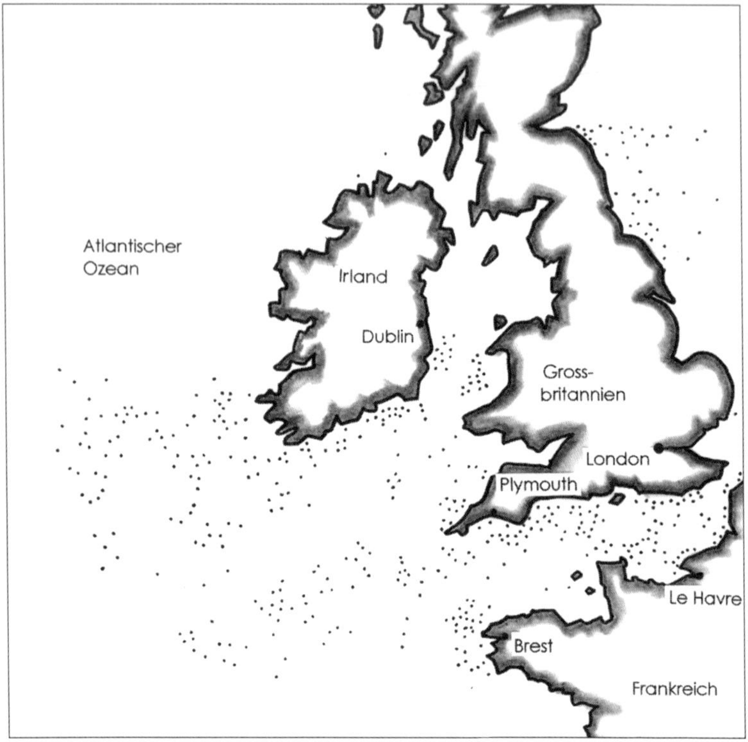

Schiffsverluste durch U-Boote
im ersten Quartal des uneingeschränkten U-Boot-Krieges
(Febr. – April 1917)

Die alliierte U-Boot-Abwehr konnte dieser gewaltigen Zahl vernichteter Welthandelstonnage nur 10 versenkte U-Boote entgegensetzen. Deutschland verfügte im Mai 1917 über 126 Frontboote, davon befanden sich pro Tag 47 U-Boote in See.

In einem Memorandum der britischen Admiralität heißt es unter anderem: »*Es scheint die ernstzunehmende Gefahr zu bestehen, daß unsere Verluste an Handelsschiffen zusammen mit den Verlusten an neutralen Handelsschiffen Anfang des Sommers 1917 eine derart ernste Auswirkung auf die Einfuhr von Nahrungsmitteln und anderen notwendigen Gütern in die alliierten Länder annehmen könnten, daß wir zur Annahme von Friedensbedingungen gezwungen sein würden, welche die militärische Lage auf dem Kontinent nicht rechtfertigt und die unseren Erwartungen nicht entspricht.«* (Zit. nach: V. E. Tarrant, S. 53 ff.) In dem Memorandum wird sehr kritisch der Stand der britischen U-Boot-Abwehr eingeschätzt, die trotz gewaltiger Kräfte und Mittel noch immer nicht der Aufgabe gewachsen sei. Es wurde geschlußfolgert, die Schwierigkeit bestünde darin, daß Großbritannien von den U-Booten besiegt werden würde, wenn nicht *neue Angriffsmethoden ersonnen und zum frühestmöglichen Zeitpunkt zur Anwendung gebracht werden könnten.* Die USA nahmen den uneingeschränkten U-Boot-Krieg zum Anlaß, am 6. April 1917 Deutschland und seinen Verbündeten den Krieg zu erklären.

Die britische Seite sah sich in dieser dramatischen Lage gezwungen, den seit langem geforderten Geleitdienst ernsthaft durchzusetzen. Dabei gab es allerdings viele Schwierigkeiten zu überwinden. So gehörte zur Organisation eines Geleitdienstes von dem Ausmaße, wie er für den britischen Überseetransport notwendig war, ein gewaltiger eingespielter Apparat. Weiter benötigte man dazu eine große Anzahl von Sicherungsschiffen mit den notwendigen Besatzungen, der Ausrüstung und Bewaffnung. Außerdem mußte noch immer erst der Widerstand der Handelsschiffskapitäne überwunden werden, die sich oftmals nur widerwillig in die straff organisierten Geleitzugformationen einfügten, da sie als Einzelfahrer freier navigieren konnten und außerdem keinerlei Fertigkeiten im Verbandsfahren besaßen. Unter den Kapitänen der *christlichen Seefahrt* kursierte in Abwandlung eines Bibelspruches die Meinung: *Wer sich in ein Geleit begibt, kommt darin um*!

Immer wieder durchbrachen Kapitäne die Verbandsdisziplin. Von den Reedereien konnte man kaum Unterstützung erwarten, denn für sie war Zeit Geld, und das Fahren im Konvoi kostete 30 Prozent mehr Zeit, als einzeln fahrende Handelsschiffe benötigten. Dieser Zeitverlust kam aus zwei Gründen zustande. Erstens waren alle Schiffe des Geleitzuges gezwungen, so langsam zu laufen wie das langsamste Schiff, und zweitens ging beim Anlaufen des Sammelraumes, beim Sammeln, beim Formieren bzw. beim Auflösen des Konvois viel Zeit verloren.

So kamen die Atlantikkonvois nur zögerlich in Gang. Ende Mai 1917 ging der erste Probekonvoi von Hampton Roads mit Ostkurs auf die Reede. Von einem Kreuzer gesichert, Zickzackkurs laufend erreichten von 11 Schiffen 10 ihr Ziel; nur ein Transporter war torpediert worden. Beim Einlaufen in die Operationszone der britischen Flotte übernahmen acht Zerstörer aus Devonport die Nahsicherung. Auch die Einführung der Konvoifahrt auf der Gibraltarroute bewährte sich. Die Folge war, daß die Tonnageverluste im Mai zunächst um ein gutes Viertel zurückgingen. Sie betrugen aber immer noch 600 000 BRT; und sie stiegen im Juni 1917 noch einmal auf 685 000 BRT.

Die Geleitfahrt war noch nicht generell angeordnet und durchgesetzt. Die meisten Schiffe überquerten den Atlantik noch immer als Einzelfahrer. Die Geleitkräfte reichten noch immer nicht aus. Dennoch, um die Geleitzüge kam niemand herum, und der Erfolg blieb nicht aus. Die Tonnageverluste gingen in dem Maße zurück, wie sich der Bestand an Sicherungskräften erhöhte, und wie sich die Geleitorganisation und der Kampf gegen U-Boote verbesserten.

Die hohen Tonnageverluste durch die U-Boote führten im Mai 1917 zum Baubeginn von 1 108 U-Jagd-Fahrzeugen. In der nächsten Zeit sollten 97 Zerstörer, 10 Patrouillenboote, 34 Sloops, 114 Minensucher, 486 Trawler, 215 Drifter, 36 Q-Schiffe, 56 Motorboote und 60 Jagd-U-Boote gebaut werden. Die nach dem Kriegseintritt der USA bereitgestellten Zerstörer, Fregatten und Korvetten trugen erheblich zur personellen und materiellen Sicherstellung des Konvoisystems bei.

Im Juni 1917 wurde in der britischen Admiralität ein spezielles Konvoireferat geschaffen und der entsprechende Personalbestand formiert. Dieses Referat wurde im September dem Direktor für Handelschiffahrtsbewegungen unterstellt. Gemeinsam mit dem Schiffahrtsministerium wurde ein Lagezentrum gebildet, in dem auf einer Lagekarte von 2,7 x 1,8 Metern alle Konvois auf den Überfahrten geführt wurden. Zur gleichen Zeit begann das britische Dechiffrierzentrum des Naval Intelligence, der sogenannte *Room 40* mit zunehmendem Erfolg den Funkverkehr zwischen den deutschen U-Booten und ihren Führungszentren zu entschlüsseln. Die auf diesem Wege erhaltenen U-Boot-Standorte ermöglichten dem Konvoizentrum die Geleite um die U-Boot-gefährdeten Gebiete herumzuleiten.

Wie notwendig ein straffgeführtes Konvoisystem war, zeigen die U-Boot-Zahlen: Mitte 1917 wurden von deutscher Seite die ersten U-Kreuzer mit einem größeren Aktionsradius in Dienst gestellt. Von diesem Zeitpunkt an, waren nun auch die Seewege im Mittelatlantik und vor der nordamerikanischen Ostküste bedroht. Im Oktober 1917 erreichte die deutsche U-Boot-Flotte ihren höchsten Kampfbestand im Ersten Weltkrieg. Von 140 Frontbooten befanden sich 55 im Operationsgebiet, 39 in den Stützpunkten zur Wiederherstellung der Gefechtsbereitschaft und 46 auf dem Marsch von und zu den Einsatzräumen. Auf ein vernichtetes U-Boot kamen 31 versenkte Transportschiffe.

Die Ergebnisse des uneingeschränkten U-Boot-Krieges, der noch immer mit voller Härte tobte, führten in der britischen Admiralität zu der dramatischen Einschätzung, *»daß sich die Handelsflotte Großbritanniens – unter Einbeziehung des Neubaus, der Reparatur und des Ankaufs von Handelsschiffen im Ausland – von 8 394 000 BRT (Stand vom April 1917) bis zum Ende des Jahres 1917 auf 4 812 000 BRT verringern würde, und dies dürfte kaum ausreichen, um einen angemessenen Nahrungsmittelvorrat zu importieren. Oder anders ausgedrückt, dem Land stand die Niederlage drohend vor Augen«*. Admiral Jellicoe konstatierte: *»Ja, es ist unmöglich für uns, mit dem Krieg weiterzumachen, wenn diese Verluste anhalten.«* (Zit. nach: V. E. Tarrant, Kurs West, S. 68.)

Die katastrophale Lage führte zu folgenden Gegenmaßnahmen der britischen Regierung:

1. *Der Versuch, Handelsschiffe schneller zu bauen, als sie der Gegner versenken konnte.*
2. *Eine ausgedehnte Verminung der Deutschen Bucht durchzuführen und*
3. *versuchsweise aus Handelsschiffen bestehende Geleitzüge zu formieren.*

Zielstrebig wurde mit amerikanischer Unterstützung an die Realisierung der gestellten Aufgaben gegangen. Unter großen Anstrengungen sollte sich die Lage zugunsten der Alliierten ändern. Im November 1917 stand das Konvoisystem. Der überwiegende Teil der Transportschiffe lief unter Geleitschutz. Bedenkt man, daß noch im April 25 Prozent der Transportschiffe auf den Überfahrten versenkt wurden, dann war es ein großer Erfolg für die Konvois, aus denen im November nur noch 1,2 Prozent herausgeschossen wurden. Von den Einzelfahrern wurden noch immer 15 Prozent von den Unterseebooten versenkt. Die Sicherungskräfte reichten jetzt aus, um die Geleitsicherung enger um die Transpor-

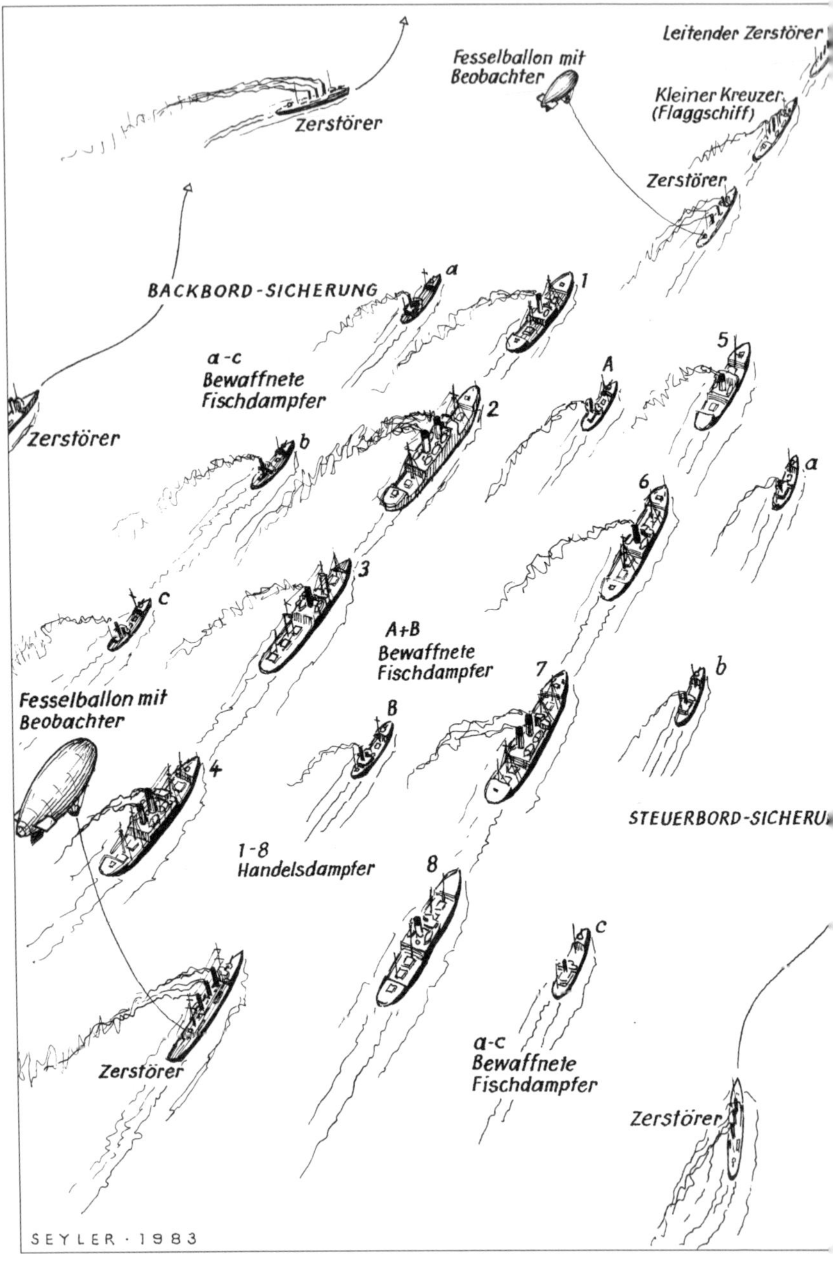

Prinzipieller Aufbau einer Geleitformation während des Ersten Weltkrieges

terkolonnen zu ziehen. Die Verbandsorganisation hatte sich bedeutend verbessert. In unregelmäßigen Zeitintervallen wurden vom Geleitzugführer über Lichtsignale Zickzack-Kursänderungen für den Konvoi befohlen.

Das Konvoisystem setzte unter diesen Bedingungen die Effektivität der deutschen U-Boote stark herab. Die Kommandanten hatten oft den Eindruck, die See sei von Handelsschiffen geräumt. Da die Boote noch nicht zusammenwirkten, wurden sie dann plötzlich von einer Häufung von 30 bis 50 Zielen überrascht. Dann war es für den U-Boot-Kommandanten schwer, an einen zackenden Konvoi, der von sichernden Zerstörern umkreist wurde, heran und zum Schuß zu kommen.

Die Anzahl der in den Geleitzügen zusammengefaßten Transporter nahm zu, und der Anteil der versenkten Schiffe ging stark zurück. So wurden allein von Mai bis November in Konvois 1 280 Schiffe aus den USA über den Atlantik gebracht. Dabei gingen nur 11 Transporter verloren. Auf den Geleitzugwegen aus dem skandinavischen Raum nach Großbritannien war das Verhältnis ähnlich, es verhielt sich die Anzahl der Transporter zu den versenkten Schiffen 5 560 : 63. In der Praxis des Krieges festigte sich die Geleitorganisation. Konvois und Sicherungen wurden in den Western Approaches so geführt, daß die Zerstörer und Fregatten eines abgehenden Geleitzuges am Abgabepunkt die Sicherung des nächsten ankommenden Konvois übernahmen und die Transporter durch das U-Boot-gefährdete Gebiet geleiteten.

Als die Versenkungsziffern im Zuge des Konvoisystems zu fallen begannen, setzte die deutsche U-Boot-Führung ihre Boote in der zweiten Julihälfte gezielt auf Einzelfahrer an, die beladen Kurs England steuerten. Da beladene Transporter zunehmend im Geleit in britische Häfen gebracht wurden, griffen die U-Boote bald fast ausschließlich auf der Ausreise befindliche Einzelfahrer an.

Versenkter Handelsschiffsraum 1917[1]

Mai	285 Schiffe	589 603 BRT
Juni	286 Schiffe	674 458 BRT
Juli	224 Schiffe	545 021 BRT

1 Angaben nach V. E. Tarrant, Kurs West, S. 71.

Schiffsverluste durch U-Boote
im dritten Quartal des uneingeschränkten U-Boot-Krieges
(Aug. – Okt. 1917). Beginn des Geleitzugsystems

In der Regel waren die Geleitformationen breiter als tief, um den U-Booten geringere Angriffsmöglichkeiten zu bieten. Die Formationen bestanden aus einer sehr unterschiedlichen Anzahl von Handelsschiffen sowie aus einer Fern- und einer Nahsicherung. Teilweise geleitete man nur vier bis fünf wertvolle Schiffe; es konnten aber auch mehr als 40 Transporter sein. Nach Auswertung der Konvoifahrt kam man in der britischen Marine nach dem Kriege zu dem Schluß, daß große Geleite sicherer waren als nur wenige Schiffe im Verband. Zwischen der Nah- und Fernsicherung stand das Führerschiff des Konvois, das, wenn die Fernsicherung U-Boote meldete, die Kursänderung für den ganzen Verband befahl.

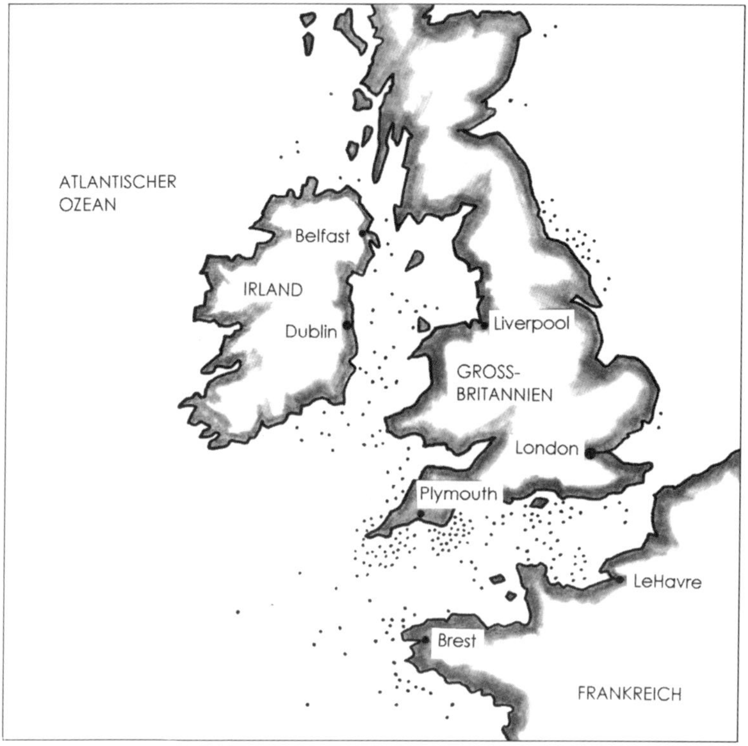

Schiffsverluste durch U-Boote im vierten Quartal des uneingeschränkten U-Boot-Krieges (Nov. 1917 – Jan. 1918). Das ozeanische Geileitzugsystem ist voll eingerichtet

Im August 1917 verließen 18 Konvois mit insgesamt 219 Schiffen die Britischen Inseln. Nur zwei der geleiteten Schiffe wurden von U-Booten versenkt. In den drei Monaten von August bis Oktober fuhren 12 098 Transporter in Geleitzügen, von denen nur 49 Schiffe U-Boot-Torpedos zum Opfer fielen. Im selben Zeitraum versenkten die deutschen U-Boote 221 Einzelfahrer.

Im allgemeinen war auch der Kampf gegen U-Boote effektiver geworden. Im letzten Quartal des Jahres 1917 wurden ebenso viele U-Boote vernichtet wie Deutschland neu bauen konnte. Das war aber der Höhepunkt, denn es gelang im weiteren nie, mehr U-Boote zu versenken als neugebaut wurden. Für die U-Boote wurde es von Monat zu Monat schwerer an die Konvois heranzukommen. Gelang es einem U-Boot, die Geleitsicherung zu durchbrechen, um

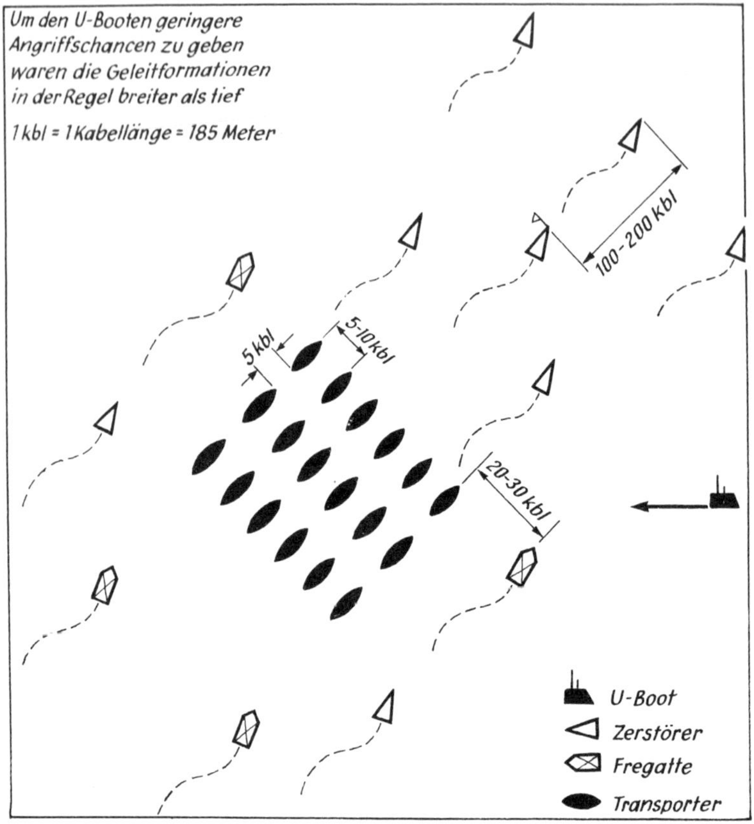

Geleitformation

anzugreifen, wurde das Boot auch von den Handelsschiffen mit Artillerie wirkungsvoll bekämpft. Im Laufe der Zeit waren auch die im Geleit fahrenden Transporter mit weitreichenden Geschützen bestückt und mit gut ausgebildeten Bedienungen bemannt worden. An den Geleitzügen stiegen dann auch die Verluste der angreifenden U-Boote. Von August bis Dezember 1917 wurden 37 deutsche U-Boote versenkt.

Als das Konvoisystem eingespielt war und die erforderlichen Kräfte bereitstanden, liefen bereits im Ersten Weltkrieg Zerstörer als Voraussicherung vor dem eigentlichen Geleitzug. Diese sogenannten *Feger* liefen mit Zickzackkurs, nach den Seiten weit ausholend, vor dem Konvoi her und *fegten* die See von U-Booten frei.

Das heißt, sie drückten eventuelle, auf das Geleit sammelnde U-Boote auf Tiefe, um so Angriffe der Unterwassergegner zu vereiteln.

Es wurde errechnet, daß die deutschen U-Boote von Juni 1917 bis November 1918 weltweit Hunderte Konvois, mit annähernd 95 000 Handelsschiffen, angriffen und nur noch 393 Schiffe versenkten. Das war eine Verlustrate von 0,41 Prozent. Wenn dennoch die Tonnageverluste auch im letzten Kriegsjahr in absoluten Zahlen sehr hoch waren, dann lag das daran, daß noch immer nicht hundertprozentig alle Transporter in Konvois den Atlantik überquerten. Die U-Boote fanden auch zu dieser Zeit einzeln fahrende Schiffe, die leichter zu versenken waren als aus den Konvois heraus. In den letzten sechs Monaten des Krieges wurden durchschnittlich mehr als 140 000 BRT Schiffsraum monatlich versenkt.

Schiffsverluste durch U-Boote im fünften Quartal des uneingeschränkten U-Boot-Krieges (Febr. – April 1918)

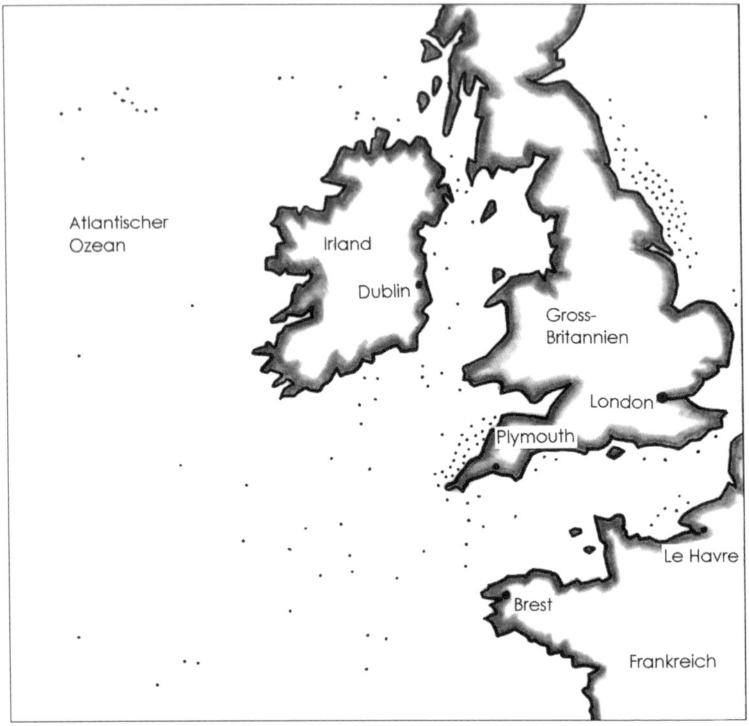

Schiffsverluste durch U-Boote im sechsten Quartal des uneingeschränkten U-Boot-Krieges (Mai – Juli 1918). In dieser Zeit wird die Dover-Sperre voll wirksam

Die Versenkungsziffern gingen im Jahre 1918 wie die folgende Tabelle zeigt drastisch zurück.

Versenkter Handelsschiffsraum 1918

Mai	112 Schiffe	294 019 BRT
Juni	101 Schiffe	252 637 BRT
Juli	95 Schiffe	259 901 BRT
August	104 Schiffe	278 876 BRT
September	79 Schiffe	186 600 BRT
Oktober	52 Schiffe	112 427 BRT
November	15Schiffe	26 857 BRT

Der U-Boot-Krieg wurde von deutscher Seite dennoch im Jahre 1918 mit wachsender Härte weitergeführt. Obwohl die Westmächte große Anstrengungen unternahmen, gelang es erst im Juni 1918 mehr Transportschiffe zu bauen, als die U-Boote seit dem Beginn des uneingeschränkten U-Boot-Krieges versenkten.

Mit der Einführung des Konvoisystems auf britischer Seite ging die deutsche Rechnung nicht mehr auf. Taktisch hatte die U-Boot-Führung 1917/18 der Geleittaktik nichts entgegenzusetzen. Obwohl der Gedanke des Gruppenangriffes zu dieser Zeit geboren wurde, ließ er sich mit der damaligen Führungsstruktur und der Nachrichtentechnik nur schwer verwirklichen. Einige U-Boot-Kommandanten vertraten die These, daß der Massierung von Zielen eine Massierung von U-Booten entgegenzusetzen sei.

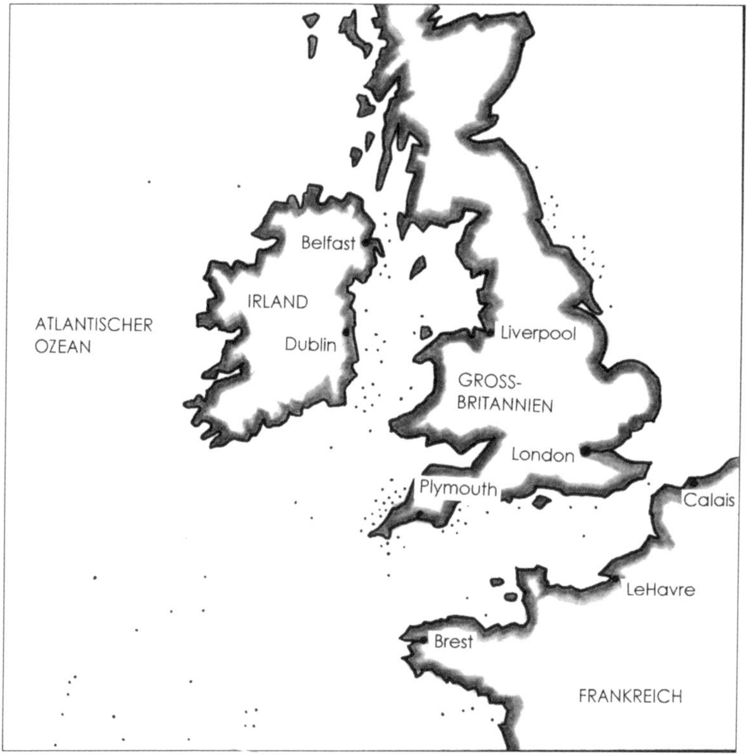

Schiffsverluste durch U-Boote im siebenten Quartal des uneingeschränkten U-Boot-Krieges (Aug. – Okt 1918)

Wie wenig in der Royal Navy das Konvoisystem als Hauptaufgabe der Flotte angesehen war, geht aus den folgenden Zahlen hervor: von den 5 018 Kriegsschiffen, die im Oktober 1918 im Einsatz waren, fanden 257, das sind 5,1 Prozent, im direkten Geleitdienst Verwendung. Der größte Teil der U-Boot-Abwehreinheiten war im U-Jagd- und Patrouillendienst eingesetzt. Dieser Linie blieb das ASD bis zum Ende des Krieges treu. Nach dem Kriege mußte festgestellt werden, daß die katastrophalen Verluste an Tonnage hätte vermieden werden können, wenn von der Admiralität die Bedeutung des Konvoisystems richtig bewertet worden wäre. Admiral Jellicoe gestand nach dem Kriege ein, daß er die Probleme und Schwierigkeiten im Zusammenhang mit dem Konvoisystem überschätzt hatte.

Nach dem Kriege, als sich das Konvoisystem längst bewährt hatte, wurde in der konservativen britischen Admiralität dieses System als reine *Defensivmaßnahme* abgetan. Eine Haltung, die sich bis in den Zweiten Weltkrieg hineinziehen sollte. Dabei ist diese Ansicht falsch, denn weder bei der Patrouille noch bei der U-Boot-Suche der freimanövrierenden U-Jagd-Gruppen, wie sie später im Zweiten Weltkrieg formiert und eingesetzt wurden, bekamen die U-Jäger soviel Kontakt zu U-Booten und damit Angriffschancen, wie am Konvoi. Erst wenn die Probleme der Konvoisicherung gelöst waren, konnte man sich der offensiven U-Boot-Jagd zuwenden.

Die großen Erfahrungen, die von den Marinen Großbritanniens und der USA im Ersten Weltkrieg im Kampf gegen U-Boote an den Konvois unter großen Opfern gesammelt werden mußten, fanden nur ungenügend in Gefechtsvorschriften ihren Niederschlag und waren bald vergessen. Auch in die zweite Atlantikschlacht zog Großbritannien mit einem ungenügend vorbereiteten Konvoisystem. Die USA lehnten am Beginn des Zweiten Weltkrieges ebenfalls die Geleitfahrt ab.

U-Boot-Verfolgung aus der Luft

Bereits im Ersten Weltkrieg sollte sich der Wert des Flugzeuges gegen U-Boote zeigen. In dem Maße wie die Zahl der Flugzeuge und Luftschiffe anstieg, wurden die U-Boote aus den britischen

Deutsches Luftschiff (L 11) und Torpedoboot auf Aufklärungsfahrt in der Nordsee. Foto: Verlagsarchiv

Fliegender U-Bootjäger von 1918.
Das englische Flugboot Felixstowe F 2B über der Nordsee.
Foto: Sammlung Israel

Einer Vickers »Vildebeest« der ersten Ausführung gelingt hier ein perfekter Torpedoabwurf.
Foto: Sammlung Israel

Küstengewässern von den Häfen und Ansteuerungen verdrängt. Die deutsche Seite wurde gezwungen, die Operationsgebiete der U-Boote außerhalb der Reichweite der damaligen Maschinen zu verlegen. Dennoch war das im Jahre 1916 eingerichtete Netz von Luftpatrouillen zur ausgedehnten Kontrolle des Küstenvorfeldes unbefriedigend. Es gelang nicht, auch nur ein U-Boot zu vernichten.

Anfang 1917 setzte die Royal Navy erstmals Luftschiffe gegen U-Boote ein. Dabei zeigte sich, daß die Luftschiffe unter günstigen Wetterbedingungen weiter in die See hinausreichten als die Flugzeuge, die nur über eine geringe Flugdauer verfügten. Sichtete ein Luftschiff ein U-Boot, so meldete es seine Beobachtung an den nächsten U-Jagd-Verband oder warnte auf direktem Wege in der Nähe befindliche Konvois, die dann rechtzeitig Ausweichkurse laufen konnten. Dieses Verfahren scheiterte aber oft an Unzulänglichkeiten in den Nachrichtenverbindungen und in den ungenauen Standortangaben der Luftschiffe. Insgesamt waren die Handlungen der Luftschiffe nicht effektiv genug, da die ununterbrochene

Modernste Technik 1918 – man versucht U-Boote vom Flugboot aus mit 37-mm-Kanonen zu vernichten. Foto: Sammlung Israel

Überwachung des Seeraumes aufgrund der Wetterabhängigkeit dieser Flugapparate nicht möglich war. Erst nach Reorganisation und Schaffung eines neuen Systems, in dem verschiedene Kräfte wirkten, begannen sich Erfolge einzustellen. Größere Maschinen, leichte Flugzeuge, Flugboote und Luftschiffe kompensierten die Schwächen des einen mit den Stärken des anderen.

Bereits ab Februar 1917 wurden die U-Jagd-Patrouillen durch Maschinen der Luftwaffe ergänzt. Zu diesem Zweck errichteten die Briten im Interesse der Überwachung der Western Approaches in Plymouth, Newlyn, auf den Scilly-Inseln und in Fishguard Flugplätze und stationierten hier alle erforderlichen Einrichtungen und Flugzeuge. Im Verlaufe des Jahres 1917 flogen die Luftstreitkräfte mit Luftschiffen, Land- und Seeflugzeugen 1 526 746 Flugstunden, dabei sichteten sie 169 U-Boote.

Als die Luftstreitkräfte Ende 1917 mehrmotorige Flugzeuge und Flugboote mit schweren Bomben bestückten, wurden sie zur ernsten Gefahr für die U-Boote. Die Maschinen setzte man paarweise zum Patrouillenflug ein. Optisch suchten sie zugewiesene

Seegebiete ab. Wurde ein U-Boot in Überwasserfahrt festgestellt und konnte dieses nicht schnell genug auf Tiefe gehen oder befand sich ein U-Boot auf Sehrohrtiefe und machte das Flugzeug nicht rechtzeitig aus, so wurde es mit Bordwaffen und Wasserbomben belegt.

Die Allgegenwärtigkeit der Flugzeuge und Luftschiffe, die in vielen Fällen von den U-Booten nicht oder zu spät ausgemacht wurden, zwang die Besatzungen zu äußerster Wachsamkeit und belastete die Männer physisch und psychisch. In See waren die U-Boote großen Gefahren ausgesetzt. Die Maschinen griffen im Tiefflug an und warfen ihre Bomben oder feuerten aus Maschinengewehren auf die Boote. In den flachen Gewässern vor der flandrischen Küste, konnten die U-Boote bei schwachbewegter See optisch auch noch unter Wasser aufgespürt werden. Die kleinen Boote der Flandern-U-Flottille waren nicht in der Lage, sich zu verteidigen, da sie keine Waffen zur Flugzeugbekämpfung an Bord hatten.

Die U-Boote der Flandern-U-Flottille waren außerhalb der Reichweite alliierter Schiffsartillerie im Hafen von Brügge basiert. Hier hatten sie während der Liegezeiten nach ihren Feindfahrten festgemacht und waren sicher. Bis die britische Admiralität die Bekämpfung der U-Boot-Basen durch die Luftstreitkräfte in die planmäßigen Handlungen der U-Boot-Abwehr mit einbezog. Wenn die Sichtverhältnisse es zuließen, griffen die Flugzeuge in Staffeln Tag und Nacht an. Der Kampf gegen U-Boote wurde aber auch gegen andere Stützpunkte geführt. Ein in Nordfrankreich stationiertes amerikanisches Bombergeschwader hatte die Aufgabe, die U-Boot-Stützpunkte in Brügge, Ostende und Zeebrügge systematisch mit Bomben anzugreifen. Im letzten Kriegsjahr fielen auf diese U-Boot-Basen über 2000 Tonnen Bomben. Es kam aber kaum zur Vernichtung von U-Booten in den Stützpunkten.

Die Entwicklung der U-Boot-Abwehr vor allem an den Konvois – erinnert sei an die Schiffsfernsicherungen, die Nahsicherung und die Luftüberwachung – zwang die deutsche U-Boot-Führung im Jahre 1917 von Überwasserangriffen gegen Konvois auf den westlichen Zufahrtswegen abzusehen und mit den U-Booten weiter in den Atlantik auszuweichen. Jetzt wäre es notwendig gewesen, die U-Boote tiefer in den Atlantik hinein zu folgen. Dazu hätte die Royal Navy über weitreichende Bombenflugzeuge verfügen müs-

U-Boot-Bekämpfung aus der Luft.
Foto: Verlagsarchiv

sen. Diese gehörten aber ausschließlich in den Bestand der Luftwaffe, die ihren Beitrag zum Kampf gegen U-Boote vorwiegend mit Bombenangriffe gegen die U-Boot-Basen leistete. Im Ergebnis dieses Tauziehens zwischen Marine und Luftwaffe konnten die deutschen U-Boote ungestört durch Luftangriffe im Atlantik operieren.

Die Vertreter der sogenannten Offensivstrategie in der Luftwaffe waren sogar der Meinung, Patrouillenflüge gegen U-Boote und Flugzeugeskorten für die Konvois wären Verschwendung von Mitteln, die effektiver gegen die deutschen U-Boot-Basen hätten eingesetzt werden sollen. Diese Kontroverse zog sich, wie wir noch sehen werden, bis in den Zweiten Weltkrieg hinein. Die Kompetenzrangeleien zwischen Navy und RAF, die auch im Zweiten Weltkrieg weiter bestanden, sollten zu vielen unnötigen Verlusten und Opfern führen.

In den letzten beiden Kriegsjahren wurden neun U-Boote durch Flugzeuge vernichtet. Das waren sechs deutsche, zwei britische und ein französisches U-Boot, insgesamt 3,3 Prozent aller während des Ersten Weltkrieges vernichteten U-Boote. Wenn auch die Versenkungserfolge nicht groß waren, so war doch die Allgegenwärtigkeit der Flugzeuge und Luftschiffe über See für die U-Boote eine große Behinderung. Sie konnten jederzeit erscheinen, hatten einen relativ großen Beobachtungsradius und engten die Handlungen der deutschen U-Boote vor der britischen Küste stark ein. Ihre Informationen gestatteten es, Geleitzüge und Einzelfahrer um U-Boot-gefährdete Gebiete herum zu führen.

In den letzten zehn Monaten des Krieges im Jahre 1918 waren diese Kräfte 4 801 152 Stunden in der Luft. Sie setzten 192 Sichtmeldungen feindlicher U-Boote ab. Für die effektive U-Boot-Bekämpfung waren die Maschinen technisch noch ungenügend ausgestattet. Die Wasserbomben hatten eine 2,5-Sekunden-Verzögerung, sie detonierten bei 24 Meter Wassertiefe. Bald hatten das die U-Boot-Kommandanten erkannt, sie untertauchten den Angriff auf 50 Meter Tauchtiefe. Die Bedrohung durch die Luftstreitkräfte führte im Jahre 1918 auf den Unterseebooten zur Einführung von Altiskopen, das waren spezielle Sehrohre zur Luftraumbeobachtung.

Die Luftstreitkräfte waren im Ersten Weltkrieg wie die Unterseeboote eine neue Waffe. Der Aufbau und die Formierung dieser Streitmacht erfolgte im Kampf. Über See wurden ihr Einsatz zur Sicherung der Konvois sowie die U-Boot-Bekämpfung aus der Luft unter den Bedingungen des Krieges erlernt, erprobt und ausgeführt.

Am Ende des Krieges verfügte Großbritannien über 285 Seeflugzeuge, 272 andere Flugzeuge und 100 Luftschiffe. Das waren insgesamt 657 Maschinen, die im Kampf gegen U-Boote zum Einsatz kamen.

Bilanz des U-Boot-Krieges von 1914 bis 1918

Die deutschen U-Boote versenkten im Ersten Weltkrieg 4 837 Transportschiffe mit 11 135 000 BRT. Damit verlor Großbritannien zwischen 1914 und 1918 65 Prozent seiner Handelsflotte und hatte mehrmals mit verheerenden wirtschaftlichen und militärischen Schwierigkeiten zu kämpfen. In der ersten Atlantikschlacht verlor die Handelsmarine 15 313 Seeleute. Im Kampf gegen U-Boote fielen 22 811 Männer der Royal Navy.

Ursache der großen Verluste an Handelsschiffstonnage waren nicht die Überwasserstreitkräfte der deutschen Marine, sondern die 343 bis Ende 1918 eingesetzten U-Boote. Davon wurden 178 Unterseeboote versenkt. 86 U-Boote wurden von Überwasserschiffen, 44 durch Minen, 6 von Flugzeugen und 19 wurden von U-Booten vernichtet. 23 Unterseeboote gingen durch unbekannte Ursachen verloren. Mit den versenkten 178 U-Booten blieben rund 6 000 U-Boot-Fahrer in See. Diese Verluste waren im Verhältnis zu dem Aderlaß an Menschen, Schiffen, Gütern und Kriegsmaterial, die das Inselreich hinnehmen mußte, gering. Großbritannien war nach dem Krieg hochverschuldet, und es hatte nach diesem Kriege die erste Machtverschiebung zur anderen Seite des Atlantiks in die USA stattgefunden. Das U-Boot hatte im Verlaufe des Ersten Weltkrieges seine Bedeutung als wesentliches Element der künftigen Seemacht unter Beweis gestellt.

Großbritannien trieb im Interesse der Sicherheit auf seinen Seeverbindungen einen gewaltigen Aufwand. So dienten in der britischen Flotte vor dem Kriege 146 000 Mann, am Ende des Krieges waren es 407 000, von denen allein 200 000 in der U-Boot-Abwehr und zum Räumen von Minen, die durch U-Boote gelegt worden waren, im Einsatz standen. Für den Kampf gegen 35 ständig in See handelnde U-Boote waren 2 770 Zerstörer und Wachschiffe sowie 250 Flugzeuge und Luftschiffe auf den Seewegen entfaltet. Allein die in der Küstenverteidigung eingesetzten U-Jagd-Kräfte waren im letzten Kriegsjahr auf 3 301 Fahrzeuge angewachsen. Dieser Kräfteaufwand wirkte zwar abschreckend für die U-Boote und verdrängte sie in die offene See, aber versenkt wurden nur ein paar U-Boote von den Küsten-U-Jägern.

Rechnet man die Kräfte, die nur zeitweilig in der U-Boot-Abwehr und zum Räumen von U-Boot-Minen zum Einsatz kamen, so kommt man auf die für den Ersten Weltkrieg unvorstellbare Zahl von 9 000 Schiffen der verschiedensten Klassen und annähernd 3 000 Flugzeugen und Luftschiffen, die zum Schutz der britischen Seeverbindungen handelten und dennoch das Problem der U-Boot-Abwehr nicht lösten. Am 11. Januar 1918 mußte Churchill in einer Rede eingestehen, daß er allein aus Mangel an Seetransportraum die Einfuhr von Granatstahl um Hunderttausende Tonnen vermindern mußte, für dessen Bearbeitung die Fabrikanlagen bereitstanden, für den die Zünder bereitlagen, für den die Geschütze vorhanden waren und für den auch das Artilleriepersonal bereitstand.

Nach unterschiedlichen Quellenangaben sollen im Kampf gegen U-Boote von 1914 bis 1918 von den Alliierten mehr als 9 000 Schiffe der verschiedensten Klassen mit einem Personalbestand von über 450 000 Mann, 100 U-Boote, 2 500 Flugzeuge und 200 Luftschiffe herangezogen worden sein. In den USA wurde errechnet, daß die Ausgaben für den Kampf gegen U-Boote neunzehnmal höher lagen, als der U-Boot-Bau dem Deutschen Reich gekostet hatte.

Auf ein im Kampfbestand befindliches deutsches U-Boot kamen 27 U-Jagd-Schiffe. Allein gegen die deutschen Unterseeboote wurden annähernd 140 000 Minen gelegt. Großbritannien bestückte mehr als 4 000 Handelsschiffe mit Artilleriegeschützen (etwa 13 000 Geschütze und 65 000 Mann Artilleriepersonal). Zeitweilig betrug die Wasserbombenproduktion wöchentlich mehr als 8 000 Stück.

Die deutschen U-Boote zwangen die Royal Navy zu ihrer eigentlichen Hauptaufgabe zurückzufinden, die darin bestand, die eigenen Seeverbindungen zu schützen und die gegnerischen anzugreifen. Als dann die Konvoifahrt stand und voll zum Tragen kam, scheiterte der deutsche U-Boot-Krieg, der noch immer mit Einzelbooten geführt wurde, an dieser Sicherung. Nicht zu vergessen ist das große Verdienst der britischen U-Boot-Abwehr, daß die Alliierten im Verlaufe des Ersten Weltkrieges Truppen in Millionenstärke ohne nennenswerte Verluste von den Britischen Inseln auf das französische Festland übersetzen und in die Schlachten führen konnte.

Analysiert man den Kampf gegen U-Boote im Ersten Weltkrieg und vergleicht ihn mit den Anstrengungen, die im Zweiten Weltkrieg unternommen wurden, so kommt man zu dem Schluß, daß dieser Kampf von 1914 bis 1918 bereits die wichtigsten Prinzipien zukünftiger U-Boot-Kriegführung erkennen ließ. Die getauchten U-Boote waren mit hydroakustischen Mitteln aufzuspüren, Wasserbomben hatten sich zum wichtigsten Bekämpfungsmittel entwickelt und die Positionen der U-Boote waren nach ihren Funksprüchen aufzuklären.

DIE ZEIT ZWISCHEN DEN KRIEGEN

Seestrategische Ansichten

Deutschland

Die Selbstversenkung des Gros der deutschen Hochseeflotte im Jahre 1919 in Scapa Flow zog den Schlußstrich unter ein Kapitel deutscher Seekriegsgeschichte. Von den 74 im Scapa Flow internierten deutschen Kampfschiffen sanken am 21. Juni 1919 52. Es war der größte Akt der Selbstversenkung in der Seefahrtsgeschichte.

Was der Erste Weltkrieg und die deutsche Niederlage hinterließen, waren einige veraltete Linienschiffe, Kreuzer und Torpedoboote, die nun mit Zustimmung der Siegermächte, fixiert im Versailler Vertrag, den Anfang für eine neue deutsche Marine bildeten. Man sollte annehmen, daß sich das seestrategische Denken in Deutschland nun zielstrebig mit der Auswertung des Ersten Weltkrieges im Hinblick auf den U-Boot-Krieg befaßt haben müßte. Gerade der Einsatz der deutschen U-Boote hatte ja die Unterwasserstreitkräfte als Waffengattung der Zukunft ausgewiesen. Welche Schlußfolgerungen konnten allgemein aus dem Seekrieg von 1914 bis 1918 gezogen werden? Begrenzt man die Frage auf den Seekrieg zwischen Großbritannien und Deutschland, so ist festzustellen:

1. Die deutsche Vorkriegsdoktrin von der siegreichen Führung einer Generalschlacht zwischen den beiden Hochseeflotten hatte sich als unhaltbar erwiesen. Die Royal Navy drang nicht in die Deutsche Bucht ein, um die kaiserliche Flotte zu vernichten, wie das vor dem Kriege in deutschen Flottenkreisen angenommen wurde. Großbritannien brauchte die Generalschlacht nicht

und Deutschland konnte auf Grund des Kräfteverhältnisses und der ungünstigen seestrategischen Lage mit seinen Überwassereinheiten die britische Fernblockade nicht brechen.
2. Neue Kampfmittel der Flotten, das U-Boot und in gewissem Maße auch schon das Flugzeug, hatten an Einfluß gewonnen und entwickelten sich zu Waffengattungen der Seestreitkräfte. Vor allem die U- Boote zwangen die Royal Navy, sich auf ihre Hauptaufgabe, der Sicherung der Seeverbindungen von und zum Inselreich, zu besinnen.

Nicht ohne Grund verbot der Versailler Vertrag Deutschland gerade den Besitz von U-Booten und Marineflugzeugen. Die damaligen Siegermächte, insbesondere Großbritannien und Frankreich, verfügten über starke Überwasserstreitkräfte, die in den Seekriegsdoktrinen dieser Länder fest verankert waren. Zur Erhaltung der Macht in den Kolonien und zur Sicherung der Seeverbindungen zum Mutterland waren starke Überwasserstreitkräfte notwendig. Der Aufbau einer schlagkräftigen U-Boot-Waffe und die Schaffung moderner Seefliegerkräfte in Deutschland hätte eine Gefahr für die britische und französische Flotte dargestellt.

Es ist auch verständlich, daß Deutschland nach seiner katastrophalen Niederlage und den Auflagen der Siegermächte nicht mit einer ausgeprägten U-Boot-Rüstung an die Öffentlichkeit treten konnte. Insgeheim liefen ja die Vorbereitungen seitens der deutschen Werftindustrie ohnehin. Aber im seestrategischen Denken hätte das U-Boot einen anderen Stellenwert erfahren müssen. Stattdessen wurden die Kampfhandlungen der Überwasserstreitkräfte ausgewertet und Schlußfolgerungen für die künftige *ausgewogene* Flotte gezogen.

Hauptseemächte

Großbritanniens Bestreben ging dahin, das U-Boot als Waffe des Seekrieges gänzlich zu verbieten. Einige andere Seemächte, darunter Frankreich, stuften das U-Boot als Waffe des Schwächeren gegenüber Seemächten wie den USA und Großbritannien ein. Allgemein aber stützte sich das seestrategische Denken bei den Seemächten auf die Schlachtschiffe und Kreuzer. Um nun einem erneuten Flottenwettrüsten Einhalt zu gebieten, lud im November

Das britische U-Boot »M1« mit einem 30,5-cm-Geschütz, um 1925.
Foto: Sammlung Israel

1921 der Außenminister der USA, Charles Evan Hughes, zu einer Flottenrüstungsbegrenzungskonferenz nach Washington ein. Er schlug den Delegierten Englands, Frankreichs, Italiens und Japans (Deutschland war nicht geladen, G. K.) vor, sämtliche Bauprogramme für Großkampfschiffe fallen zu lassen, die jeweils aktuelle Stärke als Standartstärke untereinander festzuschreiben, eine Anzahl älterer Kampfschiffe zu verschrotten und die Tonnage der Großkampfschiffe als Maßstab zu nehmen. Kleinere Flotteneinheiten durften gebaut werden. Für die USA bot Hughes an, 15 ältere Schlachtschiffe zu verschrotten und den Bau von 15 neuen zu stoppen. Das waren 850 000 ts Kriegsschiffstonnage, mehr als die deutschen Schiffe, die sich in Scapa Flow selbst versenkten.

Auf der Flottenkonferenz 1921 bis 1922 in Washington forderte der britische Vertreter das Verbot der U-Boote und deren Verschrottung mit dem Hinweis auf den deutschen U-Boot-Einsatz während des Ersten Weltkrieges. Er brandmarkte die U-Boote als eine barbarische Waffe gegen Handelsschiffe und friedliche Reisende auf Passagierschiffen. Frankreichs Vertreter dagegen verteidigte die U-Boote und wies auf ihre Bedeutung bei der Erfüllung von Verteidigungsaufgaben vor allem im Bestand schwächerer

Das italienische U-Boot »Millelire«, um 1933.
Foto: Sammlung Israel

Französische U-Boote im Hafen von Marseille. Anfang der 30er Jahre.
Foto: Sammlung Israel

Das amerikanische U-Boot »Cuttlefish«, um 1934.
Foto: Sammlung Israel

Flotten hin. So schwankte auf dieser Konferenz die Wertung des U-Bootes zwischen Piratenschiff und Verteidigungsinstrument. Aber auch die Möglichkeiten der Unterwasserstreitkräfte im Kampf gegen Überwasserkampfschiffe wurden ins Gespräch gebracht. Auffallend war, daß sich die Vertreter der großen Flotten, der amerikanischen und der britischen, gegen die U-Boote aussprachen. In den neun Verträgen und zwölf Resolutionen, die im Dezember 1921 verabschiedet wurden, gab es aber keine Beschränkungen sowohl für U-Boote als auch für Zerstörer. Kreuzer wurden auf 10 000 ts begrenzt. Ihre Bewaffnung sollte das 20-cm-Kaliber nicht überschreiten.

In der britischen Admiralität wurden aus der Skagerrakschlacht und aus dem U-Boot-Krieg nicht die richtigen Schlußfolgerungen gezogen. So entwickelte man das Konvoisystem nicht gegen U-Boote sondern gegen Kreuzer. Folglich leitete Großbritannien aus der Konferenz von Washington das falsche Flottenbauprogramm ab. Die Führung der Navy rechnete nicht mit der Bedrohung seiner Seewege durch U-Boote, sondern nahm an, daß künftig vor allem Überwasserstreitkräfte gegen Konvois handeln würden. Im Ergebnis dieser Fehleinschätzung bauten britische Werften statt Zerstörer zu viele Kreuzer.

Die generelle Wertung des U-Bootes durch die Hauptseemächte der damaligen Zeit hatte selbstverständlich auch Einfluß auf die Aufgabenstellung für das U-Boot und auf den U-Boot-Bau. In der amerikanischen Marine sollte das U-Boot in erster Linie gegen Überwasserkampfschiffe und für die Fernaufklärung eingesetzt werden. Die USA verfügten überwiegend über große Ozean-U-Boote, ausgezeichnet geeignet zum Kampf in den Weiten des pazifischen Raumes. Da die Unterwasserstreitkräfte in der US-Navy eine untergeordnete Rolle spielten, waren sie auch zahlenmäßig nicht allzustark vertreten.

In der französischen Flotte wollte man die U-Boote ebenfalls zur Aufklärung und gegen Überwasserstreitkräfte einsetzen. Eine weitere Aufgabe war die Küstenverteidigung. Italien hatte nach dem Ersten Weltkrieg starke Unterwasserstreitkräfte aufgebaut. Mit 115 U-Booten besaß die italienische Marine die stärkste U-Boot-Flotte im west- und südeuropäischen Raum. Hauptziel der italienischen U-Boote sollten im Falle eines Krieges die britischen Seeverbindungen im Mittelmeer sein. Auch der Einsatz gegen britische Überwassereinheiten und zur Seeaufklärung war vorgesehen.

In dieser Zeit zeigte sich bald, in welche Richtung die deutsche Reichsmarine entwickelt werden sollte. Zumindest die militärwissenschaftlichen Arbeiten in Deutschland, die in den zwanziger und dreißiger Jahren erschienen waren, zielten wieder auf starke Überwasserstreitkräfte. Das U-Boot wurde als Waffe des Schwächeren abgewertet. Und zur künftigen Rolle der Fliegerkräfte in der Flotte heißt es, daß der Flugzeugträger unter keinen Umständen das Schlachtschiff ersetzen werde. Er bleibe bei allen taktischen Vorzügen immer nur ein Hilfsschiff der Flotte und außerdem ihr größtes Sorgenkind.

Später, nach dem Zweiten Weltkrieg, sollten dann die Ursachen für Fehler in der Flottenrüstung der Weimarer Republik vor allem in den *Fesseln des Versailler Vertrages* gesucht werden. Dabei ist heute bekannt, wie wenig ernst man bereits in der Weimarer Republik den Versailler Vertrag nahm. Die Forschungen und Entwicklungen für die spätere Aufrüstung des Heeres und der künftigen Luftwaffe sind ein Beleg dafür. Auch die Gründung eines gedeckten deutschen U-Boot-Konstruktionsbüros im April 1922 in Holland durch deutsche Werften belegen die Möglichkeiten, die man auch auf dem Gebiet der Entwicklung der Unterwasserstreitkräfte und ihres Einsatzes gehabt hätte. Immerhin ging es den Werften mit Billigung des Chefs der damaligen Marineleitung, Admiral Behnke, um die Erhaltung eines leistungsfähigen U-Boot-Konstruktionsstabes.

Churchill schätzte später nach dem Kriege ein, daß von allen Plagen die U-Boot-Plage die schlimmste gewesen sei, und *die Deutschen hätten gut daran getan, alles auf diese Karte zu setzen* (W. S. Churchill, Der Zweite Weltkrieg, S. 613).

Während man in Deutschland das zweite Nachkriegsjahrzehnt mit einem Panzerschiff- und Kreuzerprogramm begann, gab man in Frankreich den leichten Flottenkräften, Zerstörern und U-Booten den Vorrang. Diese Kräfte sollten in einem künftigen Krieg mit den Luftstreitkräften zusammenwirken. Der weitere Bau von schweren Schiffen erschien der französischen Admiralität wegen der ständig wachsenden Luftgefahr zu riskant.

Vizeadmiral Wegener zog dann für den künftigen Einsatz deutscher Überwasserstreitkräfte Schlußfolgerungen aus dem Flotteneinsatz im Ersten Weltkrieg. Sie gipfelten darin, daß die Hauptursache dafür, daß die Hochseeflotte nicht zum Zuge kommen konnte, in der hoffnungslosen strategischen Lage der deutschen Seestreitkräfte in der Nordsee zu suchen ist. Um diese ungünstige Ausgangslage zu verbessern, wäre es notwendig gewesen, die französische Küste bis Brest zu erobern, Dänemark einzunehmen und den Südteil Norwegens zu besetzen. Diese Ansichten fanden dann auch ihren Niederschlag in den Planungen der Wehrmacht.

Mitte der zwanziger Jahre kam es in der deutschen Admiralität zur Entwicklung der sogenannten *Kampfgruppentaktik*. Aus jeweils 2 Panzerschiffen und 3 Kreuzern sollten Kampfgruppen gebildet werden, die dann im Kriegsfalle auf den Seeverbindungen des Gegners handeln sollten. Die Antwort der britischen Marine auf die ersten Verlautbarungen und die im weiteren durchgeführten Erprobungen der Kampfgruppentaktik unter Admiral Gladisch waren Manöver und Übungen, die den Schutz der Seeverbindungen zum Inhalt hatten und an denen in zunehmendem Maße Flugzeugträger teilnahmen. Genau genommen war ja die Kampfgruppentaktik nichts weiter als der U-Boot-Krieg – die Unterbrechung bzw. Störung der Seeverbindungen – nur anstelle der U-Boote sollten Überwasserstreitkräfte treten. Wie perspektivlos diese operativen Überlegungen waren, hat der Zweite Weltkrieg bewiesen. Die Kampfgruppen waren von vornherein dazu verurteilt, sich gegen die See- und Luftherrschaft eines überlegenen Gegners durchzusetzen.

In anderen Flotten ging man daran, den U-Boot-Krieg von 1914 bis 1918 auszuwerten und Schlußfolgerungen für den künftigen operativen Einsatz der Seestreitkräfte zu ziehen. In den USA, in Frankreich, in Japan und in der Sowjetunion fanden diese Untersuchungen in den Aufgabenstellungen für die Flotte ihren Niederschlag. So hatte Frankreich im Jahre 1935 96 U-Boote im Dienst und 15 im Bau. In Großbritannien stellte man den Unterwasserstreitkräften vor allem Aufgaben der U-Boot-Abwehr. In der britischen Marine wurden die U-Boote als technisch überholte Schiffsklasse bewertet. Außerdem galten die U-Boote sogar als unehrenhaft und hinterlistig, der Seemine vergleichbar. Bis zum Beginn der dreißiger Jahre rechnete man in Großbritannien nicht mehr mit einem U-Boot-Krieg gegen die Handelsschiffahrt.

Obwohl die U-Boote als neue Waffengattung der Seestreitkräfte im Verlaufe des Ersten Weltkrieges ihre Brauchbarkeit unter Beweis gestellt hatten, nahmen sie in den Seekriegsdoktrinen der Seemächte einen untergeordneten Rang ein. Auch dem Einsatz von Seefliegerkräften wurde nicht die gebührende Aufmerksamkeit geschenkt. Nach wie vor hatten die schweren Überwasserstreitkräfte Priorität im seestrategischen Denken. Dem U-Boot wurden mehr oder weniger Aufgaben in der Küstenverteidigung zugedacht.

Dabei hatte es in den dreißiger Jahren auch in Großbritannien Warner gegeben, die in einem möglichen Krieg mit dem uneingeschränkten Einsatz von U-Booten und Fliegerkräften rechneten. Es begann sich die Meinung zu verankern, daß Zerstörer, moderne UAW-Mittel und ein vorbereitetes Geleitsystem ein sicherer Schutz für die britische Flotte und für die Seezufuhr wären, als Verträge und Abkommen mit den *Machthabern des Dritten Reiches*. Der damalige Commander und spätere Vizeadmiral Russel Grenfell schrieb vor dem Kriege: *»Wir müssen ... leider uneingeschränkte U-Boot- und Luftangriffe auf den Handelsverkehr für den nächsten Krieg als wahrscheinlich ansehen.«* (R. Grenfell, Die Seemacht, S. 167.)

Interessant ist auch der Standpunkt Grenfells zum Einsatz der schweren Überwasserstreitkräfte. Er war der Meinung, daß Schlachtschiffe und schwere Kreuzer für einen Geleitzug keinen besonderen Schutz darstellten und in dieser Rolle eher Ziel als Schild sein würden. Grenfell war Befürworter einer starken 260 Einheiten umfassenden Zerstörerflotte. Er schrieb, daß in allen großen Flotten die Tendenz zu beobachten sei, angesichts der anwachsenden U-Boot-, Flieger-, Zerstörer- und Minengefahr immer mehr an die Bewahrung der großen Schiffe vor Schaden zu denken, als an den Einsatz derselben zur Schädigung des Feindes. Er belegte, daß für die Sicherung von beispielsweise 15 britischen Schlachtschiffen mindestens 15 Kreuzer, 15 Zerstörer, 4 Flakkreuzer und 3 Flugzeugträger notwendig wären. Daraus ergab sich ein Verhältnis von 37 Prozent Sicherungskräften zu 63 Prozent Haupttonnage. Bei Trafalgar dagegen hatte Nelson 8 Prozent Fregatten als Sicherungskräfte zur 92 Prozent Haupttonnage verfügt.

Betrachtet man die Flottenkonzepte vor dem Zweiten Weltkrieg, so wird man erkennen müssen, daß Engländer und Amerikaner ebenso wie die Deutschen die aktiv kämpfenden Hochseeflotten planten und zum Teil realisierten.

U-Boot und U-Jagd

Deutschland

Hinter diesem Vorhang von Großkampfschifftheorien arbeitete das bereits genannte von deutschen Werften im Jahre 1922 insgeheim gegründete Konstruktionsbüro für U-Boote *N.V. Ingenieurskantoor vor Scheepsbouw* in Den Haag. In diesem Büro arbeiteten erfahrene deutsche U-Boot-Konstrukteure an der Weiterentwicklung der Weltkriegstypen. Parallel dazu führte der deutsche Marineberater in der finnischen Flotte, Korvettenkapitän a. D. Bartenbach, Verhandlungen mit finnischen Werften über den Bau einiger U-Boote nach den Projekten des Konstruktionsbüros in Holland. Ähnliche Bestrebungen gab es von deutscher Seite auch in Spanien.

Die Westmächte müßten über ihre Geheimdienste Kenntnisse erhalten haben, in welchem Maße Deutschland in Drittländern am U-Boot-Bau wirkte. Da die Zahlen klein waren und man für einen künftigen Krieg die Gefahr eines U-Boot-Krieges nicht sehen wollte, gab es sowohl von britischer und französischer als auch von amerikanischer Seite keine Proteste.

Trotz der ausgeprägten Schlachtschiff- und Kreuzerambitionen der damaligen Seekriegsleitung, sollte die künftige ausgewogene deutsche Flotte in ihrem Bestand auch über U-Boote verfügen. Diesen U-Booten waren aber vor allem Aufgaben im Minenkrieg und in der Fernaufklärung zugedacht. So wurde am 25. Juni 1933 in Kiel unter der Bezeichnung *U-Boot-Abwehrschule* das Ausbildungszentrum für U-Boot-Besatzungen eröffnet. Hier sollten die Besatzungen für die bereits vor 1933 geplanten ersten 16 U-Boote ausgebildet werden.

Der 1935 zum Führer der U-Boote (FdU) berufene Karl Dönitz erkannte als einer der wenigen deutschen Strategen Rolle und Bedeutung der U-Boote in einem künftigen Krieg mit Großbritannien. Von Anbeginn seiner Tätigkeit als FdU bereitete er die Besatzungen auf den Kampf gegen die britischen Seeverbindungen vor. Er rechnete damit, daß Großbritannien im Falle eines Krieges, wie im Ersten Weltkrieg, zum Geleitsystem übergehen müßte. So schulte Dönitz persönlich die Kommandanten beim Einfahren der neuen Boote sowie im taktischen Gruppeneinsatz, der späteren sogenannten *Rudeltaktik*. Bei der Bewertung der britischen Asdic-Geräte ging Dönitz und sein Stab auch von den Ergebnissen, die bei der Erprobung und dem Einsatz des deutschen Ultraschallortungsgerätes, des S-Gerätes, erzielt wurden, aus.

Im deutsch-englischen Flottenabkommen verpflichtete sich Deutschland im Zuge seiner Seerüstung nur 35 Prozent der britischen Kriegsschiffstonnage zu erreichen. Wie gering die britischen Bedenken gegen eine deutsche U-Boot-Waffe waren, zeigt das Einverständnis in diesem Abkommen, die U-Boot-Tonnage auf 45 Prozent der britischen Unterwasserstreitkräfte festzulegen. Mehr noch, nach freundschaftlichen Verhandlungen sollte die U-Boot-Tonnage, wenn es denn die Deutschen wünschten, auf 100 Prozent der britischen erhöht werden können. In einem Zusatzabkommen zwischen Großbritannien und Deutschland vom 17. Juli 1937 wurde festgelegt, daß die Standartverdrängung der U-Boote 2 000 ts und das Geschützkaliber 13 cm nicht überschreiten dürfe.

Mit den 35 Prozent der britischen Kriegschiffstonnage gestand das deutsch-englische Flottenabkommen Deutschland fünf Schlachtschiffe, 21 Kreuzer und 64 Zerstörer zu. Gleichzeitig trat Deutschland dem Londoner Protokoll von 1936 zum U-Boot-Einsatz bei. Mit dem Flottenabkommen erhielt Deutschland das Recht, in den nächsten fünf bis sechs Jahren seine Flottenbaukapazität voll auszuschöpfen. Deutschland bot den Briten sogar an, die U-Boote gänzlich abzuschaffen. Allerdings galt diese Angebot nur unter der Voraussetzung, daß alle anderen Seemächte sich einem solchen Verbot anschlössen.

In einer Reichstagsrede kündigte Hitler am 28. April 1939 das deutsch-englische Flottenabkommen. Im Jahre 1939 bei Kriegsbeginn verfügte Großbritannien wie Deutschland über 57 U-Boote.

Großbritannien

In Großbritannien wurden zu dieser Zeit die U-Boot-Ortungs- und Bekämpfungsmittel, vor allem die Asdic-Geräte und neue Wasserbomben sowie Fernzündungsminen gegen U-Boote überbewertet. Das führte so weit, daß in der britischen Marine und in der Öffentlichkeit die Meinung vertreten wurde, daß es in einem künftigen Krieg keine U-Boot-Gefahr mehr geben würde. Die deutsche Seekriegsdoktrin bezüglich des Einsatzes von U-Booten dürfte diese Meinung genährt haben. Andererseits hatte die Ansicht in der führenden britischen Flotte, die U-Boote hätten in einem künftigen Krieg keine Perspektive, auch ihren Einfluß auf das seestrategische Denken in deutschen Marinekreisen. So ist verständlich, daß die Tendenzen der britischen Marine den Vertretern der Großkampfschiffstrategie in Deutschland einen nicht zu unterschätzenden Auftrieb gaben und damit die Argumente für den Zufuhrkrieg mit Unterwasserstreitkräften auf schwache Füße stellten.

Die Bewertung der Unterseeboote fiel in der Kriegsmarine so niedrig aus, daß sich der damalige Kapitän zur See und Kreuzerkommandant, Karl Dönitz, mit seiner Berufung zum Führer der U-Boote auf ein Nebengleis geschoben sah. Obwohl in der deutschen U-Boot-Waffe von Anfang an, zunächst theoretisch, später seit 1938 intensiver auch in See der Gruppenangriff geschult und trainiert wurde, war die britische U-Boot-Abwehr darauf nicht vorbereitet. Vor allem rechnete man nicht damit, daß die U-Boote bei Nacht und schlechter Sicht in Überwasserlage angreifen würden. Da der Ortungsstrahl der Asdic-Geräte in einem bestimmten Winkel starr nach unten gegen getauchte U-Boote gerichtet war, faßten die britischen U-Jäger die in Überwasserlage angreifenden Gegner in den meisten Fällen nicht auf.

An der in Portland von der Royal Navy geschaffenen U-Boot-Abwehr-Schule wurde das Personal der U-Jagd-Einheiten vom Kommandanten bis zum Asdic-Orter ausgebildet. Diese Schule besuchte Churchill als Erster Seelord im Juni 1938, um sich vom Einsatz der Asdic-Anlagen zu überzeugen. Die U-Boot-Abwehrkräfte der Royal Navy waren darauf vorbereitet, U-Boote im getauchten Zustand mit den Asdic-Geräten aufzuspüren und anzugreifen. Vor dem Kriege war man überzeugt, daß bei diesem Verfahren U-Boote keine Chance mehr hätten.

Aber wie der Kampf gegen U-Boote dann zeigen sollte, war auch das beim Stand der damaligen Technik unsicher und von vielen Faktoren beeinflußbar. Die vielen im getauchten Zustand vor allem am Anfang des Krieges entkommenen U-Boote belegen das. Der britische Marinehistoriker Roskill schrieb dazu, daß der Wechsel von den Einzelangriffen der U-Boote – als die Deutschen noch nicht genug Boote hatten – zu den Rudelangriffen, die Briten unvorhergesehen und unvorbereitet traf.

Das Prinzip der Gruppentaktik bestand darin, eine Anhäufung von Einzelzielen (Geleitzug mit Sicherungsschiffen und Transportern) mit einem oder mehreren U-Boot-Gruppen anzugreifen. Im Ergebnis einer Atlantikübung im Winter 1938/1939 forderte Dönitz dann vom Oberkommando der Kriegsmarine für den Fall eines Krieges gegen England 300 U-Boote. Davon sollten sich ständig 100 U-Boote in den Operationsgebieten, 100 U-Boote auf dem An- bzw. Rückmarsch in See und 100 U-Boote zur Wiederherstellung der Gefechtsbereitschaft in den Stützpunkten befinden.

Bei dem Stand, den die britische U-Boot-Abwehr zu jener Zeit erreicht hatte, erschienen diese Vorstellungen durchaus nicht unreal. Großbritannien hatte zwar im Verhältnis zu den anderen späteren alliierten Verbündeten einige Anstrengungen hinsichtlich der Entwicklung neuer UAW-Kräfte und -Mittel unternommen, doch die von der Royal Navy auf diesem Gebiet getroffenen Vorbereitungen für einen erneuten Kampf gegen die deutschen U-Boote reichten weder im Schiffsbestand noch in der Bewaffnung und Ausrüstung aus, einen massiert vorgetragenen Angriff der deutschen U-Boot-Waffe gegen die Seeverbindungen des Empire wirksam begegnen zu können.

Es sollte sich dann zeigen, daß Großbritannien, das im Ersten Weltkrieg große Erfahrungen in der Geleitorganisation gesammelt hatte, am Beginn des Zweiten Weltkrieges nicht auf der Höhe dieser Aufgabe war, daß es in der Admiralität sogar Widerstände gegen die Einführung des Konvoisystems gab. Die beträchtlichen Versenkungsziffern der wenigen deutschen U-Boote bei Kriegsbeginn beweisen das.

Man sollte jedoch nicht außer acht lassen, daß sich die britische Admiralität bei der Wertung ihrer eigenen U-Boot-Abwehr auch von der deutschen Seekriegsdoktrin beeinflussen ließ. Im Falle einer ausgeprägten U-Boot-Strategie auf deutscher Seite hätte man wahrscheinlich in Großbritannien anders reagiert. So aber unterschätzte man die Möglichkeiten des Gegners, die dieser mit seiner nicht gerade Aufsehen erregenden Zahl von U-Booten hatte und überschätzte die eigenen Chancen, vor allem aber die Effektivität des Asdic-Gerätes, der britischen Ultraschall-Unterwasserortungsanlage.

Um so wirksamer hätten aber die U-Boote bei der Anwendung der Gruppentaktik von geeigneten Land- und Trägerflugzeugen sowie von Flugbooten bekämpft werden können. Die britischen Seeflieger, fast zwei Jahrzehnte hindurch vernachlässigt und seit 1937/1938 in Coastal Command der Royal Air Force und Fleet Air Army der Royal Navy gespalten, waren aber bei Kriegsbeginn auf die U-Boot-Abwehr nur mangelhaft vorbereitet. Nach langem Streit war die Übertragung des Marineflugwesens in den Verantwortungsbereich der Royal Navy am 24. Mai 1939 abgeschlossen.

Zwar waren beispielsweise Großbritannien und Frankreich auf den Schutz ihrer Seeverbindungen gegen Überwasserkampfschiffe vorbereitet, aber zum wirkungsvollen Kampf gegen U-Boote sahen sie sich nicht in der Lage. Die guten Erfahrungen, die Großbritannien im Ersten Weltkrieg mit dem Konvoisystem gemacht hatte, mußten sogenannten offensiven Ansichten zur Führung des Kampfes gegen U-Boote weichen. Zu der genannten Unterschätzung der Unterwasserstreitkräfte und der völlig ungerechtfertigten Überbewertung der Asdic-Ortungsanlagen kam die Ablehnung des Geleitsystems als eine defensive Strategie. Die Vertreter der *Offensiv-Strategie* setzten sich dafür ein, daß im Falle eines Krieges die deutschen U-Boot-Stützpunkte und -Werften durch die Luftwaffe angegriffen werden müßten, daß die Anmarschwege der U-Boote unter Kontrolle zu bringen wären und daß U-Boot-Suchgruppen auf den Hauptseeverbindungen offensiv die U-Boote zu bekämpfen hätten. Die U-Boote sollten dort vernichtet werden, wo man sie antraf; es sollte nicht erst gewartet werden, bis sie angriffen.

So gut sich diese Forderungen auch anhörten, so unreal waren sie bei dem damaligen Stand der U-Boot-Abwehr in Großbritannien. Die Kräfte, die dafür notwendig gewesen wären, überstiegen das Ausmaß, das für die defensive Strategie erforderlich war, um ein Vielfaches. Der Krieg sollte dann zeigen, daß für die Sicherheit auf den britischen Seeverbindungen zunächst nichts nötiger war als ein gutausgebautes und organisiertes Konvoisystem. Es waren sowohl offensive als auch defensive Handlungen großen Stils erforderlich, wollte man der drohenden U-Boot-Gefahr Herr werden. Doch Großbritannien war 1939, bei Kriegsbeginn, weder zu dem einen noch zu dem anderen in der Lage.

Trotz des Hick-Hacks um den Schutz der Seeverbindungen in einem künftigen Krieg, hatte Churchill in der Admiralität die Vorbereitung des Konvoisystems durchgesetzt. Der Operationsstab der Royal Navy hatte für den Fall eines Krieges umfassende Pläne für die Verstärkung der UAW-Streikräfte erarbeitet, die dann nach Ausbruch der Kampfhandlungen, wenn auch unter großen Anstrengungen, in die Tat umgesetzt wurden.

Hatte Großbritannien am Ende des Ersten Weltkrieges über 2 000 U-Boot-Abwehrschiffe in seinem Flottenbestand, so verfügte die Royal Navy 1939 nur über 200 Schiffe dieser Zweckbestimmung, und diese waren über den ganzen Erdball verteilt. Ähnlich war es auch bei den britischen U-Boot-Abwehr-Flugzeugen. Obwohl sich die Luftwaffe zwischen den beiden Weltkriegen gewaltig entwickelt hatten und Großbritannien spezielle Seefliegerkräfte besaß, verfügte die britische Marine 1939 über weniger UAW-Flugzeuge als am Ende des Ersten Weltkrieges.

Vom Hydrophon zum Ultraschall

Zur Geschichte

Kurz vor Kriegsende, im Jahre 1918, gründeten die Verbündeten Mächte in Großbritannien eine gemeinsame Dienststelle, der die Erforschung und Entwicklung neuer Mittel und Verfahren zur U-Boot-Suche oblag. Es war das Alliied Submarine Devices Investigation Committee (Alliiertes Komitee zur Entwicklung von Unterwassergeräten), kurz ASDIC genannt, das nach Kriegsende im nationalen Rahmen in Großbritannien weiterarbeitete und nach dem später die britischen Ultraschallortungsanlagen benannt wurden.

Der Erste Weltkrieg hatte gezeigt, daß die entscheidende Voraussetzung für den Kampf gegen U-Boote, die zuverlässige Ortung der U-Boote ist. Erst wenn das U-Boot nach Richtung, Distanz und Tauchtiefe lokalisiert werden kann, ist die Bestimmung des U-Boot-Kurses und der Geschwindigkeit und damit eine effektive Bekämpfung möglich. Das war im Ersten Weltkrieg mit den passiven Horchanlagen noch nicht möglich. Im wesentlichen stützte sich die U-Boot-Ortung aber auch vor und im Zweiten Weltkrieg auf die Hydroakustik. Deshalb soll auf dieses Gebiet der Physik näher eingegangen werden.

Hydroakustik

Allgemein versteht man unter dem Begriff Hydroakustik die Lehre von der Schallausbreitung in Gewässern und in unserem Fall speziell in Meeren und Ozeanen. Die theoretische Grundlage bildet die Schwingungs- und Wellentheorie. Nachdem bereits Huygens 1678 die allgemeinen Gesetze über die Richtung und die Form der Wellen entdeckt hatte und in der ersten Hälfte des 18. Jahrhunderts eine Reihe Grundlagen auf dem Gebiet der Akustik und Hydrodynamik von Leonard Euler (1703–1783), Daniel Bernoulli (1700–1782) und von anderen Wissenschaftlern erarbeitet worden waren, wurden die akustischen Erscheinungen im Wasser erstmals systematisch zu Beginn des 19. Jahrhunderts im Genfer See untersucht.

Von der ersten Erkenntnis, daß sich der Schall im Wasser mit größerer Intensität und Reichweite fortpflanzt als in der Luft, bis zur Möglichkeit einer Geräuschpeilung waren umfangreiche Forschungsarbeiten erforderlich. Hier sollte der sogenannte Binauraleffekt weiterhelfen. Unter diesem Effekt versteht man die Eigenschaft des Gehörorgans des Menschen, die Richtung zu einer Schallquelle bestimmen zu können. Aus der Humanforschung war bekannt, daß an der Bestimmung der Richtung zu einer Geräuschquelle gleichzeitig beide Ohren des Menschen beteiligt sind. Wenn sich die Schallquelle nicht direkt vor dem Menschen befindet, sondern links seitlich verschoben, dann trifft die Front der Schallwellen beim linken Ohr, das in unserem Beispiel der Schallquelle näher ist, früher ein als beim rechten. Infolgedessen führen die Trommelfelle des rechten und des linken Ohres Schwingungen verschiedener Phasen aus. Die Phasenverschiebung zwischen diesen Schwingungen ist um so größer, je mehr die Schallwelle von der geraden Richtung verschoben ist. Außerdem schirmt der Kopf das Geräusch, das zum rechten Ohr gelangt, etwas ab, folglich ist das Geräusch im linken Ohr stärker zu hören als im rechten. Das menschliche Gehörorgan ist in der Lage, die Verspätung zwischen dem Auftreffen der Front einer Schallwelle am rechten und am linken Ohr bis zu einer Zeit von 0,0003 Sekunden zu unterscheiden. Das entspricht einer Verschiebung der Schallquelle zur geraden Richtung von drei Grad. Mit anderen Worten, der Mensch ist in der Lage, die Richtung zu einer Geräuschquelle mit einer Genauigkeit von drei Grad zu bestimmen.

Den *Binauraleffekt* galt es nun, mindestens mit der gleichen Genauigkeit in der Technik anzuwenden. Dieser Forschungsprozeß wurde vor dem Ersten Weltkrieg durch die Einführung der U-Boote in die Flotten beschleunigt. Hierbei ging es vor allem um die Entwicklung passiver hydroakustischer Anlagen als Orientierungs-

und Beobachtungsmittel. Erst als die U-Boote mit spektakulären Kriegserfolgen auf sich aufmerksam gemacht hatten, setzte eine fieberhafte Forschungs- und Entwicklungstätigkeit ein. Das Ziel bestand darin, die getauchten U-Boote *sichtbar* zu machen und die Schlachtflotte vor U-Boot-Angriffen zu schützen. Der Schwerpunkt war in dieser Zeit die Entwicklung von Geräuschpeilanlagen mit denen allerdings erst einmal nur die Richtung zum Ziel bestimmt werden konnte; die U-Boot-Ortung war damit noch nicht möglich. Gleichzeitig gab es Anstrengungen, den Schall zur Entfernungs- und Richtungsbestimmung zu nutzen.

Aus früheren Forschungen war bekannt, daß sich die Schallwellen strahlenförmig vom Mittelpunkt einer Schallquelle in sphärischen Wellen ausbreiten und daß die Schwingungen der Teilchen in einem Medium allmählich von Teilchen zu Teilchen weitergegeben werden. Das grundlegende *Huygens´sche Prinzip* der Wellenlehre, nach dem alle Punkte einer Wellenfront Ausgangspunkte elementarer Kugelwellen sind, die sich im gesamten Raum durch die Interferenz auslöschen, erklärt die für die Hydroakustik so wichtigen Gesetze der Reflektion, Refraktion und des Beugens der Wellen.

Die Geschwindigkeit, mit der sich die Schwingungen der Teilchen des Mediums fortpflanzen, ist die Ausbreitungsgeschwindigkeit; sie ist in den einzelnen Medien unterschiedlich. Außerdem ist sie vom Zustand des Mediums abhängig. Ändert sich die Dichte durch Temperaturanstieg oder -abfall beziehungsweise treten Druckveränderungen auf, so haben diese Faktoren Einfluß auf die Ausbreitungsgeschwindigkeit des Schalls in dem betreffenden Medium. Die Ausbreitungsgeschwindigkeit der Schallwellen wiederum hat entscheidenden Einfluß auf die Entfernung, bis zu der sich der Schall ausbreitet; in unserem Fall auf die Ortungsreichweite hydroakustischer Anlagen.

So ist die Schallgeschwindigkeit im Seewasser von der Temperatur des Wassers, vom Salzgehalt und von der Wassertiefe, in der sich die Schallwelle fortpflanzt, abhängig. In der Nord- und Ostsee schwankt die Schallgeschwindigkeit zwischen 1 400 und 1 500 Meter in der Sekunde. Bei Veränderungen der Wassertemperatur und des Salzgehaltes im Seewasser verändert sich auch die Schallgeschwindigkeit. Der mit zunehmender Wassertiefe ansteigende Druck hat nur einen geringen Einfluß auf die Schallgeschwindigkeit.

Zum weiteren Verständnis muß auf noch eine Größe eingegangen werden, die Einfluß auf die Reichweite von Sonaranlagen und auf die Genauigkeit der U-Boot-Ortung hat. Es ist die Grenzfläche zweier Medien. Trifft der Schallimpuls auf diese Fläche, so ändert sich die Fortpflanzungsgeschwindigkeit. Ein Teil des Impulses geht aus der einen Schicht in die andere über und pflanzt sich in einer neuen Richtung fort. Teilweise werden Schallwellen an der Grenzfläche der beiden Wasserschichten reflektiert, d. h., sie pflanzen sich weiter in der Wasserschicht fort, in der sie auf die Grenzfläche trafen. Nach dem Reflektionsgesetz, Einfallswinkel gleich Ausfallwinkel, ändert sich die Richtung dieses Teils der Schallwellen. Der Teil des Impulses, der aus der einen Schicht in die andere übergeht, d. h. durch die Grenzfläche hindurchgegangen ist, wird als gebrochene Wellen bezeichnet. Sie bilden den Hauptanteil der für die U-Boot-Ortung genutzten Energie des Schallimpulses.

Diese Erscheinung, die einen entscheidenden Einfluß auf die Reichweite hydroakistischer Anlagen hat, wird als Refraktion bezeichnet. Dabei werden die Schallstrahlen nach dem Brechungsgesetz bei Verringerung der Schallgeschwindigkeit zum Lot und bei Erhöhung der Schallgeschwindigkeit zur Wasseroberfläche hingebrochen. Die Refraktion kommt aufgrund der unterschiedlichen Dichte der Medien und der daraus resultierenden Schallgeschwindigkeiten beim Übergang einer Schallwelle von einem Medium in ein anderes zustande. Gehen wir davon aus, daß das Seewasser kein homogenes Medium ist, können bei dieser Betrachtung bereits zwei unterschiedliche Temperaturschichten im Seewasser als zwei Medien betrachtet werden.

Im Winter kühlt sich zum Beispiel die Meeresoberfläche stark ab; die Folge ist, daß mit zunehmender Tiefe wärmere Schichten anzutreffen sind. Im Sommer dagegen erwärmt sich die Oberfläche, und die kühleren Schichten liegen tiefer. Wenn sich mit ansteigender Temperatur die Schallgeschwindigkeit erhöht, dann wird verständlich, daß im Winter mit zunehmender Wassertiefe der Schallstrahl in die Richtung zur Wasseroberfläche gebrochen wird und damit größere Reichweiten mit den Sonaranlagen erzielt werden als im Sommer. In den Sommermonaten dagegen wird die Schallgeschwindigkeit mit zunehmender Tiefe kleiner; der Schallstrahl wird in Richtung Grund gebrochen.

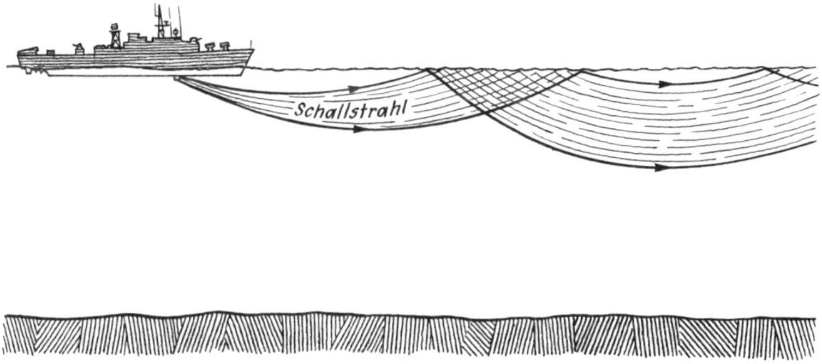

Schallausbreitung im Wasser zur Winterzeit

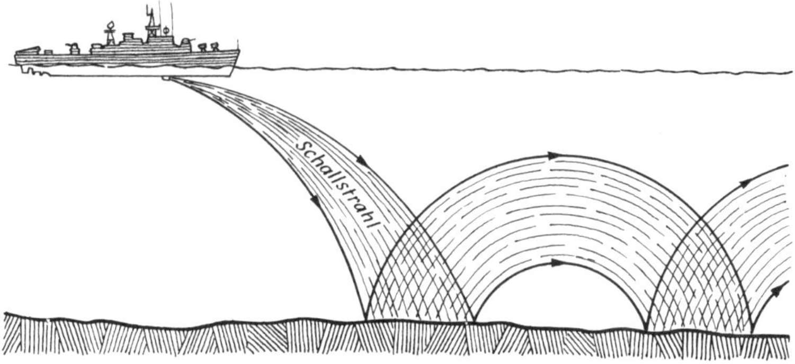

Schallausbreitung im Wasser zur Sommerzeit

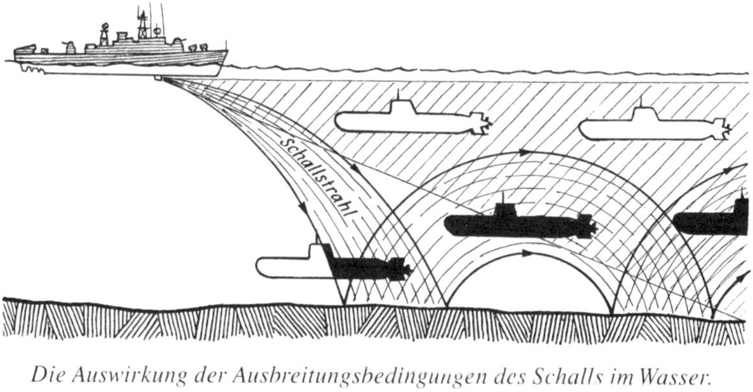

Die Auswirkung der Ausbreitungsbedingungen des Schalls im Wasser. Die schraffierte Fläche ist der Idealfall. Tatsächlich werden nur dunkel gekennzeichnete U-Boote geortet

Eine weitere Erscheinung, die Einfluß auf die Reichweite von Schallortungsanlagen hat, ist die Reverberation. Sie ist die Summe einer vielfachen Reflexion der Schallenergie an der Meeresoberfläche und beim Auftreffen auf die Bläschen gelöster Gase, außerdem ist sie die Reflexion der Schallenergie an Unebenheiten des Meeresbodens und schließlich die Reflexion von Kleinlebewesen, vieler Fische und Wasserpflanzen. Den Hauptteil an der Reverberation aber stellt die Reflexion der Schallwellen an den Gasbläschen. Im Seewasser befinden sich immer im bestimmten Umfang verschiedene Gase im gelösten Zustand. Die Dichte dieser Gasbläschen verändert sich in Abhängigkeit von der Jahreszeit, von der Wetterlage und dem Seegebiet. Da sich bei Temperaturerhöhung die Gase als Bläschen absondern und beim Sinken der Wassertemperatur sich die Bläschen wieder im Wasser lösen, ist im Sommer in der Sonaranlage der Reverberationen stärker als im Winter.

Das bedeutet im Sommer größere Verluste an Schallenergie als im Winter. Die Ursache für den Rauschton, den wir als Reverberation hören, besteht darin, daß das menschliche Ohr die Zeitabstände zwischen einzelnen Tönen nur unterscheiden kann, wenn sie mindestens 0,066 Sekunden betragen. Da Echotöne von den unzähligen Reflexionen der Gasbläschen in einer weitaus dichteren Folge aufgenommen werden, wird das Auftreten der Reverberation in der Hydroakustik verständlich. Die Lautstärke der Reverberation ist aber auch von der Wassertiefe im Seegebiet abhängig. Bei großen Wassertiefen verringert sich die Lautstärke des Nachklingens der Reverberation. Eine Reihe anderer Einflüsse, wie Strömung und Grundbeschaffenheit, führen zu sprunghaften Veränderungen der Wassermassen und damit zu sogenannten Sprungschichten.

Diese Erkenntnisse standen natürlich am Beginn der Entwicklung von Schallortungsanlagen noch nicht zur Verfügung.

Auf der Grundlage des im Jahre 1913 gebauten Echolotes, mit dem durch Ultraschallimpulse die Wassertiefe bestimmt werden konnte, arbeite das Allied Submarine Investigation Commitee weiter. Im Sommer 1920 war es dann gelungen, das erste Horizontallot zu bauen und damit die ersten aktiven Schallortungsanlgen zur Erprobung an Bord zu geben. Die Versuche zeigten so gute Ergebnisse, daß man sicher war, das richtige Ortungsmittel gegen U-Boote gefunden zu haben. Noch war aber viel zu tun, bis die Anlagen in Serie gehen konnten.

Die Horizontallote, die ihre Schallimpulse, annähernd waagerecht gerichtet, auf Frequenzen zwischen 15 kHz und 30 kHz abstrahlten, lieferten auf Grund ihrer Richtwirkung die Peilung und unter Ausnutzung der Zeitmessung (vom Senden des Impulses bis zum Empfang des Echos) die Distanz zum Ziel. Mit den Einwirkungen der oben genannten Störgrößen auf das Ortungsergebnis (Reichweite und Peilgenauigkeit) schlugen sich die Forscher, die Entwickler der Anlagen und die Orter bereits noch in den dreißiger Jahren herum. Mit den wachsenden Erfolgen stieg auch die Selbstzufriedenheit, aus der die britische U-Boot-Abwehr erst im Kriege erwachen sollte.

Einsatz von Schallortungsanlagen

Die Reichweiten dieser Anlagen war sehr unterschiedlich. Erzielte man im Atlantik schon damals Reichweiten bis zu 30 Kabellängen, so deuteten die Werte in der Nord- und Ostsee, die höchsten bei 10 bis 15 Kabellängen lagen, darauf hin, daß die hydrometeorologischen Bedingungen in diesen Seegebieten für die Schallausbreitung besonders ungünstig sind. Die Probleme der U-Boot-Ortung mit dem deutschen S-Gerät wurden von der U-Boot-Führung aufmerksam verfolgt. So daß selbst Karl Dönitz, dessen Konzept den Gruppenangriff über Wasser vorsah, zu dem Schluß kam, daß auch die Engländer nur mit Wasser kochten. Der Krieg sollte dann zeigen, daß die britischen Asdic-Geräte, die in einem bestimmten Winkel starr unter die Wasseroberfläche gerichtet waren, die in Überwasserlage bei Nacht die Geleitsicherungen durchbrechenden U-Boote nicht auffaßten.

Aber zurück zu den Entwicklungen in den dreißiger Jahren: War ein U-Boot geortet, so konnte man durch mehrere Peilungen und Entfernungsbestimmungen unter Berücksichtigung des eigenen Kurses und der eigenen Geschwindigkeit den Kurs und die Geschwindigkeit des U-Bootes bestimmen. Diese Berechnungen mußten mittels Tabellen und Rechenschieber vorgenommen werden, da es noch keine Rechner für den U-Jagd-Angriff gab. Für die unmittelbare Schätzung des Kurswinkels zum U-Jäger nutzte man den Dopplereffekt. Die Ursache des Dopplereffektes ist eine relative Verlagerung der Schallquelle und des Empfängers, bei der sich die Frequenz der empfangenen Schwingungen ändert. Nähern Schallquelle und Empfänger einander, so erhöht sich die Frequenz der empfangenen Schwingungen; bei ihrer Entfernung voneinander verringert sie sich. In unserem Fall ist das den Schallimpuls reflektierende U-Boot die Schallquelle und die Sonaranlage, die den eigenen, als Echo zurückkehrenden Impuls empfängt, der Empfänger.

So, wie der Pfeifton einer Lokomotive bei Annäherung höher und nach Passieren des Standortes des Beobachters tiefer wird, sind die Echotöne in der Schallortungsanlage bei Annäherung hoch und bei ablaufenden Kursen des U-Bootes tief. Gewachsene Erfahrungen der Orter und verbesserte Empfangstechnik versetzten die Bedienungen bald in die Lage, feinste Nuancen in den Tonhöhen zu

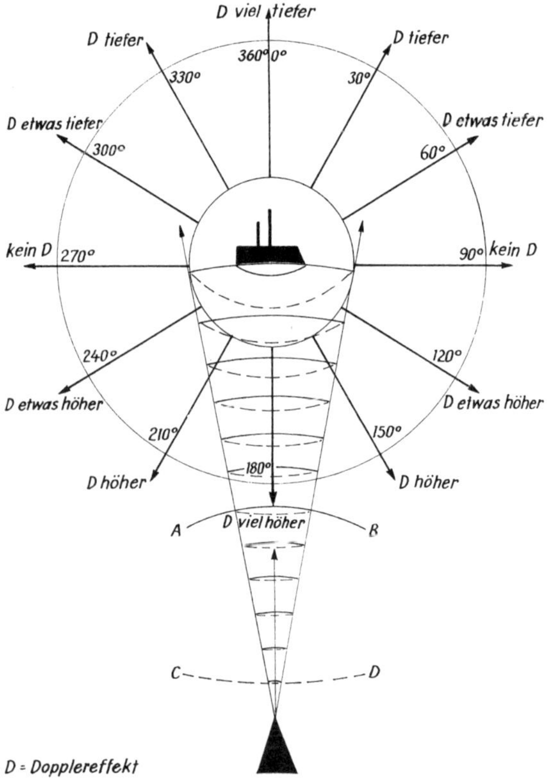

Ton-Echokarte.
Die Tonhöhe hängt vom Kurs des gepeilten U-Bootes ab

unterscheiden. Wie aus dem Bild hervorgeht, unterschieden sich das Verhältnis von Sendeton und Empfangston unter Einfluß des Dopplereffektes. Berücksichtigte man die Auswanderung der Seitenpeilung, so war es möglich, an der Höhe des Echotones den annähernden Kurswinkel des U-Bootes zum U-Jäger zu bestimmen.

Seit 1933 wurden alle britischen Zerstörer systematisch mit Asdic-Anlagen ausgerüstet. Da aber die Zerstörer vor allem als Sicherungskräfte der Schlachtflotte angesehen wurden, und diese Verbände mit hoher Geschwindigkeit und mit Zickzackkursen laufen, erfolgte die U-Jagd-Ausbildung mit den Asdic-Anlagen nicht zielstrebig genug.

Im Verlaufe des Krieges wurde dann die Leistungsfähigkeit der Schallortungsanlagen ständig erhöht. Im Ergebnis dieser Forschungen konnte mit ihnen nicht nur Richtung und Entfernung, sondern auch annähernd die Tauchtiefe des Zieles und die Entfernungsänderung bestimmt werden. Zunächst wurden die Daten von einem Recorder aufgezeichnet. Über ein Ziellineal konnte dann annähernd der Zeitpunkt des Bombenwurfes bestimmt werden. Auf größeren Schiffen, wie Zerstörern und Fregatten, liefen diese Werte in Waffenleitanlagen ein, wo Kurs und Geschwindigkeit und bald sogar der Vorhaltwinkel und der Zeitpunkt des Bombenwurfs errechnet wurden. Für die U-Jäger erleichterte das die Arbeit, denn alle umständlichen Berechnungen für den Angriff nach Tabellen entfielen.

Die deutsche U-Boot-Führung ließ zum Schutz der U-Boote ein Ablenkungsmittel, den sogenannten *Bold* entwickeln. Dieser von den U-Booten als Täuschungsmittel eingesetzte *Bold* war ein mit Chemikalien gefüllter Kanister, der von den U-Booten aus einem Torpedorohr ausgestoßen wurde. Die ausströmenden Chemikalien schäumten im Wasser mit einer sich schnell verbreitenden *Blasenwolke* auf und reflektierte die auftreffenden Schallimpulse ähnlich einem U-Boot. Zu Beginn und vor allem von unerfahrenen Sonarortern wurden die Echos als U-Boote klassifiziert.

ZWEITER WELTKRIEG 1939 – 1945

Zur seestrategischen Lage

Stand der deutschen U-Boot-Waffe

Daß die Kriegsmarine im Jahre 1939 noch nicht gerüstet war, in einen Krieg gegen England einzutreten, lag vor allem an der politischen Fehleinschätzung Hitlers, der annahm, daß die britische Appeasement-Politik, so wie sie den Einmarsch in das Rheinland, den Anschluß Österreichs an das Reich und die Besetzung der Tschechoslowakei hingenommen hatte, auch den Überfall auf Polen ungestraft geschehen lassen könnte. So rechnete er mit dem Krieg gegen Großbritannien erst nach 1944. Diese Annahme ließ er auch seinem Großadmiral wissen.

Von den insgesamt bei Kriegsbeginn im Bestand der deutschen Kriegsmarine befindlichen 57 U-Booten waren 46 ausbildungsmäßig und vom technischen Zustand her frontreif und von diesen wiederum nur 22 U-Boote für den Einsatz im Atlantik geeignet. Die kleinen Boote des Typs II konnten wegen ihres geringen Aktionsradius und ihrer begrenzten Seefähigkeit nur in der Ost- und Nordsee eingesetzt werden. Sie sollten vor allem auf den südlichen und östlichen Ansteuerungen zu britischen Häfen zum Einsatz kommen.

Aus dieser Sicht wird klar, daß für einen permanenten Einsatz auf den britischen Seeverbindungen im Atlantik unter Zugrundelegung der 33 Prozent-Formel nur bis zu 7 U-Boote zur Verfügung standen. Damit konnte das Inselreich nicht ernsthaft in Gefahr gebracht werden, zumal die U-Boote noch nach Prisenordnung handelten. Hitler wollte Großbritannien, Frankreich und die neutralen USA nicht mit einem uneingeschränkten U-Boot-Krieg unnötig gegen seine Politik aufbringen. Nach der irrtümlichen Versenkung des 13 581 BRT gro-

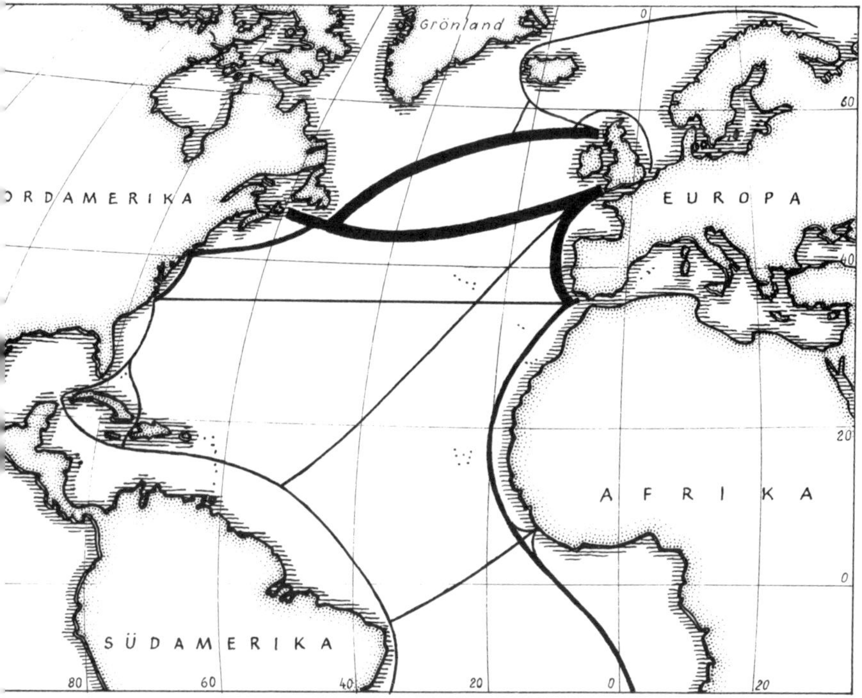

Die Seeverbindungswege Großbritanniens

ßen Passagierschiffes *Athenia*, ging man in Großbritannien allerdings davon aus, daß Deutschland mit Beginn der Kampfhandlungen den uneingeschränkten U-Boot-Krieg eröffnet hätte.

Großbritannien war über zwei *Brücken* mit der Welt verbunden, und zwar über die beiden Hauptrichtungen seiner ozeanischen Seeverbindungen. Die erste Gruppe der Seewege verband die britischen Inseln mit den europäischen Atlantikanliegerstaaten, mit den Mittelmeerländern, mit Afrika und den Anrainern des Indischen Ozeans. Die zweite Gruppe der Seeverbindungen führte über den Atlantik nach Westen zum amerikanischen Kontinent, nach Kanada, in die USA, in die lateinamerikanischen Staaten und durch den Panamakanal in eine Reihe von Ländern des Stillen Ozeans. Über diese Seewege wurden 90 Prozent der Güter des britischen Im- und Exportes transportiert. Nur 10 Prozent der Seetransporte gingen durch die Nordsee.

Über See mußte Großbritannien mehr als 55 000 000 Tonnen

Güter einführen. Das war der gesamte Bedarf an Erdöl und Erdölprodukten, der überwiegende Teil an Rohstoffen, das waren 85 bis 90 Prozent des Bedarfs an Metallen und 100 Prozent der Baumwolle sowie die Hälfte der Lebensmittel. Als der Zweite Weltkrieg begann, waren die britischen Seeverbindungen sofort bedroht. Diese Schwachstelle der britischen Wirtschaft im Kriegsfalle hatte die deutsche Seite schon vor dem Kriege analysiert und ihre Schlußfolgerungen gezogen.

Gegenüberstellung der Seestreitkräfte bei Kriegsbeginn

	Groß-britannien	Frankreich	Deutschland
Schlachtschiffe und -kreuzer	15 (9)	7 (4)	2 (4)
Flugzeugträger	7 (6)	1 (2)	– (2)
Flugzeugmutterschiffe	2 (1)	1	–
Schwere Kreuzer/ Panzerschiffe	15	7	5 (3)
Leichte Kreuzer	49 (23)	11 (3)	6 (3)
Zerstörer/Torpedoboote	194 (26)	73 (19)	38 (25)
Geleiter	44 (6)	50 (30)	10
U-Boote	62 (11)	79 (25)	57
Minensucher	46 (20)	16 (31)	82

Anmerkung: Die in Klammern stehenden Zahlen zeigen die in Bau befindlichen Schiffe an. Zusammengestellt nach Ploetz, Geschichte des Zweiten Weltkrieges, 2. Teil, Die Kriegsmittel, Würzburg 1960

Bereits am 24. August 1939 wurden bestimmte Teile der deutschen Kriegsmarine in die vorgesehenen Einsatzgebiete rund um die Britischen Inseln entfaltet. Zu diesem Zweck gingen unter anderem zwischen dem 19. und 21. August 1939 21 U-Boote in See, um Positionen auf den wichtigsten nach England führenden Seeverbindungswegen einzunehmen. Am 21. August liefen das Panzerschiff *Graf Spee* und am 24. August auch die *Deutschland* in den Atlantik aus, um im Falle eines Krieges mit Großbritannien vor allem die Zufuhrtransporte anzugreifen, die für das Mutterland des Empire bestimmt waren.

Das Hauptziel der deutschen Seestrategie, mittels der totalen Seeblockade, Großbritannien zur Kapitulation zu zwingen, konnte wegen den geringen Flottenkräfte, sowohl Überwasser- als auch Unterwasserstreitkräfte, am Beginn des zweiten Weltkrieges nicht realisiert werden. Die Kriegsmarine war als einziger Wehrmachtsteil unzureichend auf diesen Krieg vorbereitet.

Stand der britischen U-Boot-Abwehr

Wie in der britischen Admiralität zwischen den Kriegen eine mögliche U-Boot-Bedrohung unterschätzt wurde, kommt auch in der Tatsache zum Ausdruck, daß in dieser Zeit die *Trade Division und Anti-Submarine Division*, die Abteilung für Konvoischutz und U-Boot-Abwehr aufgelöst worden war. Wertvolle Kriegserfahrungen, die in dieser Abteilung gespeichert waren, mußten im Jahre 1939 mit der Neuformierung dieses gewaltigen Apparates aus den Archiven erst wieder aktiviert werden. Das begann bei Entwürfen brauchbarer U-Jagd-Schiffe und -Flugzeuge, ging weiter über die Entwicklung von Waffen und Gerät für diese Einheiten und machte sich auch in Pannen beim Einsatz dieser Kräfte bemerkbar.

Vor der Royal Navy stand die Aufgabe, die britischen Seeverbindungen zu schützen und die Inseln gegen eine deutsche Invasion zu sichern. Die Hauptbedrohung der Seewege sahen die Briten in den schweren Überwassereinheiten der deutschen Kriegsmarine, weniger von seiten der U-Boot-Waffe.

Wie bereits oben erläutert, war Großbritannien bei Ausbruch des Krieges weder vom Kräftebestand noch taktisch auf den Kampf gegen die deutschen U-Boote vorbereitet. So ist es verständlich, daß jetzt die U-Boot-Abwehr in der Verteidigung mit an die erste Stelle rückte. Wie im Ersten Weltkrieg galt es Schiffskräfte zu formieren, die in der Lage waren, Seewege zu sichern, U-Boote zu suchen und zu bekämpfen. Zur Erfüllung dieser Aufgaben gab es in der britischen Admiralität verschiedene Ansichten. Die einen wollten der U-Boot-Plage durch eine *Offensivstrategie* entgegentreten, das heißt, die U-Boot-Abwehrkräfte, sowohl Schiffe als auch Flugzeuge, sollten nicht an den Konvois gebunden sein, sondern in freier Jagd auf den Seewegen handeln. Die anderen vertraten den Standpunkt, nach den guten Erfahrungen des ersten Weltkrieges unverzüglich das Kon-

Im Kampf um die Seeverbindungen als Englands Lebensnerven spielten Zerstörer eine große Rolle. Von rund 540 eingesetzten Zerstörern und Geleitzerstörern gingen fast 160 im Zweiten Weltkrieg verloren. Das Bild zeigt die »Wallace«, die ungeachtet ihres Alters (Bauj. 1918), bis Kriegsende im Einsatz war.
Foto: Sammlung Israel

Die britische Fregatte HMS »Kale« auf Geleitschutzdienst im Nordatlantik. Foto: Verlagsarchiv

HMS »Bluebell«, eine Korvette der »Flower«-Klasse.
Foto: Dan van der Vat

HMS »Lauderdale«, ein Zerstörer der berühmten »Hunt«-Klasse.
Foto: Dan van der Vat

voisystem wieder einzuführen. Auf diesem Gebiet liefen trotz Widerstände bereits die Vorbereitungen. Der noch lange schwelende Streit um die Frage: aktive U-Jagd oder Konvoisicherung wurde erst im Mai 1941 vorläufig entschieden. Ein Admiralitätsausschuß kam nach Prüfung der Erfahrungen im Kampf gegen U-Boote zu dem Schluß, daß der Einsatz freihandelnder U-Jagd-Gruppen nicht auf Kosten der Konvoisicherung gehen sollte. Erst mit Wachsen der Zahl der Schiffseinheiten sollten diese U-Jagd-Gruppen formiert werden.

Insgesamt hatte die Royal Navy bei Kriegsbeginn 220 Schiffe mit Asdicanlagen ausgerüstet: 165 Zerstörer, 35 U-Jäger und 20 Trawler. 1939 verfügte die britische Flotte über 78 Geleiter. Mit der Sloop war nach Weiterentwicklung der *Flower*-Klasse ein erprobter Geleitschiffstyp von 1 300 ts entstanden. Die Schiffe verfügten über Asdicanlagen und Turbinenantrieb. Sie waren seetüchtig und liefen 20 Knoten Geschwindigkeit. Ihre effektive Suchgeschwindigkeit dürfte bei 10 bis 15 Knoten gelegen haben. In der Zahl von 78 Konvoischiffen befanden sich auch 20 schnelle Geleiter von 900 ts und einer Geschwindigkeit von 26 Knoten. Sie wurden nach Kriegsausbruch als Geleitzerstörer der *Hunt*-Klasse bezeichnet. Schiffe dieser bewährten Klasse bauten britische Werften im Verlaufe des Krieges in großen Stückzahlen.

Zu den im Kampfbestand befindlichen Flotteneinheiten waren sechs Flugzeugträger im Bau. Weiterhin wurde an der Vollendung von 58 Zerstörern und 60 Korvetten fieberhaft gearbeitet. Diese Kräfte, die eine erhebliche Verstärkung der U-Boot-Abwehreinheiten dargestellt hätten, standen aber in dieser schweren ersten Zeit des Krieges nicht zur Verfügung.

Für die U-Boot-Suche und -Verfolgung im Raum der britischen Inseln und zur Konvoifahrt auf den Zufahrtswegen wurde aber gleich nach Kriegsausbruch ein Korvettentyp in Dienst gestellt, der in der stattlichen Anzahl von 300 Fahrzeugen im Laufe des Krieges zur Hauptkraft der U-Boot-Jagd werden sollte. Diese Korvette war ein Schiff von 725 ts, das eine Geschwindigkeit von 15 Knoten laufen konnte. Neben einem 102-mm-Geschütz und mehreren leichten Fla-Waffen war es mit einer Asdicanlage und U-Boot-Bekämpfungswaffen ausgerüstet. Aus dieser Klasse ging Mitte des Krieges eine Fregatte von 1 000 ts hervor, die eine Geschwindigkeit von 20 Knoten lief. Außerdem wurde, ebenso wie im Ersten Weltkrieg, eine große Anzahl von kleinen U-Jägern zur U-Boot-Jagd in den küstennahen

Gewässern eingesetzt. Dennoch reichten die Schiffskräfte bei weitem nicht aus. Ein Problem, das erst nach Eintritt der USA in den Krieg überwunden werden konnte.

Ein weitere schwierige Aufgabe, vor der die britische U-Boot-Abwehr gleich am Beginn des Krieges stand, war das Räumen der von den deutschen U-Booten gelegten Magnetminen. Da das Zündungsystem noch unbekannt war, konnten die Minen nicht geräumt werden. Die britischen Haupthäfen und Stützpunkte mußten wegen der akuten Minengefahr für Wochen geschlossen werden.

Die *Fleet Air Arm*, die britische Marineluftwaffe hatte 232 veraltete Flugzeuge in ihrem Bestand. Außerdem verfügte sie über 191 Übungsmaschinen. Diese Luftstreitkräfte waren auf sechs Flugzeugträgern und vier Flugplätzen stationiert. Das Küstenkommando der Royal Air Force (RAF) verfügte über 17 Staffeln, die nicht voll ausgerüstet waren. Die Briten hatten vor dem Kriege, wie auch die Deutschen, die strategische Rolle der Luftstreitkräfte im Seekrieg unterschätzt. Ein Fehler, der von den USA, der UdSSR und von Japan nicht begangen wurde.

Die Luftwaffe mußte in kürzester Zeit in die Lage versetzt werden, in den Kampf gegen U-Boote einzugreifen. Dazu muß man wissen, daß die britischen Maschinen am Beginn des Krieges nicht in der Lage waren, einsatzfähige Wasserbomben zu werfen. Für die RAF waren zwar vor dem Kriege spezielle Wasserbomben zur Bekämpfung von U-Booten entwickelt aber nie ernsthaft erprobt worden. Als es im Kriege dann darauf ankam, erwiesen sich die Bomben als ineffektiv und die Besatzungen waren auf die U-Jagd ungenügend vorbereitet.

Das Vorhaben der britischen U-Boot-Abwehr zielte nach Kriegsausbruch darauf, die Nordsee und ausgedehnte Seegebiete westlich der Britischen Inseln durch die Luftwaffe überwachen zu lassen. Um den Seeraum so weit wie möglich nach Westen ausdehnen zu können, wurden Flugzeugträger in diesen Gebieten entfaltet. Als dann U 29 (Kapitänleutnant Schuhart) am 19. September 1939 den britischen Flugzeugträger *Courageous* angriff und versenkte, zog die britische Admiralität ihre Flugzeugträger aus dem Atlantik zurück.

Für den erfolgreichen Kampf gegen die deutschen U-Boote wurde nach dem Amtsantritt Churchills als Premierminister in Großbritannien das *Battle of the Atlantic Comitee* gebildet. Dieses Comitee, dem das Kriegskabinett, der Erste Seelord, der Chef des Generalstabes der Air Force und ein Stab wissenschaftlicher Berater angehörte, plante, koordinierte und führte auf strategischer Ebene diese Schlacht um den Atlantik. Die britische Admiralität rechnete bei Kriegsausbruch mit dem zügigen Bau großer U-Boot-Serien. Churchill nahm an, daß nach 12 bis 18 Monaten auf dem Atlantik der Haupt-U-Boot-Krieg anfangen würde. Daß der U-Boot-Bau langsam und mit Verzögerungen anlief, war für Großbritannien ein glücklicher Umstand.

Winston Churchill erkannte bald die Gefahr, die von den deutschen U-Booten für die britische Kriegsführung und Versorgung ausging. Er schaltete sich persönlich in den Kampf gegen U-Boote ein. Wollten die Westmächte diesen Kampf gegen U-Boote gewinnen, dann war es auch notwendig, wie im Ersten Weltkrieg, mehr Schiffe zu bauen als die deutschen U-Boote versenkten. Nach Winston Churchill war Großbritannien während des Krieges in der Lage, jährlich anderthalb Millionen BRT Schiffsraum zu bauen. Das reichte bei weitem nicht aus. Hier mußten die USA die fehlenden drei Millionen Tonnen auf ihren Werften vom Stapel lassen. Später sollte er in seinen Memoiren schreiben: *»Von allen Plagen war die U-Boot-Plage die Schlimmste.«* (W. Churchill, Der Zweite Weltkrieg, Bd. I, S. 151.)

Die Home Fleet als Kern der britischen Flotte war in Scapa Flow, im Raum der Orkney-Inseln basiert. Sie bestand aus fünf Schlachtschiffen, zwei Schlachtkreuzern, einem Flugzeugträger, zwölf Kreuzern und Sicherungskräften (17 Zerstörern und 7 Minensuchern) Weiterhin gab es im Bereich der Britischen Inseln sechs Küstenabschnittskommandos zur Sicherung günstiger operativer Bedingungen. Das waren Portsmouth, für den Süden Englands, Dover für den Kanal, Nore für den Raum der Themsemündung und östlich Englands, Rosyth für die Küste Ost- und Westschottlands, die Orkneys und die Shetland-Inseln sowie die Western Approaches für den Südwesten Englands.

Die Western Approaches sollten zum Zentrum der bevorstehenden Atlantik-Schlacht zur Sicherung der Konvois werden. Diesem Küstenabschnitt, von dem die Geleitzüge über den Atlantik abliefen und ankamen, wurden bei Kriegsausbruch 32 Zerstörer zugeteilt. Die *Channel Force*, ein starker Kampfverband, bestehend aus zwei Schlachtschiffen, zwei Flugzeugträgern, drei Kreuzern und neun Zerstörern war in Portland an der südenglischen Küste basiert.

Einbruch in Scapa Flow

Lage der Flottenbasis

Scapa Flow, der größte Kriegshafen der britischen *Home Fleet*, befindet sich in einer Bucht der Orkney-Inseln. Zur Flottenbasis gab es sieben enge Einfahrten. Vier befanden sich auf der Ostseite, zwei im Nordwesten und eine im Süden der Inselgruppe. Von Minen-, Netz- und Balkensperren geschützt, lag hier das Gros der britischen Heimatflotte.

Bereits im Ersten Weltkrieg war der Hafen ein Anziehungspunkt für deutsche U-Boote. Am 23. November 1914 versuchte *U 18*, durch das gefährliche Fahrwasser in die Bucht einzudringen. Dieses Unternehmen scheiterte. Das Unterseeboot wurde von der starken Gezeitenströmung, die zwischen den Inseln herrscht, aus dem schmalen Fahrwasser auf ein Riff geworfen und sank. Der Versuch eines zweiten U-Bootes, in Scapa Flow einzudringen, mißlang ebenfalls. Am 28. Oktober 1918 lief es auf eine Mine.

Selbst Churchill als Premierminister war um die Sicherheit der Flottenbasis besorgt. Am 14. September 1939 hatte er Scapa Flow persönlich inspiziert und sich von der Abwehrbereitschaft überzeugen lassen. Es schien so, als ob die *Home Fleet* unverwundbar in ihrem Stützpunkt läge. Doch das schien nur so. Gleich zu Beginn des Krieges gab es Stimmen in der britischen Admiralität, die auf den mangelhaft gesperrten Kirksound, einem Nebenarm des Holmsound, hinwiesen. Man beantragte vor dem Unterhaus die Bewilligung von Mitteln zum Ankauf eines alten Frachters, den man als dritten in der engen Fahrrinne versenken wollte, um den Kirksound vollständig zu sperren. Mit der Begründung, daß es bisher noch keinem U-Boot gelungen sei, in Scapa Flow einzudringen, man bereits zwei Sperrschiffe im Kirksound versenkt habe, und unter Hinweis auf die Strom- und nautischen Verhältnisse wurde der Ankauf abgelehnt. Erst auf Drängen der Marine bewilligte man den Ankauf dennoch, aber das war zu spät.

Nach der Versenkung des britischen Flugzeugträgers *Courageous*, 200 sm westlich Irland, am 17. September 1939 sollte in der Bucht von Scapa Flow von deutscher Seite der zweite große Schlag gegen die englische Flotte geführt werden. Bereits seit dem 8. September beobachteten Aufklärer den Kriegshafen. Ein U-Boot der 250-ts-Klasse, *U 14*, überprüfte sorgfältig die Gezeitenströmung und die nautischen Verhältnisse vor dem Kirksound und dem Holmsound. Von *U 14* wurden Strömungsgeschwindigkeiten bis zu 10 Knoten gemessen. Der Kirksound barg viele Riffe und Untiefen und verlangte von dem, der hier bei Nacht eindringen wollte, ein Höchstmaß an seemännischem Können.

Unter Berücksichtigung genauer Seekarten und auf Grundlage der Beobachtungen und Vorausberechnungen über Gezeitenwechsel und Mondphasen kam man in der U-Boot-Führung zu dem Entschluß, daß ein U-Boot unter Ausnutzung des einlaufenden Gezeitenstromes durch den Kirksound in die Bucht von Scapa Flow eindringen könnte. So sollte U 47 die nördliche Einfahrt an der Ostseite zwischen Mainland und Lamp Holm für das Unternehmen nutzen. Nach den Vorausberechnungen schien die Nacht vom 13. zum 14 Oktober am günstigsten für dieses Unternehmen. Bei völliger Dunkelheit würde in der Neumondnacht der Gezeitenwechsel eintreten. Dem U-Boot blieben für seine Handlungen zwei Stunden Zeit, dann mußte es die Bucht verlassen.

Die letzten Luftaufnahmen vom 12. Oktober zeigten, daß der Kirksound noch immer offen war und daß im Hafen von Scapa Flow ein Flugzeugträger, 5 schwere Einheiten, 10 Kreuzer und viele Zerstörer und kleine Bewacher ankerten.

Niederlage der U-Boot-Abwehr

Nach gründlichem Studium des gesamten Materials, ausgerüstet mit den neuesten Seekarten für dieses Gebiet lief U 47 unter Kapitänleutnant Prien in der Nacht vom 13. zum 14. Oktober 1939, wie

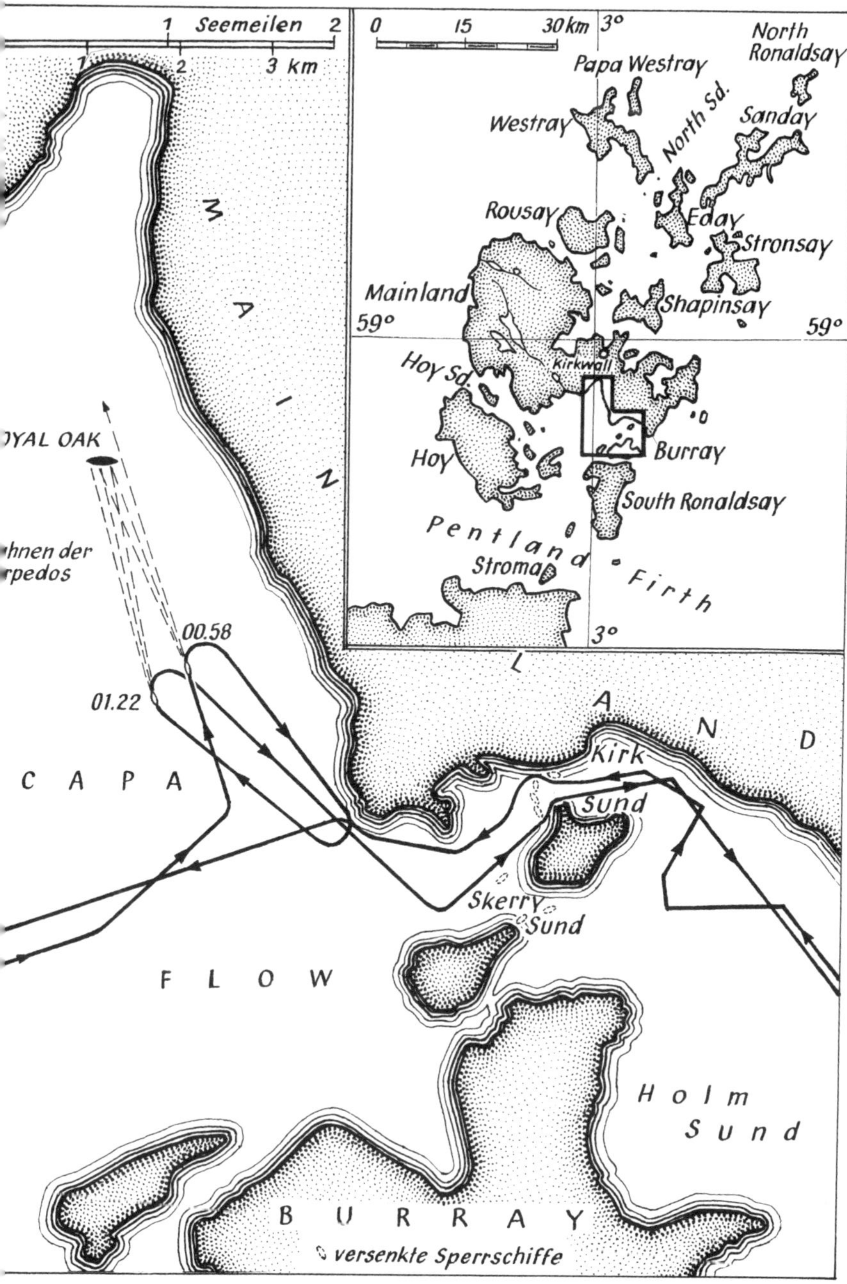

Ubersichtskarte und Gefechtsskizze von U 47

geplant, durch den Kirksound in die Bucht von Scapa Flow ein. Gleich zu Beginn stellte sich eine unvorhergesehene Schwierigkeit in den Weg. An Stelle der Dunkelheit, mit der man für das Eindringen gerechnet hatte, herrschte starkes Nordlicht. Das Überraschungsmoment war in Frage gestellt. Dennoch entschloß sich Prien, das Unternehmen durchzuführen. Bei niedrigem Wasser und stark einsetzendem Gezeitenstrom manövrierte er sein Boot durch das gefährliche Fahrwasser. U 47 fuhr auf Grund seiner eigenen Fahrt und der Stromgeschwindigkeit zum Teil mit fast 20 Knoten über Wasser durch das komplizierte Fahrwasser.

Auf Grund der vielen Windungen in der engen Passage kollidierte das U-Boot dann auch mit einem der beiden Sperrschiffe, nahm aber keinen Schaden. Nachdem dieser erste Abschnitt des Unternehmens vollbracht war, lag das ruhige Wasser der Bucht vor *U 47*. Doch jetzt, wo man sich in der Höhle des britischen Seelöwen befand, nachdem die Männer alles riskiert hatten, war diese Höhle leer. Flottenchef *Zufall* hatte die britische Heimatflotte vor einem Debakel bewahrt. Das Gros der *Home Fleet* war verlegt worden. *Prien* nahm die Suche auf. Nachdem *U 47* den südlichen Teil der Bucht leer fand, lief es nach Norden in dem großen Kriegshafen und fand das Schlachtschiff *Royal Oak*, hinter der noch ein gewaltiger Bug eines Kriegsschiffes hervorsah, an dem man die *Repulse* zu erkennen glaubte. Später sollte sich aber herausstellen, daß es sich um den Rumpf eines alten Schiffes handelte.

Auf kurze Distanz machte *U 47* seine fünf geladenen Torpedos los, doch nur der letzte aus dem Heckrohr traf das Vorschiff der *Royal Oak* und beschädigte das Schlachtschiff. Auf *U 47*, das jetzt die Torpedorohre nachlud, erwartete man, daß die Hölle losbrechen würde. Doch es geschah nichts dergleichen. Die britische Abwehr blieb ruhig, weil man die Detonation einer Fliegerbombe zuschrieb. Darum wurde auch für den Kriegshafen Fliegeralarm ausgelöst. In der hervorragenden Zeit von 20 Minuten waren alle Rohre nachgeladen. *U 47* ging noch dichter an das Ziel und schoß. Diesmal traf der Fächer. Die *Royal Oak* wurde förmlich in Stücke gerissen und versank nach wenigen Minuten.

Das U-Boot hatte im Rahmen des Möglichen den zweiten Abschnitt seines Auftrages erfüllt und lief dem Ausgang der Bucht in Richtung Kirksound entgegen. Der Ausbruch war weit schwieriger, da jetzt überall Wachschiffe auftauchten, die zu umgehen waren.

Das britische Schlachtschiff »Royal Oak«.
Foto: Verlagsarchiv

Günther Prien im Kreise seiner Besatzung.
Foto: Verlagsarchiv

Unter Land laufend, erreichte das *U 47* über Wasser den Ausgang. Doch es zeigte sich, daß die Zeit zum Verlassen der Bucht noch nicht gekommen war, denn der Gezeitenwechsel hatte noch nicht eingesetzt und das Wasser strömte daher weiterhin heftig in die Bucht. Mit beiden Dieseln äußerste Kraft laufend und die E-Maschinen benutzend, strebte *U 47* gegen den Strom der offenen See zu. Mehrmals kamen die Verfolger gefährlich nah, einmal sah es aus, als würde es von den Bewachern angemorst. Ein Zerstörer kam dicht auf, forderte

Erkennungssignal, wendete dann jedoch und warf seine Wasserbomben auf irgendeinen Fehlkontakt, den man vermutlich geortet hatte. Für das U-Boot war das die Rettung, es erreichte schließlich die Nordsee.

Nach dem Unternehmen von U 47 in Scapa Flow bezeichnete Churchill den Einsatz Priens und seiner Männer als beachtenswerte Waffentat des deutschen U-Boot-Kommandanten. Für Großbritannien bedeutete dieser Schlag, wie im Ersten Weltkrieg der Erfolg durch *U 9*, wieder blutiges Lehrgeld für Versäumnisse in der U-Boot-Abwehr und für die Unterschätzung der U-Boot-Waffe. Bei dem Verlust der drei Panzerkreuzer 1914 lag die Ursache in der mangelnden Erfahrung im Kampf mit U-Booten. Bei dem Scapa-Flow-Unternehmen von *U 47* lag die Schuld bei den Regierungsstellen, die den Ankauf eines alten Frachters scheuten und dafür mit einem Schlachtschiff bezahlten. Einen Tag später, am 15. Oktober 1939, wäre das Unternehmen nicht mehr möglich gewesen. An diesem Tage lag der fehlende dritte Frachter als Blockschiff bereit.

Nach der Versenkung der Royal Oak leitete Churchill selbst die Untersuchungen und nahm persönlich an Ort und Stelle an Besprechungen teil, die sich mit der Sicherung von Scapa Flow befaßten. Erst nach einem halben Jahr war der Kriegshafen so gesichert, daß die *Home Fleet* vor U-Boot- und Flugzeugangriffen geschützt war. Außer der Verstärkung des Beobachtungssystems und der Küstenartillerie, der Verdichtung der Netz- und Minensperren wurde die Anzahl der Bewachungsschiffe und -boote erhöht und die Fahrzeuge mit Seeleuten besetzt, die auf den umliegenden Inseln zu Hause waren.

In der deutschen Seekriegsleitung war jetzt der Zeitpunkt gekommen, zu dem man wie im Ersten Weltkrieg, die Vorkriegsdoktrin fallen ließ und den Einsatz der U-Boote in den Mittelpunkt der Seestrategie schob. Nach diesem spektakulären Erfolg wurden in Deutschland die Kreuzerneubauten und der Bau einer Reihe weiterer Überwasserkampfschiffe gestoppt. Die Kräfte und Mittel sollten vor allem auf den U-Boot-Bau konzentriert werden. Monatlich sollten 20 bis 30 U-Boote ausgeliefert werden. Nach einem am 30. Dezember 1939 bestätigten Sonderprogramm sollten bis zum Jahresende 1941 392 U-Boote die Werften verlassen.

Kräfte, Mittel und Methoden der U-Boot-Abwehr

U-Jagd-Ausbildung

Nach Kriegsausbruch rückte in der britischen Marine die U-Jagd-Ausbildung an die erste Stelle. Seeoffiziere und Steuerleute sowie Personal aus nachrichtentechnischen Laufbahnen wurden mit den nötigen theoretischen Kenntnissen und praktischen Fertigkeiten auf dem Gebiet der U-Boot-Suche und -Bekämpfung vertraut gemacht. Einen großen Raum nahm die praktische Seeausbildung ein. Nachdem die theoretischen Kenntnisse in Lehrkabinetten gefestigt waren, ging es hinaus in See. In dieser Etappe wurde unmittelbar an zahmen U-Booten ausgebildet. Wenn sich das Asdic-Personal daran gewöhnt

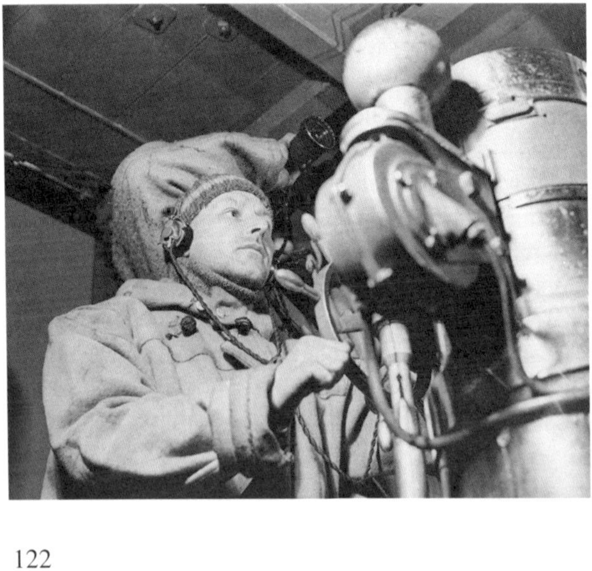

Am Asdicgerät eines Trawlers

Der berühmte U-Boot-Jäger,
Captain »Johnnie« Walker,
im Jahre 1944, kurz vor seinem Tod.
Foto: Dan van der Vat

hatte, Kontakt zum U-Boot unter einfachen Bedingungen zu halten, also bei geradem Kurs und konstanter Geschwindigkeit des U-Bootes, exerzierte man Tag und Nacht U-Jagd-Angriffe auf freimanövrierende U-Boote.

Bei der Verfolgung liefen die U-Boote höchstmögliche Geschwindigkeiten, Zickzack-Kurse und versuchten mit allen zur Verfügung stehenden Mitteln, ihre *Jäger* abzuschütteln. Als Imitation der Wasserbomben warfen die U-Jäger Handgranaten. Je nach Lage der Detonation zum U-Boot wurden die Angriffe bewertet. So ausgebildet, kehrten die Teilnehmer in ihre U-Jagd-Flottillen zurück.

Als die U-Boot-Abwehrkräfte sich als unfähig erwiesen, die Konvois gegen U-Boote zu schützen, die bei Nacht und schlechter Sicht in Überwasserlage in die Geleitzüge einbrachen und tausende Tonnen Schiffsraum versenkten, lernten die Besatzungen in der U-Jagd-Taktik sowohl den Angriff auf getaucht angreifende U-Boote als auch auf U-Boote, die im Dunkeln in Überwasserlage den Konvoi angriffen. Es kam darauf an, die Gegner vom Geleit abzudrängen, ohne eigene Schiffe zu gefährden.

Der erfolgreichste U-Boot Jäger des Zweiten Weltkrieges war der britische Commander F. J. Walker, in der Royal Navy als *Johnnie* Walker bekannt. Er hatte vor dem Kriege in der Navy gedient und war zum UAW-Offizier ausgebildet worden. Als der Krieg begann, wurde er zur Navy einberufen. Sein solides Wissen und Können auf diesem anspruchsvollen Gebiet der Seekriegstaktik, seine Zielstrebigkeit, sein Gespür und sein taktisches Talent als Chef der *36. Escort Group* brachten ihm Ruhm und Ehre ein. Er fiel nicht auf See, sondern verstarb durch einen Gehirnschlag, wahrscheinlich Folge der Strapazen, denen er sich in den oft wochenlangen Geleitzuggefechten unterzogen hatte.

Commander Walker hat durch sein Beispiel und durch die Weitergabe seiner Erfahrungen im Kampf gegen U-Boote in hohem Maße zur Weiterentwicklung der alliierten U-Jagd-Taktik beigetragen.

Minen, Wasserbomben und Torpedos gegen U-Boote

Wie im Ersten Weltkrieg sollte wiederum ein umfangreiches Sperrsystem in der Straße von Dover den U-Booten den Weg in den Atlantik verlegen. Im September 1939 wurden fünf Minenlinien mit insgesamt 3 000 Minen gelegt. Die Minenleger warfen die Minen mit großer und geringer Tiefeneinstellung. Einen Monat später legten die Briten weitere 3 600 Minen mit größerer Tiefeneinstellung. Das Sperrsystem war durch eine geheime Sperrlücke für die eigenen Kräfte passierbar. Die vor Dover gelegte Minensperre zeigte bald Wirkung. Im Oktober 1939 liefen drei U-Boote, U 12 (Kapitänleutnant von der Ropp), U 16 (Kapitänleutnant Weingärtner) und U 40 (Kapitänleutnant Barten) auf Minen dieser Sperre und gingen verloren. Fortan wurde die Passage der Dover-Sperre gemieden, auch nach Einnahme der flandrischen und französischen Häfen durch die deutsche Wehrmacht liefen die neu an die Front kommenden Boote nördlich um Schottland in den Atlantik.

In der 500-Seemeilen-Sperre von den Orkneys nach Island, in der 81 000 Minen mit unterschiedlichen Tiefeneinstellungen gelegt worden waren, sank mit U 703 (Oberleutnant zur See Brünner) im September 1944 nur ein U-Boot. Auch in der Sperre vor der Deutschen Bucht ging mit U 25 (Kapitänleutnant Beduhn) am 3. August 1940 nur ein U-Boot verloren.

Die geringe Effektivität des britischen Mineneinsatzes gegen U-Boote im Zweiten Weltkrieg hatte seine Ursachen in der veränderten

Angriff mit Wasserbomben aus den Heckablaufbahnen. Foto: Sammlung Israel

Englischer Zerstörer beim Wasserbombenwurf

strategischen Lage gegenüber dem Ersten Weltkrieg. Mit der Besetzung Norwegens und Frankreichs war es nicht zum Legen der Nordsperre zwischen den Britischen Inseln und Norwegen gekommen und die Dover-Sperre wurde, wie bereits gesagt, von den U-Booten gemieden, da die Boote aus ihren Atlantikstützpunkten auslaufen konnten.

Die Wasserbomben waren zwischen den Kriegen hinsichtlich ihres Sprengstoffes verbessert worden. Die aus dem Ersten Weltkrieg bekannte Wasserbombe mit Wasserdruckzündung wurde auch im Zweiten Weltkrieg zur Bekämpfung der U-Boote eingesetzt. Die Landung bestand aus Torpex, einem damals neuentwickelten Sprengstoff. Das Gewicht der Ladung hatte man erhöht und die Funktionssicherheit der Wasserbombe soweit verbessert, daß U-Boote bis zu 250 m Tiefe bekämpft werden konnten. Die Vernichtungswirkung der Wasserbomben beruht auf dem Pascalschen Prinzip und hängt von der Tiefe des U-Bootes (dem Druck der Wassersäule, die bereits auf die Außenhaut wirkt), von der Konstruktion des U-Bootes (vor allem dort, wo die Bombe detoniert), von der Masse der Wasserbombe und von anderen Faktoren ab.

Die Wasserbomben wurden im Zweiten Weltkrieg nicht nur aus Einzellagern und Ablaufgerüsten geworfen, sondern bereits von Wasserbombenwerfern verschossen. Zuvor hatte man die Wasserbomben, während der U-Jäger das U-Boot auf seinem Kurs überlief, nach einer Vorhaltberechnung nur achteraus ins Kielwasser geworfen. Da aber die Ortungskontakte zum U-Boote in der letzten Phase des Angriffes verlorengingen, war die Vernichtungswahrscheinlich-

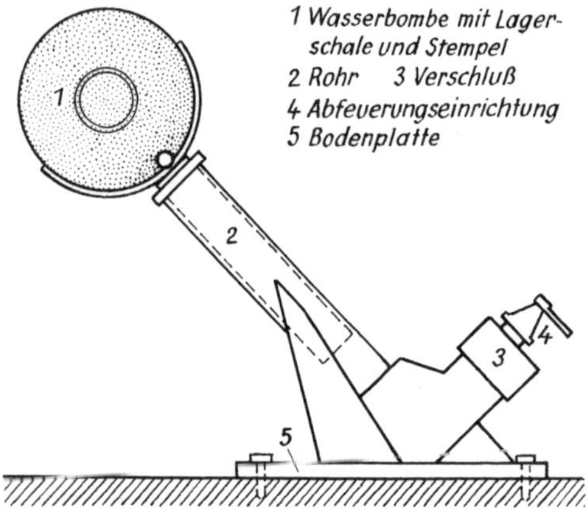

Schematische Darstellung eines Wasserbombenwerfers

keit nicht immer hoch. Das U-Boot konnte in dieser Zeit noch abdrehen und sich in Sicherheit bringen. Um dies zu verhindern, wurden die Wasserbombenwerfer eingeführt. Bis zu 6 Werfer an jeder Bordseite wurden auf den Schiffen installiert. Mit ihnen konnten Wasserbomben bis zu 150 Meter seitlich vom Schiff geschleudert werden, man konnte also eine größere Wasserfläche bedecken.

Da das U-Boot bei der Verfolgung bestrebt war, große Tauchtiefen

Abschuß einer Wasserbombe

Wasserbomben-werfer

zu erreichen, wurden die Wasserbomben in größeren Mengen und mit verschiedenen Tiefeneinstellungen geworfen. Diese sogenannten Detonationsgürtel konnten in Tiefen von 25 Metern, 75 Metern, 125 Metern und 175 Metern liegen. Dabei wurden zwar wesentlich mehr Wasserbomben verbraucht, aber die Wahrscheinlichkeit, das U-Boot zu vernichten, war gestiegen. Es kam vor, daß bei einem einzigen Angriff bis zu 75 Wasserbomben und mehr geworfen wurden.

Trotz des massiven Wasserbombeneinsatzes kam es immer häufiger vor, daß U-Boote den Angriffen entkamen. Die Standkraft der deutschen U-Boote war höher als vermutet und überraschte sowohl die U-Boot-Fahrer selbst, als auch ihre Gegner. Für 80 bis 100 Meter Tauchtiefe konstruiert, suchten die Boote in der Stunde der Gefahr 200 Meter und noch größere Wassertiefen auf. Verschiedene U-Boote überlebten die schweren und stundenlangen Bombardements, obwohl ungezählte Lecks Wasser in die Boote eindringen ließen und Stromausfälle den Kampf um die Stand- und Kampfkraft der Boote erschwerten.

Es dauerte einige Zeit, bis bei den U-Jägern der Unterschied zwischen Ausbildung und Gefechtseinsatz erfaßt wurde, bis die Sicherungsschiffe mehr Ausdauer bei der Verfolgung zeigten und nicht mehr auf die Tricks der U-Boot-Fahrer (Aufschwimmen von Öl, treibenden Gegenständen, Müll usw.) hereinfielen. Erst wenn untrügliche Beweise für die Vernichtung eines U-Bootes vorlagen, durfte die Bekämpfung abgebrochen werden. Ihren Hauptvorteil, nämlich längere Zeit im Seegebiet bleiben zu können und das U-Boot nach dem Verbrauch von Elektro-Energie und Sauerstoff zum Auftauchen zu zwingen, mußten die Verfolger erst auszunutzen lernen.

Das gleiche galt für die Tiefeneinstellung der Wasserbomben. Die drei in der britischen Gefechtsvorschrift festgelegten Tiefengürtel, 25 Meter, 75 Meter und 125 Meter waren oft zu flach, meistens wurden nur der 25-Meter- und der 75-Metergürtel geworfen. Diese untertauchten die Unterseeboote vor allem am Anfang. Die Anstrengungen im Kampf gegen U-Boote waren noch immer nicht ausreichend. Trotz der geringen Anzahl der deutschen U-Boote machte sich immer noch der Mangel an Sicherungsstreitkräften bemerkbar. Fischereifahrzeuge und kleine Motorboote wurden zur U-Jagd aktiviert.

Um die Wahrscheinlichkeit zu erhöhen, U-Boote durch Angriffe von Überwasserkampfschiffen zu vernichten, arbeiteten vor allem die britische Forschung und Industrie an neuen Verfahren, Waffen und technischen Mitteln zur U-Boot-Bekämpfung. Allen Anstrengungen zum Trotz, war die U-Boot-Abwehr noch nicht Herr der Lage. Das beweist zum Beispiel das ungünstige Verhältnis der geworfenen Wasserbomben zur Anzahl der versenkten U-Boote. Um ein U-Boot zu versenken, mußten statistisch durchschnittlich 800 bis 1 000 Wasserbomben geworfen werden.

U-Jäger auf Konvoi-Fahrt.
Foto: Sammlung Israel

Um die Effektivität des U-Boot-Bekämpfung zu erhöhen, führten die Briten im Jahre 1942 eine Super-Wasserbombe in die Bewaffnung ein. Die Ladung bestand aus 1 000 Kilogramm Sprengstoff. Diese gewaltige Bombe wurde aus Torpedorohren von Zerstörern ausgestoßen. Die Wasserbomben waren für den Einsatz in großen Wassertiefen bestimmt. Der Vernichtungsradius gegen getauchte U-Boote soll weiter als 50 Meter gereicht haben. Schwere Beschädigungen waren im Umkreis von 100 Metern zu erwarten.

Bestanden zu Beginn des Krieges Mängel im Ausbildungsstand der U-Jäger-Besatzungen, so zeigte sich immer deutlicher, daß auch dem besten Kommandanten mit ausgezeichnetem Personal bei den bisherigen Angriffsmethoden Grenzen gesetzt werden. Diese Grenzen waren, wie bereits erwähnt, die tote Zone der Schallortungsanlagen in den letzten Phase des Angriffs, der schon beschriebene Ortungssumpf durch Unterwasserturbulenzen hervorgerufen, der nach dem Werfen von Wasserbomben auftritt, und die unerwartet hohe Standkraft der deutschen U-Boote, die nur durch genaue Treffer gebrochen werden konnte.

Hedgehog-Salvenwerfer
auf britischem U-Jagd-Schiff.
Foto: Verlagsarchiv

Die Forderung, das U-Boot vor Eintritt in die tote Zone zu bekämpfen und das Wasser beim Wasserbombenwurf für die weitere Ortung *sauberzuhalten*, führte Ende 1942 zur Entwicklung von Wasserbombenwerfern, die wesentlich kleinere Wasserbomben mit Aufschlagzündern verschossen. Mit diesen *Hedgehog*-Werfern wurden Salven von 24 Bomben zunächst bis zu 200 Metern weit verschossen. Die 24 Bomben bedeckten eine ellipsenförmigen Fläche auf dem Wasser, deren längster Durchmesser 40 Meter betrug, und sanken mit höherer Geschwindigkeit als die zylindrischen Bomben in die Tiefe. Nur wenn mindestens eine Bombe das U-Boot traf, detonierte die ganze Salve. Mit diesen Reichweiten der Salvenwerfer löste man zwei Probleme der U-Boot-Verfolgung: Einmal wurde das U-Boot vor dem Eintritt in die tote Zone der Schallortungsanlage bekämpft und zum anderen entstand bei einem Fehlangriff nicht der gefürchtete Ortungssumpf durch Wasserbombendetonationen, der die weitere Suche und Bekämpfung erschwerte.

Das erste U-Boot, das mit einer Hedgehog-Salve versenkt wurde, war U 581 (Kapitänleutnant Pfeifer). Das Boot wurde von dem britischen Zerstörer *HMS Westcott* verfolgt und am 2. Februar 1942 nach mehreren Anläufen vernichtet. Auch U 192 (Oberleutnant Hoppe) viel am 5. Mai 1943 einer Hedgehog-Salve der Korvette *Pink* zum Opfer.

So wie die deutschen U-Boote mit akustischen Torpedos ausgerüstet wurden, kamen diese zielsuchenden Torpedos auch von den U-Jagd-Kräften zum Einsatz. Die Torpedos konnten von Schiffen und von Flugzeugen bis zu einer Wassertiefe von 50 Metern eingesetzt werden. Das erste U-Boote, das von einer *Liberator* mit einem akustischen Torpedo angegriffen wurde, war U 456 (Kapitänleutnant Teichert). Am 13. Mai 1943 wurde das U-Boot in Überwasserlage von einer Maschine ausgemacht. U 456 tauchte im Alarm und ging auf Tiefe. An der Stelle, an der das U-Boot getaucht war, schlug auch der Torpedo auf und folgte dem Boot mit 20 Knoten Geschwindigkeit. U 456 versuchte mit zehn Knoten den vermeintlichen Wasserbomben zu entkommen. Bald war der Torpedo auf die U-Boot-Geräusche eingedreht und traf das Heck. Das Boot war schwer beschädigt. In dieser Situation tauchte der Kommandant auf. Ein inzwischen herbeigeeilter Zerstörer versenkte das Boot. Es gab keine Überlebenden.

Ein Hedgehog-Salvenwerfer wird geladen.
Foto: Verlagsarchiv

U-Jagd aus der Luft

Am Beginn des Krieges, bis in das Jahr 1941 hinein, waren die Erfolge der Flugzeuge gegen U-Boote gering. Sie vernichteten nur ein U-Boot, erzwangen die Aufgabe eines zweiten und unterstützten Überwasserschiffe bei der Vernichtung von drei weiteren U-Booten.

Im Jahre 1940 war die U-Boot-Abwehr in den Gewässern um Großbritannien aber so weit gediehen, daß Flugzeuge und U-Jagd-Gruppen die U-Boote von den Küsten des Inselreiches abzudrängen begannen. Bereits im Januar 1940 wurden die ersten Flugzeuge mit Radaranlagen ausgerüstet und waren in der Lage, Überwasserziele in einer Entfernung von 18 Seemeilen festzustellen. Der britischen U-Boot-Abwehr gelang es allerdings noch nicht, das Zusammenwirken dieser Kräfte und Mittel effektiv zu organisieren. So wurde bis Mitte 1940 in diesem Zusammenwirken nur ein U-Boot, *U 64*, (Kapitänleutnant Schulz) von Flugzeugen vernichtet.

In der Folge verbesserten die Briten dann Bewaffnung und Ausrüstung sowie die U-Jagd-Taktik wesentlich. Das betraf sowohl die U-Boot-Suche am Konvoi als auch den Angriff auf ein U-Boot. Die Piloten hatten im Kampf gegen U-Boote gelernt, das die Flugzeuge am effektivsten ihre Sicherungsaufgaben erfüllen konnten, wenn sie in weiten Kurven den Geleitzug umflogen. So konnten sie die U-Boote rechtzeitig ausmachen, den Konvoi warnen und das Ziel angreifen. Damit wurde das U-Boot zum Tauchen gezwungen und am Angriff gehindert.

Im April 1941 hatten die landgestützten UAW-Flugzeuge auf den Britischen Inseln bereits 110 Maschinen in ihrem Bestand, die mit einer Radaranlage ausgerüstet waren. Auch die UAW-Bewaffnung wurde laufend verbessert. Die ab 1941 von den Flugzeugen verwendeten Wasserbomben erhöhten die Effektivitä der Maschinen und ließen sie in zunehmenden Maße zu einer Gefahr für die Unterseeboote werden, vor allem, als Transporter mit Flugzeugkatapulten ausgerüstet wurden und Geleitflugzeugträger den Schutz der Konvois verstärkten. Wenn die ersten trägergestützten U-Jagd-Flugzeuge auch nur mit optischen Mitteln den Seeraum beobachten konnten, so zwangen sie doch den Unterwassergegner, vorzeitig wegzutauchen. Der Konvoi hatte damit die Möglichkeit, das gefährdete Seegebiet zu umgehen.

»Sunderland«-Flugboot im Einsatz. Foto: Verlagsarchiv

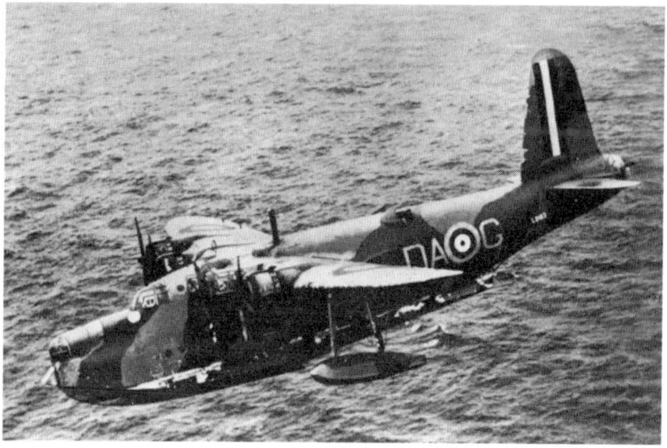

Ein »Sunderland«-Flugboot sichert Frachter in der Nordsee, 1940. Foto: Sammlung Israel

Im Interesse des Kampfes gegen die deutschen U-Boote forderte die britische Admiralität bereits am Anfang des Jahres 1941, die Bombardierung der an der französischen Atlantikküste im Bau befindlichen U-Boot-Bunker. Zu diesem Zeitpunkt war ihre Fertigstellung noch nicht so weit gediehen, daß sie nicht noch hätten zerstört werden können. Wegen der Bombardierung deutscher Städte, wurden die Angriffe abgelehnt. Als die Bunker dann fertiggestellt waren, hielten sie Luftangriffen stand.

Im Jahre 1942 gingen die Alliierten im verstärkten Maße dazu über, Werften, Industriebetriebe und Zulieferwerke die auf deutscher Seite mit dem U-Boot-Bau beschäftigt waren, systematisch zu bombardieren. Die alliierte Luftwaffe flog Bombenangriffe auf die U-Boot-Stützpunkte an der französischen Atlantikküste, an der Nord- und Ostseeküste und auf die deutschen U-Boot-Stützpunkte in Norwegen. Bei diesen Angriffen wurden bis Kriegsende, obwohl der größte Teil der U-Boote in massiven Bunkern geschützt lag, über 60 U-Boote vernichtet. Eine gut organisierte Aufklärungstätigkeit beschaffte wertvolle Angaben über die deutschen U-Boote.

Die britische U-Boot-Abwehr hatten bald herausgefunden, daß U-Boote in dem Augenblick empfindlich getroffen werden konnten, wenn sie sich durch Alarmtauchen dem Angriff entziehen wollten und sich noch im Tauchmanöver auf geringer Wassertiefe befanden. Mitte des Jahres wurden die Flugzeuge mit effektiven Wasserbomben gegen wegtauchende U-Boote ausgerüstet. Die Bomben konnten auf flachste Wassertiefen von 7,5 Metern, bei der die Zündmembrane eingedrückt wurde, eingestellt werden. Damit wurden die Flugzeuge zur tödlichen Gefahr für die U-Boote. Im britischen Kriegskabinett wurde diese Chance im Kampf gegen die deutschen U-Boote zu spät erkannt. Als die Royal Air Force im September 1941 die erste große Lieferung von *Liberator*-Maschinen erhielt, wurden diese vorrangig zur Bombardierung Deutschlands eingesetzt. Erst nach 18 Monaten, als der britische Nachschub über See zusammenzubrechen drohte, erfolgte die Ausrüstung des Küstenkommandos mit diesen Maschinen für den Einsatz gegen U-Boote.

In dieser für Großbritannien schweren Zeit widmeten die Briten den UAW-Fliegerkräften größere Aufmerksamkeit. Die Seegebiete, die jetzt aus der Luft überwacht werden konnten, waren wesentlich größer geworden. Brauchten deutsche U-Boote im Ersten Weltkrieg im freien Atlantik nicht mit Überraschungen durch Flugzeuge zu

Britische Flugbootbesatzung wird eingewiesen.
Im Hintergrund eine »Walrus«, um 1940.
Foto: Sammlung Israel

U 243 sinkt nach Bombentreffer einer britischen »Sunderland«.
Foto: Sammlung Israel

rechnen, so mußten sie jetzt ständig zum Alarmtauchen bereit sein. Die Flugzeuge bekämpften zu dieser Zeit hauptsächlich aufgetauchte Unterseeboote.

Die Ortungsmittel der Navy-Flugzeuge gegen getauchte U-Boote waren allerdings noch unzureichend. Erst einige Zeit später wurden zum Orten und Einpeilen getauchter U-Boote Sonar-Funkbojen abgeworfen. Sichtete ein Flugzeug ein tauchendes Unterseeboot, so warf es seine Funkbojen ab. Aus den Funkinformationen mehrerer Bojen konnte annähernd der Standort des U-Bootes bestimmt werden. Nach weiterer Lokalisierung des U-Boot-Standortes durch zusätzlich abgeworfener Funkbojen bekämpften Schiffe und Flugzeuge das Unterwasserziel mit Wasserbomben. In der Regel wurden die Maschinen paarweise eingesetzt. Eine Maschine trug die Bojen und die andere die Wasserbomben.

Jagd-U-Boote

Vor dem Zweiten Weltkrieg war den britischen Unterwasserstreitkräften unter anderem die Aufgabe gestellt worden, die eigenen Seeverbindungswege zu schützen und feindliche Überwasserkampfschiffe anzugreifen. Mit dieser Entscheidung der britischen Admiralität, die wiederum ihre Ursachen in der deutschen Kampfgruppentaktik hatte, wurden die Erfahrungen, die die britischen Unterseeboote während des Ersten Weltkrieges bei der Jagd auf deutsche U-Boote gemacht hatten, nicht genutzt. Aufgrund der britischen Fehleinschätzung der U-Boote in einem kommenden Krieg, kam es auch nicht zur Weiterentwicklung der Jagd-U-Boote aus dem Ersten Weltkrieg. Die bekannte R-Klasse wurde in den zwanziger Jahren verschrottet und eine Nachfolgeklasse gab es nicht. Das führte dazu, daß mit Kriegsbeginn vor allem Boote der S-Klasse, der T-Klasse, der U-Klasse und der V-Klasse gegen die deutschen U-Boote zum Einsatz kamen. Dabei handelte es sich um Unterseeboote mit Unterwasserverdrängungen zwischen 735 ts und 1 585 ts.

Zunächst waren die Unterseeboote nicht in der Lage, getauchte deutsche U-Boote genau zu orten und zu bekämpfen. Dazu eigneten sich weder die hydroakustischen Anlagen noch standen entsprechende zielsuchende Torpedos zur Verfügung. Bereits in den ersten

Kriegswochen sollte es sich zeigen, daß nicht die deutschen Schlachtschiffe und Kreuzer vorrangig die britischen Seeverbindungen bedrohten, sondern die U-Boote. Mangelhaft auf den Kampf gegen die U-Boote vorbereitet, mußten die britischen Unterseeboote nun diese Aufgabe übernehmen. Zunächst wurden sie zur U-Boot-Abwehr vor den britischen Häfen und Flottenstützpunkten eingesetzt, wo ein Teil der deutschen U-Boote operierte. Außerdem handelten die britischen Jagd-U-Boote, wie im Ersten Weltkrieg, auf den Anmarschwegen der feindlichen U-Boote. Wenn die Boote auch nicht mit akustischen Torpedos bewaffnet waren, so funktionierten die Torpedos der britischen U-Boote mit weit größerer Sicherheit als die deutschen und amerikanischen.

Als 1940 die systematische Überwachung der Nordsee durch die britische Luftwaffe begann, wurden die U-Boote, um Eigenverluste zu vermeiden, abgezogen und auf den westlichen Zufahrten zu den Britischen Inseln eingesetzt. Anfangs war vorgesehen, die Jagd-U-Boote auch in der Geleitsicherung einzusetzen, diese Aufgabenstellung konnten nicht mit dem nötigen Effekt erfüllt werden. Zweckmäßig und auch mit einem gewissen Erfolg konnten die britischen Jagd-U-Boote in der Biskaya eingesetzt werden. Sie operierten hier einzeln in acht Operationsgebieten von 90 x 45 Seemeilen. Ihnen war es untersagt, diese Gebiete zu verlassen. Es sollte vermieden werden, daß sie sich aufgrund der Unzulänglichkeiten in der Freund-Feind-Kennung unter Wasser gegenseitig versenkten.

Im September 1939 hatte es solch einen Fall gegeben. Ein britisches Jagd-U-Boot hatte dabei ein anderes britisches Boot versenkt. Die Ursache waren Fehler in der Navigation und in der gegenseitigen Erkennung. Die Folge waren entsprechende Sicherheitsbestimmungen. So war es in Seegebieten, in denen die Jagd-U-Boote operierten, den eigenen Überwasserschiffen und Flugzeugen generell verboten, U-Boote anzugreifen. Dennoch kam es zu Eigenverlusten. So wurde 1942 ein britisches U-Boot beim Aufladen der Akkumulatoren von eigenen Flugzeugen angegriffen und versenkt.

Im Laufe des Krieges bereitete die Royal Navy die britischen Unterseeboote zielstrebig auf ihre Aufgaben als Jagd-U-Boote vor. So wie die U-Boot-Abwehr in der Flotte allgemein höchste Priorität erhielt, wurde auch diese Kräftegattung auf den Kampf gegen U-Boote vorbereitet. Aktive und passive Ortungsanlagen kamen an Bord. Die Schleichfahrtfähigkeit wurde verbessert und im Jahre

1942 rüstete die Royal Navy ihre Unterseeboote mit Radargeräten aus.

Einem britischen U-Boot gelang es als erstem in der Seekriegsgeschichte, auftragsgemäß ein getauchtes gegnerisches U-Boot zu vernichten. Das britische Jagd-U-Boot befand sich im Februar 1945 auf Position westlich Bergen, um auslaufende deutsche U-Boote abzufangen. Da erhielt der Kommandant die Information, daß sich ein deutsches U-Boot, U 864 (Korvettenkapitän Wolfram), seinem Standort näherte. Bald darauf konnte der Gegner mit der Horchanlage ausgemacht werden. Die Geräusche kamen näher. Das britische Unterseeboot hatte sein Sehrohr ausgefahren, und der Kommandant suchte optisch den Sektor ab, in dem sich das gegnerische U-Boot befinden mußte. Da entdeckte er plötzlich das kurzzeitig ausgefahrene Sehrohr von U 864. Zwei Stunden begleitete der britische Kommandant den getauchten Gegner und brachte dabei sein Boot in eine günstige Schußposition. Die Zielwerte wurden mit der Horchanlage bestimmt. Vier Torpedos waren klargemacht zum Schuß. Auf einer Entfernung von zehn Kabellängen wurde dann ein Viererfächer losgemacht. Die Uhren liefen. Da hörten die britischen U-Boot-Fahrer die Detonation.

Ihre bedeutendsten Erfolge gegen Kriegsschiffe errangen die britischen Jagd-U-Boote vom Sommer 1940 bis Mitte 1943 im Mittelmeer vor allem gegen die italienische Flotte. Hier vernichteten sie allein 23 deutsche und italienische U-Boote. Insgesamt vernichteten die britischen Unterseeboote 35 U-Boote und sechs wurden so schwer beschädigt, daß sie zur Reparatur Werften anlaufen mußten.

U-Jagd-Taktik

Die U Boot-Jagd (U-Jagd) umfaßt die U-Boot-Suche und die U-Boot-Verfolgung. Die U-Boot-Verfolgung wiederum schließt das Kontakthalten zum U-Boot, die Einnahme günstiger Ausgangspositionen zum Angriff, die U-Boot-Bekämpfung und das Wiederherstellen des Kontaktes ein, wenn dieser nach einem Angriff verlorengegangen ist und das U-Boot nicht vernichtet wurde. Während der U-Boot-Bekämpfung wurden die Bewegungselemente des U-Bootes – Kurs, Geschwindigkeit und Tauchtiefe – bestimmt und die Waffen eingesetzt.

Die U-Boot-Suche konnte in Suchgebieten oder im Bestand der Geleitsicherung erfolgen. Dabei wurden die Abstände zwischen den Schiffen in Abhängigkeit von der Reichweite der Ortungsanlagen, von der Suchgeschwindigkeit und von der Anzahl der Suchschiffe unter Berücksichtigung einer angenommenen U-Boot-Geschwindigkeit berechnet. Ein Problem war in der ersten Zeit des Krieges die geringe Suchgeschwindigkeit der U-Jäger. Die Asdicgeräte ließen nur eine Suchgeschwingigkeit von fünf bis zehn Knoten zu. Die britische Industrie arbeitete an der Beseitigung dieses Mangels. Durch Abschirmung der Geräte gegen den Eigengeräuschpegel und weitere Verbesserung der Ortungsgeräte selbst, konnten die U-Jagd-Fahrzeuge bald 15 bis 18 Knoten Suchgeschwindigkeit laufen. So wie die technische Entwicklung meisterten die Alliierten auch die U-Jagd-Taktik, sowohl die U-Boot-Suche als auch die -Verfolgung, im Kampf gegen die deutschen U-Boote unter den harten Bedingungen des Krieges.

Der bekannteste und erfolgreichste Chef einer U-Jagd-Gruppe der Royal Navy war der bereits genannte Commander Walker. Er machte sich auch um die Weiterentwicklung der U-Jagd-Taktik verdient. So entwickelte er unter anderen eine spezielle Methode, die *creeping attak*, um die U-Boot-Bekämpfung mit einem höheren Effekt zu führen und den Kontakt zum U-Boot während der Verfolgung nicht zu verlieren. Er hielt nicht starr an der Gefechtsvorschrift fest, daß die Sicherungsschiffe bei U-Boot-Kontakt den Konvoi nicht verlassen sollten. Im Gegenteil, er ordnete an, daß der Geleiter, der als erster den Kontakt hergestellt hatte, auf Distanz Fühlung zum U-Boot hielt. Walker befahl dann ein weiteres Schiff zur Unterstützung.

Dieser U-Jäger schaltete seine Asdicanlage ab und näherte sich auf dem Peilstrahl des Fühlungshalters mit Schleichfahrt dem Ziel. Der Horcher auf dem U-Boot sollte nur die Ortungs- und Maschinengeräusche des Fühlungshalters peilen. Dieser hielt währenddessen Distanz, er koppelte das U-Boot mit und gab dem Angriffsschiff Kurskorrekturen und den Zeitpunkt des Bombenwurfes über Funk durch. Auf dem Angreifer wurde inzwischen eine große Anzahl Wasserbomben für die massierte Bekämpfung klargemacht. Dann erfolgte der Angriff, aus den achteren Wasserbombenbahnen und mit seitlichen Werfern wurden ganze Serien Wasserbomben auf verschiedene Detonationstiefen geworfen. Danach manövrierte das Angriffsschiff zur U-Boot-Suche, schaltete seine Asdicanlage ein und versuchte

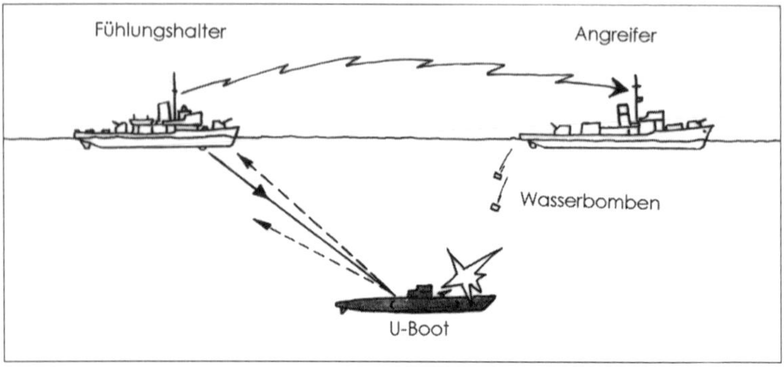

Der Fühlungshalter folgt dem U-Boot durch Sonar und dirigiert den Angreifer über Funk zum Wasserbombenwurf über die Position des U-Bootes

Kontakt zum U-Boot herzustellen. Erst wenn untrügliche Beweise für die Versenkung des U-Bootes vorlagen, liefen die U-Jäger wieder zu ihren Positionen in der Konvoisicherung zurück.

Aus dieser Methode soll Commander Walker dann den Gruppenangriff von drei Schiffen entwickelt haben. Ein U-Jäger hielt den Kontakt zum U-Boot, der zweite griff an und der dritte bereitete sich auf den Angriff vor. Diese Rollen wechselten laufend bis das U-Boot vernichtet war. Das Verfahren schaffte auf den Schiffen, die nicht gerade angriffen, Zeit zum Nachladen der Wasserbombenbahnen und der seitlichen Werfer.

Commander Walker nutze für den Angriff auf U-Boote auch Funkpeilgeräte. Es handelte sich um das sogenannte *High Frequency Direction Finder*, HF/DF, in der Navy Huff-Duff-Anlage genannt. Diese Hochfrequenzpeilgeräte verfügten über Sichtanzeige. An den HUff-Duff-Geräten konnten Funksignale auf einer Entfernung von 25 Seemeilen eingepeilt werden. Es war aber nur möglich die Richtung zu einem in der Nähe des Konvois funkenden U-Boot mit einer Genauigkeit von 30 Prozent zu peilen. Diese Genauigkeit reichte aus, den Geleitführer zu warnen, daß ein Angriff unmittelbar bevorstand.

Ein erfahrener Funker hörte jedoch bereits nach kurzer Zeit an der Lautstärke, wie weit sich das funkende U-Boot vom Geleitzug entfernt befand und konnte während der Annäherung die Peilung präzisieren. Walker führte die U-Boot-Bekämpfung äußerst beweglich und offensiv, er ignorierte auch in diesen Fällen die Weisung, daß

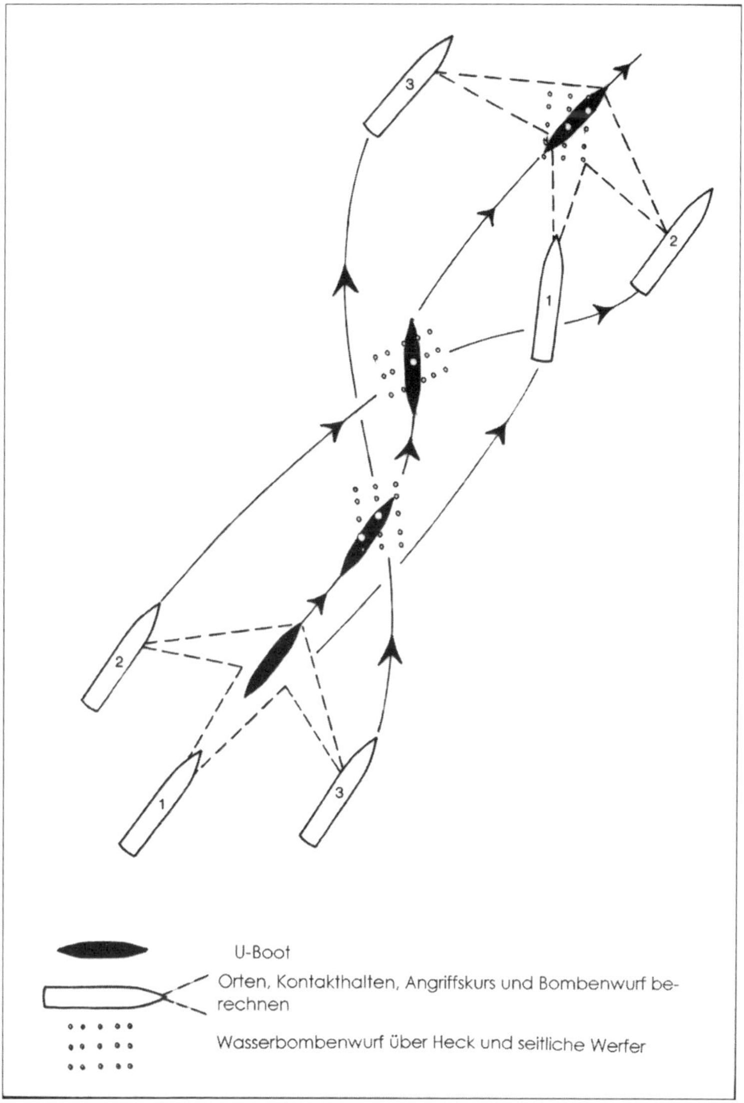

Gruppenangriff von drei U-Jägern

kein Schiff aus der Konvoisicherung seine Position verlassen sollte. Sobald eines seiner, zum Geleitschutz gehörenden U-Jagd-Schiffe ein in 20 bis 30 Seemeilen entfernt funkendes U-Boot gepeilt hatte, gab dieser die Beobachtungsmeldung an das Führerschiff zu Walker. In diesen Fällen, kommandierte er ein bis zwei U-Jäger zur sofortigen Bekämpfung ab.

Die Kommandanten der zur U-Jagd befohlenen Schiffe kannten die Richtung zum U-Boot und die geschätzte Entfernung. Sie konnten sich an Hand der Sichtweite ausrechnen, wann das U-Boot über Wasser in die optische Sicht kommen beziehungsweise auf dem Radarschirm oder unter Wasser auf der Anzeige am Asdicgerät erscheinen würde. Für den Fall, daß man das U-Boot aufgetaucht überraschen konnte, waren die Artilleriewaffen auf die entsprechende Entfernung eingestellt und klar zum Schuß. Gelang es dem U-Boot, noch rechtzeitig zu tauchen, so setzte unmittelbar die Bekämpfung ein, indem ein U-Jäger den Sonarkontakt hielt, während ein anderer angriff und die Wasserbomben warf. Wenn mehrere Geleitschiffe den Fühlungshalter peilten, war es möglich den Standort des U-Bootes relativ genau festzustellen. Die daraufhin einsetzende U-Boot-Verfolgung machte es dem Fühlungshalter unmöglich, Kurs, Geschwindigkeit und Position des Konvois an die anderen Boote der Gruppe durchzugeben.

War es dennoch gelungen, die U-Boot-Gruppe an den Konvoi heranzuführen, so war den Booten aufgrund der leistungsfähigen Schiffs- und Flugzeug-Radaranlagen der bewährte Überwasserangriff bei Nacht nicht mehr möglich. Da die Unterwassergeschwindigkeit der Boote ein Vorsetzen vor den Konvoi, um zum Schuß zu kommen, kaum ermöglichte, sanken im Verlaufe der Zeit die Versenkungsziffern.

Das erste U-Boot, daß als Fühlungshalter im Ergebnis einer HF/DF-Peilung versenkt werden konnte, war U 587 (Kapitänleutnant Borchert) am 27. März 1942. Die Verfolgung hatte eine U-Jagd-Gruppe im Bestand von 4 Zerstörern aufgenommen. Nach dem U 587 die Verfolger erkannt hatte und getaucht war, griffen die Zerstörer mit Wasserbomben an und versenkten das Boot. Im weiteren kam es immer häufiger vor, daß die U-Boote durch HF/DF-Peilung erfaßt wurden und nicht einmal mehr Zeit hatten im Alarm zu tauchen. Die Zerstörer rammten die Boote und versenkten sie mit der gesamten Besatzung. Ein solches Schicksal ereilte den Booten U 69 (Kapitänleutnant Gräf) am 17. Februar 1943 und wenig später U 201 (Oberleutnant Rosenberg).

Diese Erfahrungen in der U-Jagd wurden in der Offiziersweiterbildung in den Ausbildungszentren in den USA, in Großbritannien und in Kanada ausgewertet und flossen unmittelbar in die Gefechtsausbildung der Besatzungen ein. Zusammen mit der wachsenden materiellen Kraft der alliierten U-Boot-Abwehr trugen auch die verbesserten taktischen Verfahren zur Erhöhung der Effektivität des Kampfes gegen U-Boote bei.

Als Qualität und Quantität der zur Verfügung stehenden U-Boot-Abwehrkräfte – Schiffe, Flugzeuge und Geleitträger – das erforderliche Niveau erreicht hatten, kam es zur Formierung der *Support Groups*, Unterstützungsgruppen, die unabhängig von der Geleitsicherung selbständig gegen ausgemachte beziehungsweise ihnen gemeldete U-Boote operierten. Sie wurden in besonders gefährdeten Richtungen entfaltet oder liefen einfach hinter dem Konvoi her. Aus dieser Position konnten sie den Verband von achtern abschirmen und auf den Geleitzug sammelnde U-Boote angreifen oder aber selbst zur Hilfe eilen, wenn am Konvoi U-Boote ausgemacht wurden. In den USA liefen diese Gruppen unter der Bezeichnung *Hunter and Killer Groups*.

Wissenschaft gegen U-Boote

Mit dem *Operational research*, dem engen Zusammenwirken von Militärs und Wissenschaftlern in Großbritannien, legten die Briten einen bedeutenden Grundstein für den Sieg im Zweiten Weltkrieg. Der Einbruch in den deutschen Marineschlüssel ist, wie wir noch sehen werden, ein überzeugendes Beispiel dafür. Auf vielen Gebieten der Kriegsführung wurden Wissenschaftler zur Suche von Lösungen angesetzt. Nach britischem Beispiel wirkten auch in den USA Gruppen von Wissenschaftlern – Mathematiker, Physiker, Astronomen, Chemiker, Ökonomen, Biologen und Psychologen – unter der Bezeichnung *Operational analysis* in Forschungsteams zusammen.

Britische Naturwissenschaftler unter Leitung von Professor P. M. S. Blackett, ein bekannter Nobelpreisträger, entwickelten mathematische Methoden zur Bestimmung effektiver Konvoisicherungsformationen und -methoden. Sie hatten herausgefunden, daß sechs

Geleitschiffe 24 Transporter mit der gleichen Effektivität sicherten, mit der acht Geleiter 48 Schiffe sichern konnten. Daraus leiteten die Wissenschaftler um Professor Blacketts ab, daß ein großer, gut geschützter Konvoi nicht mehr Schiffe verlieren würde als ein kleiner mit der gleichen Sicherung, der von der gleichen Anzahl U-Boote angegriffen würde. Mit großen Konvois könnten 20 Prozent weniger Verluste hingenommen werden müssen.

Auch in den USA wurde die Wissenschaft in großem Stil in den Kampf gegen U-Boote einbezogen. Um alle Mängel und Schwierigkeiten in der US-Navy auf dem Gebiet der U-Boot-Abwehr schnell zu überwinden, wurde am 1. April 1942 ein U-Boot-Abwehrinstitut (*ASWORG*) geschaffen, das sich zum Forschungszentrum der USA auf dem Gebiet des Kampfes gegen U-Boote entwickelten sollte. Es war mit der Marine, der Luftwaffe, mit Forschungseinrichtungen und der Industrie fest verbunden. Man arbeitete in drei Richtungen. Einmal leisteten ganze Abteilungen statistische Arbeiten, in denen alle U-Jagd- und U-Boots-Angriffe, soweit die Unterlagen vorhanden waren, systematisch ausgewertet wurden; zum zweiten wurden auf dieser Grundlage die günstigsten Konvoiformationen sowie U-Boot-Such- und Angriffsmethoden entwickelt. Die dritte Richtung befaßte sich mit der Vervollkommnung und Neuentwicklung von Ortungs- und Bekämpfungsmitteln für die U-Boot-Abwehr.

An diesem Institut traten gestandene und erfolgreiche britische Geleitführer und U-Jäger-Kommandanten als Referenten auf und berichteten über ihre Erfahrungen im Kampf gegen die deutschen U-Boote. Gleichzeitig wurden amerikanische Offiziere und Unteroffiziere in den britischen Ausbildungszentren für den Kampf gegen U-Boote geschult, um später in den USA als Instrukteure an den Flottenschulen tätig zu sein.

Im Rahmen der Operationsforschung leitete ein Forschungsteam Schlußfolgerungen aus der Tierwelt ab. So kam man beim Studium der Jagdgewohnheiten von Seevögeln darauf, daß diese ebenso überraschend wie erfolgreich Beute machten, weil ihr unteres Gefieder weiß ist. Die Fische machten deshalb die Räuber zu spät aus. In Umsetzung dieser Erkenntnis erhielten die U-Jagd-Flugzeuge im unteren Bereich einen hellen Anstrich.

Funkaufklärung

Von der U-Boot-Abwehr wurden im Verlaufe des Zweiten Weltkrieges, wie schon im Ersten, im zunehmenden Maße funktechnische Mittel eingesetzt. Dazu gehörten auch Funkpeiler. Es waren einfache Funkempfänger, mit deren drehbaren Richtantennen man die Richtung zu Funkfeuern oder Sendern peilen konnte. Voraussetzung dafür war, daß die Funksignale des Senders eine bestimmte Zeit von dem Empfänger aufgenommen werden konnten. Diese Geräte wurden dann auch von der U-Boot-Abwehr zum Ausmachen von U-Booten benutzt. Zu Beginn hatte man jedoch noch große Schwierigkeiten, die Kurzsignale der U-Boote einzupeilen, da deren Sendedauer in den meisten Fällen über eine halbe Minute nicht hinausging. Statt den ganzen verschlüsselten Text durchzugeben, waren die gebräuchlichsten Meldungen wie Standort, Schäden, Versenkungsziffern und anderes in Kurzsignaltabellen zusammengefaßt. So konnte ein Spruch mit folgendem Inhalt: *Standort Planquadrat XTQ* zum Beispiel als Kurzsignal mit sechs Buchstaben HABXTQ, das aber noch mit der Schlüsselmaschine überschlüsselt wurde, abgesetzt werden.

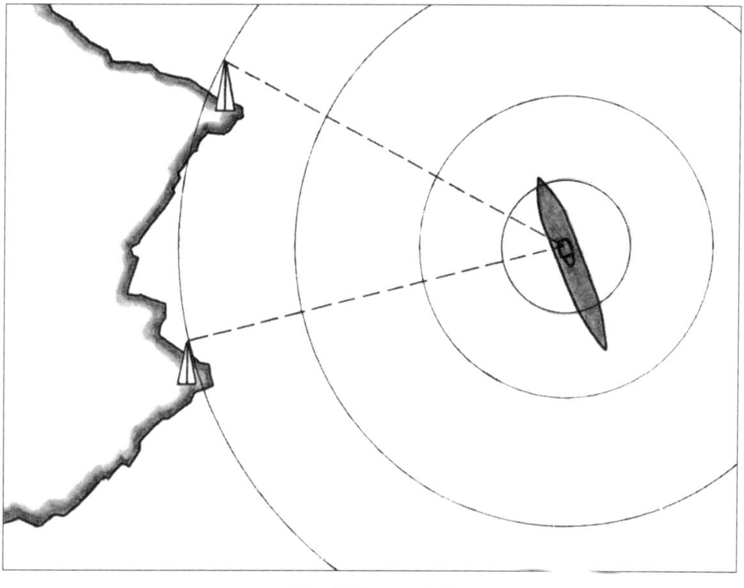

Ein U-Boot wird
von zwei Landstationen angepeilt

Es dauerte einige Zeit, bis die britische Funkaufklärung mit Funkpeilern ausgerüstet war, mit denen man U-Boote auch bei Sendezeiten von 10 Sekunden einpeilen konnte. Diese Funksprüche wurden von verschiedenen Landstationen gleichzeitig gepeilt. Bereits zwei Peiler reichten aus, um den Standort des U-Bootes in Abhängigkeit von der Entfernung ziemlich genau zu erhalten. Die britischen Großfunkpeilstationen an Land waren bis 1944 in der Lage, funkende U-Boote, wenn auch mit Ungenauigkeiten, im gesamten Operationsgebiet Atlantik einzupeilen.

Nach solchen Informationen ließ dann die britische U-Boot-Abwehr das entsprechende Seegebiet nach U-Booten absuchen. War die U-Boot-Suche in den meisten Fällen auch nicht von Erfolg gekrönt, so konnte das U-Boot in diesem Raum auch nicht mehr mit Erfolg operieren, da die Konvois bei U-Boot-Alarm ihre Routen änderten.

Im Jahre 1944 wurden die deutschen U-Boote mit einem Sender ausgerüstet, der sie in die Lage versetzte, ihre Sprüche in Bruchteilen von Sekunden abzusetzen. Bis zum Ende des Zweiten Weltkrieges gelang es der alliierten Funkaufklärung zwar, die Sprüche weiterhin zu entschlüsseln, die Wahrscheinlichkeit aber, die U-Boote nach diesem äußerst kurzen Funkverkehr einzupeilen, blieb gering. Das war auch nicht mehr notwendig, weil man die U-Boot-Standorte aus den Funksprüchen selbst entschlüsselte.

Enigma und Ultra

Dieser Sachverhalt war es, der die Bedeutung der Funkaufklärung im Kampf gegen U-Boote in das Zentrum der alliierten U-Boot-Abwehr stellen sollte. Erst im Jahre 1974 enthüllte Großbritannien sein meistgehütetstes Geheimnis, nämlich, daß das Land im Kriege in den geheimen Funkschlüssel der Deutschen eingedrungen war. So, wie die deutsche Seite bereits im Ersten und auch im Zweiten Weltkrieg den Code der Engländer dechiffrieren konnte, so lasen auch die Briten den deutschen Funkverkehr mit.

Nur im Falle der deutschen Enigma-Schlüsselmaschine war sich das Oberkommando der Kriegsmarine ziemlich sicher, daß diese Verschlüsselungen aufgrund der ungeheuer großen Zahl von Möglichkeiten nicht geknackt werden konnten. Es war eine von deutscher Seite in den zwanziger Jahren zum Patent angemeldete Maschine zur

Ver- und Entschlüsselung von Funksprüchen der Handelsmarine. Derartige Patentanmeldungen gab es auch in Großbritannien und in den USA. Diese Hardware war an sich nicht geheim. Erst wenn man die entsprechende Software hatte, die den Wechsel und die Reihenfolge der Walzeneinstellungen vorschrieb, wurde sie zur Verschlußsache.

Das Prinzip war also kein Geheimnis. Das entscheidende Stück dieser Maschine stellte ein Stahlzylinder dar, in den drei Walzen eingesetzt wurden. Die drei Walzen konnten dann später aus einem Satz von acht Stück ausgewählt werden und waren in ihrer Reihenfolge austauschbar. Jede Walze hatte 26 Kontaktflächen. So ergab sich die gewaltige Zahl von 150 000 000 000 000 000 000 Austauschmöglichkeiten für jeden einzelnen Buchstaben.

Das wiederum sollte später im Kriege, als der Verdacht aufkam, die Briten wären in den Schlüssel eingedrungen, die deutsche Seite darin bestärken, daß es unmöglich sei, bei dieser Fülle an Möglichkeiten, Enigma-Sprüche zu dechiffrieren. Die Enigma war weder ein Funkgerät noch eine Fernschreibmaschine, sie war eine in einen Hartholzkoffer installierte Schlüsselmaschine, mit der man Funksprüche vor dem Senden oder nach dem Empfang ver- beziehungsweise entschlüsselte.

Die Reichsmarine hatte am Anfang der zwanziger Jahre damit begonnen, die Enigma-Maschine für ihre Kriegsschiffe zu modifizieren. Bereits im Jahre 1926 erhielten mehrere Schiffe Schlüsselmaschinen an Bord. Die praktischen Erprobungen verliefen positiv, so daß an der Weiterentwicklung und an der Einführung dieses Schlüsselverfahrens in der Reichsmarine gearbeitet wurde.

Lange vor dem Kriege war dem Chiffrierbüro des polnischen Heeres bekannt geworden, daß die deutsche Seite diese Enigma-Schlüsselmaschinen verwendete. Noch vor Kriegsbeginn war es den Polen, nach den Resultaten einer gezielten Abwehrtätigkeit, gelungen, aus beschafften Einzelteilen eine solche Maschine nachzubauen und vor Kriegsausbruch auf Umwegen aus Polen heraus nach Frankreich zu schaffen. Die französische Spionage hatte bereits 1932 eine Serie von Unterlagen über die Benutzung von *Enigma* beschafft. Im Jahre 1933 hatten polnische Spezialisten das Verkabelungsproblem zu den Walzen gelöst. Nun ging man daran, die variablen Einstellungspunkte für die Walzen und Ringe zu finden.

Die Polen hatten bis 1939 15 Enigma-Maschinen nachgebaut.

Damit war aber die komplizierte Frage der Walzeneinstellung noch nicht beantwortet. Den polnischen Spezialisten war klar geworden, daß man, um in das Schlüsselsystem einzudringen, eine zweite Maschine entwickeln mußte, die mit den gleichen gesteckten Kabelverbindungen arbeitete. Dieses auf elektro-mechanischer Basis arbeitende Rechengerät nannten sie *Bomba*; den Namen erhielt es, weil es wie eine Bombe tickte. Als die deutsche Seite dann die Walzenanzahl erhöhte, waren die Polen wieder beim Punkt Null angelangt. In dieser Situation begann dann die Zusammenarbeit mit den Franzosen und den Briten.

Im Januar 1939 kam es, von dem Chef der französischen Dechiffrierabteilung des militärischen Geheimdienstes, Colonel Bertrant organisiert, zu Konsultationen französischer, polnischer und britischer Chiffrierspezialisten in Paris. Eine weitere Zusammenkunft der Experten wurde in der Zeit vom 24. bis 25. Juli vor Kriegsbeginn abgehalten. Am Vorabend des Zweiten Weltkrieges, am 16. August 1939 traf Colonel Bertrand, in London ein. In seinem Gepäck befand sich ein wertvolles Geschenk, die von polnischen Nachrichtenoffizieren und Technikern nachgebaute deutsche Enigma-Schlüsselmaschine.

Vor allem in Großbritannien hatte man die Bedeutung eines Einbruchs in den deutschen Enigma-Schlüsse erkannt. So wurde auf der Insel unter strengster Geheimhaltung, Codebezeichnung *Ultra*, und mit großem Aufwand ein gewaltiges Zentrum in Bletchley Park, die GC & CS, *Government & Codes and Cipher School* (Regierungsschule für Code und Chiffrieren) geschaffen, das sich nur mit der Überwachung und Dechiffrierung des deutschen Funkverkehrs befaßte. *Ultra* stellte in den Informationen des britischen Geheimdienstes eine besondere Geheimhaltungsstufe dar. Diese Nachrichten waren nur einem auserwählten Personenkreis vorbehalten. Ab Juni 1940 wurden auch das US-amerikanische und das kanadische Oberkommando der Kriegsmarine einbezogen.

Zielgerichtet wurden in Bletchley Park Hunderte ausgesuchter Mathematiker, Physiker, Techniker, Sprachwissenschaftler und Chiffrierspezialisten sowie handverlesenes Auswertepersonal zusammengezogen, um dieses Problem zu lösen. Auch Mitarbeiter des polnischen Chiffrierbüros arbeiteten nach der Besetzung Frankreichs mit britischen und französischen Spezialisten weiter an der Dechiffrierung des deutschen Funkverkehrs, denn mit der Schlüsselma-

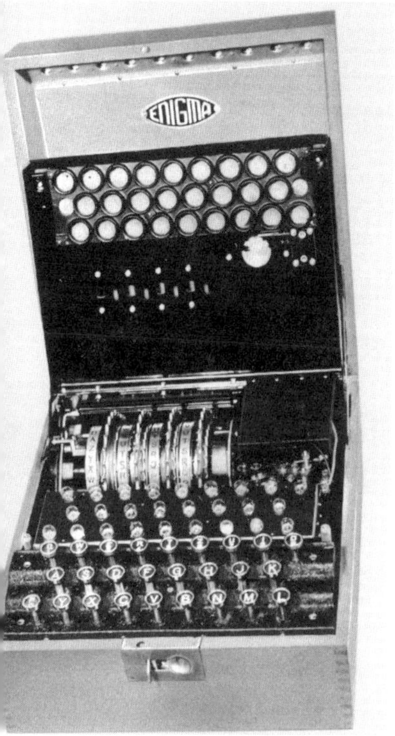

Alan Turing und die Enigma-Maschine

Luftaufnahme vom Bletchley Park im Zweiten Weltkrieg. In den »Huts« standen Dechiffriermaschinen

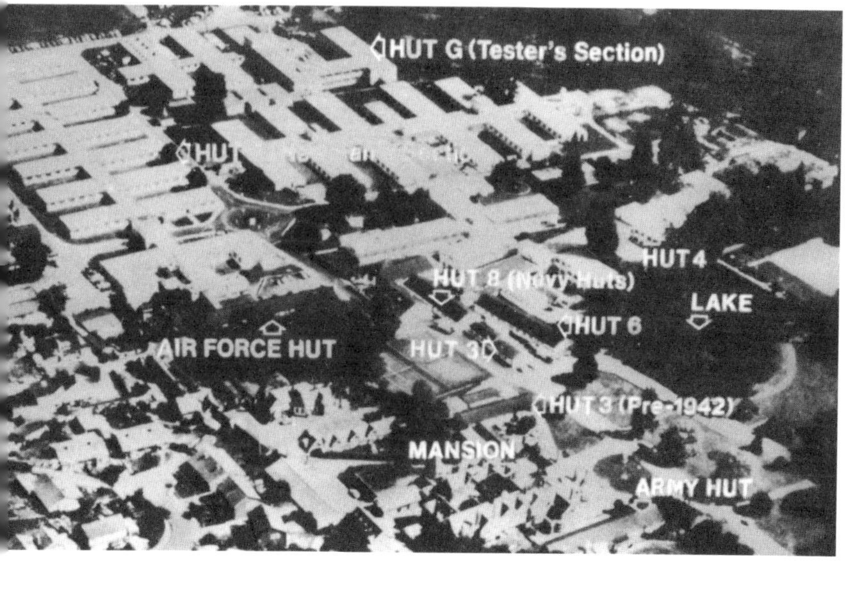

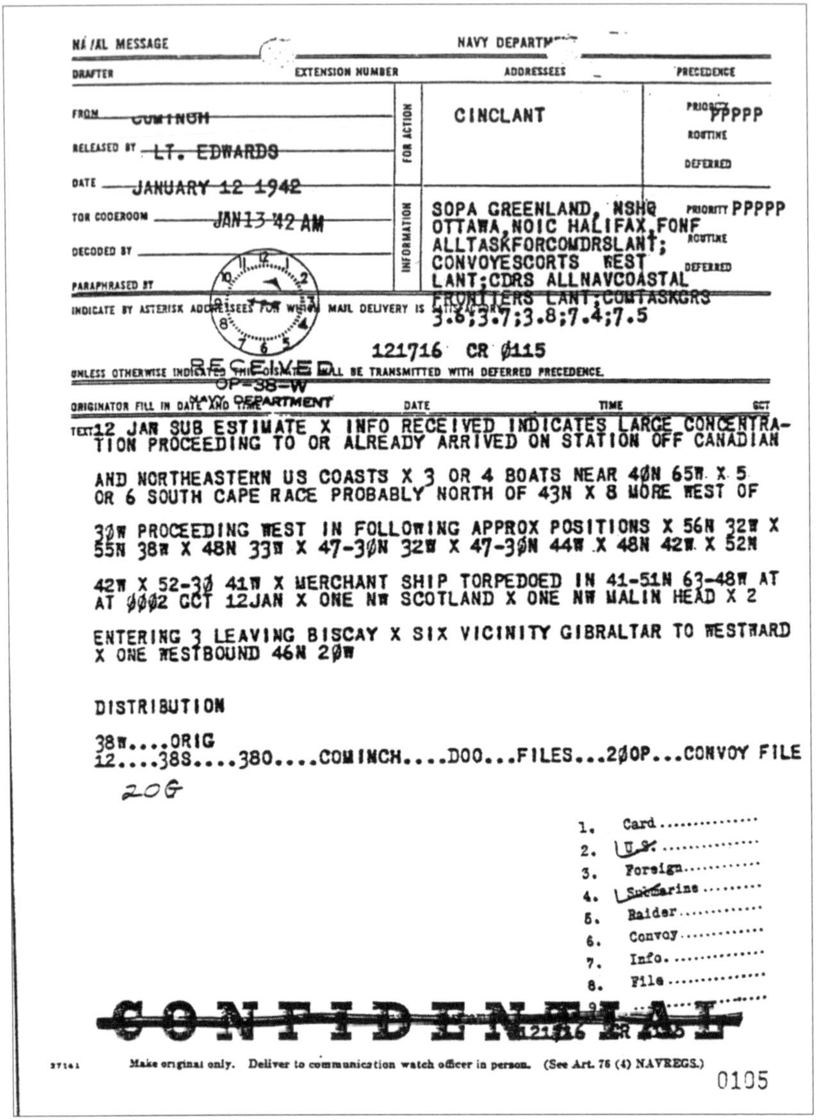

NAVAL MESSAGE — NAVY DEPARTMENT

DRAFTER	EXTENSION NUMBER	ADDRESSEES	PRECEDENCE
FROM COMINCH RELEASED BY LT. EDWARDS DATE JANUARY 12 1942 TOR CODEROOM JAN 13 42 AM DECODED BY PARAPHRASED BY	FOR ACTION	CINCLANT	PRIORITY PPPPP ROUTINE DEFERRED
	INFORMATION	SOPA GREENLAND, NSHQ OTTAWA, NOIC HALIFAX, FONF ALLTASKFORCOMDRSLANT; CONVOYESCORTS WEST LANT; CDRS ALLNAVCOASTAL FRONTIERS LANT; COMTASKGRS 3.6; 3.7; 3.8; 7.4; 7.5	PRIORITY PPPPP ROUTINE DEFERRED

INDICATE BY ASTERISK ADDRESSEES FOR WHICH MAIL DELIVERY IS SATISFACTORY

121716 CR Ø115

UNLESS OTHERWISE INDICATED THIS DISPATCH WILL BE TRANSMITTED WITH DEFERRED PRECEDENCE.

RECEIVED OP-38-W NAVY DEPARTMENT

ORIGINATOR FILL IN DATE AND TIME — DATE — TIME — GCT

TEXT 12 JAN SUB ESTIMATE X INFO RECEIVED INDICATES LARGE CONCENTRATION PROCEEDING TO OR ALREADY ARRIVED ON STATION OFF CANADIAN AND NORTHEASTERN US COASTS X 3 OR 4 BOATS NEAR 4ØN 65W X 5 OR 6 SOUTH CAPE RACE PROBABLY NORTH OF 43N X 8 MORE WEST OF 3ØW PROCEEDING WEST IN FOLLOWING APPROX POSITIONS X 56N 32W X 55N 38W X 48N 33W X 47-3ØN 32W X 47-3ØN 44W X 48N 42W X 52N 42W X 52-3Ø 41W X MERCHANT SHIP TORPEDOED IN 41-51N 63-48W AT AT ØØØ2 GCT 12JAN X ONE NW SCOTLAND X ONE NW MALIN HEAD X 2 ENTERING 3 LEAVING BISCAY X SIX VICINITY GIBRALTAR TO WESTWARD X ONE WESTBOUND 46N 2ØW

DISTRIBUTION

38W....ORIG
12....38S....38O....COMINCH....DOO...FILES...2ØOP...CONVOY FILE

20G

1. Card
2. U.S.
3. Foreign
4. Submarine
5. Raider
6. Convoy
7. Info.
8. File
9.

CONFIDENTIAL

121716 CR Ø115

27141 Make original only. Deliver to communication watch officer in person. (See Art. 76 (4) NAVREGS.)

0105

Von der britischen Admiralität nach Ultra-Sprüchen auch für die US-Navy herausgegebene U-Boot-Lagemeldung. Foto. M. Gannon, Operation Paukenschlag schine allein war man nicht in der Lage, einen Spruch zu entschlüsseln. An die Hardware heranzukommen war wesentlich leichter gewesen als an die Software, die nach Beginn des Krieges laufend geändert und verkompliziert wurde. Wie problematisch und zeitaufwendig das Eindringen in die Enigma-Sprüche war, beweist die Tatsache, daß man trotz der polnischen Vorarbeit erst Ende 1939 in der Lage war, zwei Monate alte Funksprüche aus dem Heer zu entschlüsseln. Anfang 1940 gelang das bereits am selben Tag. Im März war man in Bletchley Park in der Lage, den Funkverkehr der Luftwaffe zu entschlüsseln. Damit waren die Schlüsselexperten aber noch nicht in den Marineschlüssel »M« eingedrungen. Über Umwege gelang es, Sprüche mehr zu raten als zu lesen.

Für das Knacken des Enigma-Codes, bedurfte man auch genialer Mitarbeiter und technischer Voraussetzungen, um hinter die astronomischen Möglichkeiten dieser Schlüsselmaschine zu steigen. Einer der ersten Wissenschaftler eines solchen Formats, war der 27 jährige Alan Mathison Turing, der nach Kriegsausbruch in diesem Zentrum eintraf. Er war eine hochgradige mathematische Begabung. Bis an seine physische Leistungsgrenze arbeitete Turing und näherte sich in zähem Ringen der Lösung. Als GC & CS im Mai 1940 die erste englische Version einer auch so genannten *Bombe* erhielt, stiegen die Chancen der Wissenschaftler. Die britische *Bombe* war nach anderen Gesichtspunkten gebaut als die polnische Version und arbeitete um ein Vielfaches schneller. Nach den damals modernsten Methoden der Datenverarbeitung war ein Vorläufer unserer heutigen Computer entstanden, der aber noch auf elektromechanischen Grundlagen arbeitete.

Dieser Rechner wurde mit dem aufgenommenen Enigma-Material gefüttert und suchte selbständig nach Lösungen. Hatte er einen Schlüssel gefunden, hielt er an. Die dann folgende Arbeit der Wissenschaftler mit den *Bomben* glich in ihren Anfängen mathematischen Ratemethoden. Und je mehr Walzen von deutscher Seite eingesetzt beziehungsweise im Wechselspiel waren, um so mehr dieser Rechner mußten parallel arbeiten. Man benötigte nicht nur die Originalwalzen, sondern auch die Kurzsignaltabellen, Instruktionen und Einstellungen für die nächste Zeit waren erforderlich. Die Beschaffung solcher in der Kriegsmarine strenggeheimen Unterlagen überließen die Briten, wie wir noch sehen werden, nicht dem Zufall.

Die Spezialisten in Bletchley Park hatten bald herausgefunden, daß die ersten Buchstaben eines Spruches den *Indikator* für die Ring- und Walzeneinstellung darstellten. Darüber drangen sie in das System ein. Als aber von deutscher Seite am 1. Mai 1940 die tägliche Voraus-Einstellung der Walzen entfiel, gab es wieder Probleme mit dem Entschlüsseln. Auch als der *Indikator* von sechs auf neun Buchstaben am Anfang des Spruches für die Ringeinstellung erhöht wurde, verzögerte sich der Informationsfluß.

Im Verlaufe des Jahres 1940 war die Zahl der Mitarbeiter in Bletchley Park auf mehr als 10 000 angestiegen. Zu den bereits genannten Wissenschaftlern kamen tausende Helferinnen, die als Funker, Fernschreiber und Auswerter in Schichten arbeiteten. War das Entschlüsseln der Funksprüche schon eine enorme Leistung, so brachten das Auswerten der Informationen, das Ziehen der richtigen Schlußfolgerungen und die Weitergabe der Erkenntnisse an die entsprechenden Führungsstellen erst den operativen Wert des Ganzen. Zu diesem Zweck bauten die Briten das *Operational Intelligence Centre* (OIC) auf. Hier wurden alle *Ultra*-Informationen ausgewertet und an die ausgewählten Adressaten weitergegeben. Dieses Organ sollte sich dann im Verlaufe des Krieges als unverzichtbar erweisen.

Die Schlüsselexperten von der GC & CS mußten bald feststellen, daß der Marineschlüssel weit komplizierter und sicherer war, um einzudringen, als die Enigma von Heer und Luftwaffe. Bletchley Park benötigte eine Originalmaschine von einem Schiff oder U-Boot, Unterlagen für die Nutzung und Kurzsignalbücher wie sie in der Marine verwendet wurden. Nur zögerlich tasteten sich die Dechiffrierer vor. Das sollte sich nach einem Kommandounternehmen ändern, daß die Briten im März 1941, nur mit dem Ziel gestartet hatten, in den Besitz von Enigma-Unterlagen zu kommen. Zwei Kanalfähren mit Hunderten von Männern, gesichert von fünf Zerstörern liefen mit hoher Fahrt in Richtung Norwegen. Am 4. März 04.00 Uhr früh landeten die Kommandotruppen völlig überraschend auf den von den Deutschen besetzten Lofoten-Inseln. Sie sprengten Hafenanlagen, versenkten Schiffe und setzten die riesige Tranfabrik in Flammen.

Das eigentliche Ziel aber, war das deutsche Vorpostenschiff *Krebs*. Die kleine Schar ausgesuchter Männer kämpfte die Besatzung nieder und sollte sich der Enigma-Maschine sowie der Funkunterlagen bemächtigen. Der erste Offizier der *Krebs* hatte jedoch befehlsgemäß die Schlüsselmaschine außenbords geworfen. Die Unterlagen konnten aber nicht mehr vernichtet werden. Diese versetzten die Briten dann in die Lage, den deutschen Funkverkehr rückwirkend und für die Monate April und Mai zu entschlüsseln. Das war der erste wirkliche Einbruch in den Marineschlüssel. Dieser Erfolg führte die Briten zu den deutschen Wetterschiffen, deren Positionen man aus den entschlüsselten Funksprüchen erfahren hatte. Beim Aufbringen der Schiffe erbeuteten die Briten weitere wichtige Unterlagen.

Am 9. Mai 1941 wurde U 110 (Kapitänleutnant Lemp) im Ergebnis mehrerer Wasserbombenangriffe schwer beschädigt. Das Boot tauchte auf und mußte aufgegeben werden. Die Besatzung wurde von dem Zerstörer *Aubretia* aufgenommen und sofort unter Deck gebracht, um zu verhindern, daß die Deutschen Zeugen wurden, wie ein Enterkommando an Bord des sinkenden Bootes ging, um Geheimdokumente, Enigma-Unterlagen und eine Schlüsselmaschine in ihrem Holzkoffer einschließlich aller Walzen zu bergen. Die gemachte Beute war entscheidend für die weitere Arbeit in Bletchley Park.

Im Sommer 1941 hatte GC & CS nicht nur die aktuellen Schlüsselunterlagen zur Verfügung, sondern die britische Seite war durch das erbeutete Material von U 110 auch in den Besitz der deutschen Kurzsignalbücher gekommen, auf deren Grundlage die meisten Funksprüche abgesetzt wurden. Darüber hinaus hatten die Briten auch die deutsche Planquadratkarte erhalten. Mit Hilfe dieser Karte wurden die Standorte statt nach Länge und Breite mit einer Buchstabengruppe abgesetzt. Erst das Kurzsignalbuch und die Planquadratkarte gaben vielen geknackten Enigma-Sprüchen einen Sinn. In dieser Situation wurde Turing, das überragende Genie in Bletchley Park von allen Verwaltungsaufgaben entbunden und fungierte als Chefberater, der sich ausschließlich mit der Forschung befaßte. Dabei entwickelte er aus den *Bomben* heraus den ersten Computer, der dann auch zum Dechiffrieren eingesetzt wurde.

Einen besonderen Schwerpunkt bildete im OIC die Auswertung des Funkverkehrs zwischen der deutschen U-Boot-Führung und den in See operierenden Booten. Da der U-Boot-Krieg zum Kernstück der deutschen Seestrategie wurde, war in Bletchley Park im Interesse der U-Boot-Abwehr der *Submarine Tracking Room* (STR) im OIC geschaffen worden. Chef dieser Einrichtung wurde Rodger Winn. Ein Mann, der sich bald in die U-Boot-Lage hineindachte und viele Entschlüsse seiner Gegner vorhersah und so rechtzeitig die notwendigen Warnungen an die Stäbe und Führungszentren der Royal Navy geben konnte. Er machte nicht nur Vorschläge zum Umleiten der

Konvois, sondern gab auch Hinweise, in welchen Richtungen die U-Boot-Abwehrkräfte verstärkt werden sollten. Rodger Winn hatte sich so in die Gedanken der deutschen U-Boot-Führung hineingedacht, daß Warnungen und Vorschläge zum Einsatz der Kräfte auch dann kamen, wenn zeitweilig der Ultra-Fluß versiegt war.

Ein Beispiel, wie mit *Ultra*-Informationen unmittelbar in den Kampf gegen U-Boote eingegriffen und dieser Kampf positiv gestaltet wurde, soll hier genannt sein: Ende Juni 1941 hatte die britische Seite aus entschlüsselten Funksprüchen erfahren, daß zehn U-Boote auf den Konvoi HX 133 sammelten. Das Führungszentrum erkannte die Gefahr und zog von zwei nach Westen in Marsch befindlichen Konvois einen großen Teil ihrer Sicherungskräfte ab und schickte sie dem bedrohten HX 133 mit Höchstfahrt entgegen. Die Briten boten gegen das U-Boot-Rudel 13 Sicherungsschiffe auf. In dem folgenden Gefecht wurden fünf Transporter versenkt und zwei U-Boote vernichtet. Das Ergebnis wäre ein anderes gewesen, hätte HX 133 auf sich allein gestellt das Rudel abwehren müssen.

So sicher sich der deutsche B-Dienst bezüglich der Zuverlässigkeit des Enigma-Schlüssels auch war, so kalkulierten sie doch ein, daß im Verlaufe des Krieges Hard- und Software in die Hände des Gegners fallen könnte. Zumal U-Boot-Kommandanten nach dem Einlaufen von Feindfahrt immer wieder gewarnt hatten, daß der Gegner ihre Funksprüche mitlas. Deshalb galt für U-Boot-Kommandanten der ständige Befehl, bei Verdacht oder gar beim Wissen, daß der Gegner die Enigma-Einstellungen kennt, beziehungsweise Unterlagen des eigenen Bootes erbeutet wurden, Meldung zu erstatten. Durch ein Codewort, eingefügt in einen Funkspruch oder in einen Brief aus dem Gefangenenlager sollte die eigene Führung gewarnt werden. So ist es verständlich, daß die Alliierten es vermieden, U-Boot-Besatzungen, die ihre Boote verlassen hatten, Zeugen von Bergungsunternehmen werden zu lassen, die darauf abzielten, an Enigma-Unterlagen heranzukommen. Erst nach dem Kriege wurde bekannt, daß die Briten für das Entern beschädigter U-Boote spezielle Kommandos trainierten, welche die Aufgabe hatten, die Schlüsselmaschine mit den aktuellen Einstellungen, das Kenngruppenbuch, die Schlüsselanweisungen, Kurzsignalbücher und die Funkkladde sowie alle Schlüsselwalzen von Bord des sinkenden U-Bootes zu holen. Da die U-Boote vor dem Verlassen in der Regel zur Sprengung vorbereitet worden waren, eine riskante Aufgabe.

Im beschriebenen Falle von U 110 legte sich der Zerstörer *Bulldog* zwischen die im Wasser treibende Besatzung und das U-Boot, um zu verhindern, daß die Besatzung Zeuge der Aktion wurde. Als Lemp, der als letzter das Boot verlassen hatte, im Wasser feststellte, daß die Sprengladungen nicht detonierten, schwamm er zurück, um das Boot doch noch zu versenkten. Er wurde von dem Enterkommando erschossen. Es gab also keine Zeugen für die gemachte Beute.

Die zielstrebige Auswertung der eingehenden entschlüsselten Sprüche, gaben der britischen Admiralität die Möglichkeit, in die Vorhaben und Planungen der U-Boot-Führung einzudringen. Obwohl die deutsche Seite immer wieder neue Hürden in ihr Verschlüsselungssystem einbaute, gelang es GC & CS und dem OIC die Geheimnisse zu lüften. Bletchley Park, die GC & CS hat im Verlaufe des Krieges einen überragenden Beitrag zum Sieg in der Schlacht im Atlantik geleistet. Der britischen Seekriegführung kam es darauf an, die ungeheuere Flut an Informationen, die der Bletchley Park entschlüsselte und weitergab, einer zielgerichteten Auswertung und Analyse zuzuführen. Das war auch einer der Gründe, daß dem OIC im März 1941 ein zusätzlicher stellvertretender Direktor zugeteilt wurde. Er hatte die Aufgabe, die Zusammenarbeit zwischen der Marineabteilung in Bletchley Park, dem OIC und den Nachrichtenauswertern des Marinegeheimdienstes zu koordinieren.

Jürgen Rohwer kommt in seinen Untersuchungen zu dem Schluß, daß die Briten allein im Jahre 1941 durch Ultra, die Versenkung von 300 Schiffen mit 1 500 000 BRT verhindern konnten.

Durch den Einbruch des deutschen B-Dienstes in den britischen Marinekode Nr. 3, im Februar 1942, konnte die deutsche U-Boot-Führung gegensteuern. So wurden veränderte Geleitrouten erkannt und die Aufstellung der U-Boote danach geändert. Außerdem erhielt die deutsche Seite Einblick in die von der britischen Admiralität an die Geleitzugführer herausgegebene U-Boot-Lage. Eine Tatsache, die Admiral Dönitz in seinen Zweifeln an der Sicherheit der eigenen Enigma-Maschine bestärkte. Die Experten des B-Dienstes waren sich aber so sicher, daß es unmöglich sei, in den Enigma-Schlüssel einzudringen. So wurde der Verdacht auf Spionage oder gar Verrat gerichtet. Daß die Briten in ihrer U-Boot-Lage die annähernd genauen U-Boot-Aufstellungen kannten, erklärte man sich mit einem neuen System der Funkpeilung.

Dennoch ließ die U-Boot-Führung zu dieser Zeit in die deutsche Marineschlüsselmaschine eine vierte, zusätzliche Schlüsselwalze einsetzen. Während die bisherigen drei Walzen mit römischen Zahlen bezeichnet wurden, erhielt die vierte griechische Buchstaben, bald Griechenwalze genannt. Die vier Walzen wurden jetzt aus 12 Walzen ausgewählt.

Durch diesen Schritt war GC & CS bis zum Ende des Jahres 1942 nicht mehr in der Lage, den deutschen U-Boot-Funkverkehr mitzulesen. Mit dem Einsatz einer vierten Walze am 1. Februar 1942 ersetzte die deutsche Kriegsmarine den bisherigen Code *Hydra*, von den Briten als *Ultra* bezeichnet, durch *Triton*, von der britischen Seite mit dem Decknamen *Shark* belegt. Diese Ergänzung bedeutete, daß sich die bereits astronomische Zahl der Möglichkeiten für einen Buchstaben noch einmal um das 26fache erhöht hatte.

Völlig überraschend kam diese Maßnahme für Bletchley Park nicht. Seit Mai 1941 wußte man aus Funksprüchen, daß eine vierte Walze in Vorbereitung war. Im Dezember erfuhren die Briten, daß die vierte Walze an die U-Boote ausgegeben wurde. Das Problem für die Dechiffrierer war nun die Anordnung der vierten Walze und die entsprechenden Kabelverbindungen herauszufinden. Dieses Wissen war Voraussetzung für den Konstruktion einer *Vier-Walzen-Bombe* zum Entschlüsseln der Sprüche. Das würde Zeit kosten, die man im Kriege nicht hatte.

So setzte die britische Admiralität den besten und erfahrensten Elektroniker des Landes an die Arbeit zur Entwicklung einer Vier-Walzen-Bombe. Als dann auf deutscher Seite die Vier-Walzen-Enigma zum Einsatz kam, lag bei den Briten noch kein Ergebnis vor. Jetzt wurden weitere Techniker hinzugezogen. Zu dem Problem *Triton* kam für Bletchley Park noch hinzu, daß die deutsche Kriegsmarine Anfang 1942 ein neues Kurzsignalbuch für Wetterberichte herausgab. Über das Vorgängerbuch war man seit 1941 in deutsche Sprüche eingedrungen. Damit verloren die Dechiffriere eine wichtige Brücke um in Shark einzudringen.

Erleichtert wurde das Eindringen in Shark nach dem am 30. Oktober 1942 U 559 (Kapitänleutnant Heldtmann) von einem Spezialkommando des Zerstörers *Petard* geentert worden war. Zuvor war das U-Boot neun Stunden von Zerstörern mit Wasserbomben verfolgt worden. Bei dem Unternehmen erbeutete das Enterkommando wichtige Schlüsselunterlagen. So auch das Codebuch für Wetterkurzsignale. Beim Versuch, auch die Enigma-Maschine von Bord zu bringen, sank das Boot jedoch und riß zwei Mann des Kommandos mit in die Tiefe. Im Dezember 1942 gelang es Bletchley Park wieder, den deutschen Funkverkehr zu entschlüsseln. Auch diesmal führte der Weg über den deutschen Wetterschlüssel, mit dem die Schiffe ihre Wettermeldungen chiffrierten. Als der Einbruch in Shark gelungen war, lief das Dechiffrieren allerdings nur mit immer wiederkehrenden Unterbrechungen. Wurde zum Beispiel die Walzenanordnung mittags gewechselt, dauerte es Tage bis GC & CS wieder im Schlüssel war.

Im Jahre 1943 bis zum Kriegsende erreichte die Funkaufklärung dann aber eine solche Perfektion, daß die alliierte U-Boot-Abwehr den entschlüsselten Funkspruch in der Regel mit einer durchschnittlichen Zeitverzögerung von ein bis zwei Tagen vorliegen hatte. Zwischenzeitlich kam es allerdings immer wieder zu kurzzeitigen Unterbrechungen. Die Entschlüsselung des deutschen Funkverkehrs bedeutete nicht nur die Umleitung der Konvois um die deutschen U-Boot-Aufstellungen, wie in den ersten Kriegsjahren geschehen, sondern auch das Heranführen der *Hunter killing Group*s zur Verstärkung der Konvoisicherungen und zur Verfolgung der deutschen U-Boote, die nun nach diesen Angaben permanent gejagd wurden. Auch der Geleitzug HX 230 konnte Ende März 1943 aufgrund von entschlüsselten deutschen Funksprüchen durch eine ganze Support Group verstärkt werden.

Der Einbruch in den deutschen Funkverkehr führte soweit, daß die Alliierten Informationen über Probefahrten von neu in Dienst gestellten U-Booten, über den Abschluß der Ausbildung und die Eingliederung neuer Boote in die Frontflottillen erhielten. In der Lageführung war bekannt, welches deutsche U-Boot aus welchem Stützpunkt ausgelaufen war, in welchen Operationsgebieten welche U-Boote handelten, wann ein Zusammentreffen mit Versorgern geplant war und welche Vorhaben die deutsche U-Boot-Führung mit ihren Booten plante. Das waren natürlich Informationen im Kampf gegen U-Boote, wie sie wertvoller nicht sein konnten.

Aber auch Stimmungen, Sorgen und Probleme, die in der U-Boot-Waffe auftraten, erfuhren die Alliierten aus deutschen Funksprüchen. So die Meinung der Kommandanten nach ihrer Rückkehr von Feindfahrt, die über die permanente Luftbedrohung berichteten, aber auch über die Anstrengungen, die unternommen wurden, die Boote den neuen Bedingungen im Atlantik anzupassen und um der Radarortung zu begegnen.

Noch eine wichtige Seite der U-Boot-Abwehr konnte durch die Arbeit in Bletchley Park aufgehellt werden. Das waren Kenntnisse und Erkenntnisse über die Kommandanten sowie die Kampfmoral der Besatzungen der eingesetzten Boote. Für die Briten war es schon interessant, welche Fähigkeiten und Charaktereigenschaften hatte der betreffende Kommandant. War er ein Draufgänger oder handelte er zwar zielstrebig aber besonnen, war er ein taktischer Fuchs? Wie war das jeweilige U-Boot einzuschätzen, daß jetzt auf den Konvoi sammelte oder im Seegebiet X operierte? All diese Fragen konnte DC & CS im Laufe der Zeit beantworten. Ursache war der zu häufige und sorglose Funkverkehr. Der BdU selbst sprach seine Kommandanten im Funkverkehr mit dem Namen an. Es wurden Nachrichten und Befehle herausgegeben und Meldungen angefordert, die oft nicht nötig gewesen wären und in unzulässiger Weise Interna in den Äther sandten, die mehr der U-Boot-Abwehr als dem U-Boot-Einsatz dienten.

Der gesendete und eingepeilte Funkspruch war nicht nur im taktischen Rahmen zum Verhängnis für die U-Boote geworden. Mit der Dechiffrierung des Funkverkehrs zwischen der U-Boot-Führung und den in See operierenden U-Booten sowie der U-Boote untereinander hatte die alliierte Funkaufklärung auch auf strategischem Gebiet des Kampfes gegen U-Boote einen beachtlichen Platz eingenommen. Man muß Günter Böddeker zustimmen, wenn er schreibt, daß die Amerikaner innerhalb kurzer Zeit das Rückgrat des Ferneinsatzes deutscher U-Boote zerschmetterten, in dem sie die Masse der U-Tanker versenkten, mit deren Hilfe die in entfernten Seegebieten operierenden U-Boote versorgt wurden. Die Schiffe und Bomber fanden die Tanker vor allem mit Hilfe von Ultrainformationen.

Auch als die U-Boot-Führung sich anschickte, völlig neue Unterseeboote in die Atlantikschlacht einzuführen, erfuhren die Alliierten im Jahre 1944 aus Bletchley Park von der bevorstehenden Indienststellung dieser neuen U-Boot-Typen. Der U-Boot-Abwehr lagen die Bauziffern, die taktisch-technischen Daten, daraus vor allem die hohe Unterwassergeschwindigkeit und die wesentlich höhere Dauer des Unterwasseraufenthaltes auf dem Tisch. Und sie erkannten die Probleme, vor denen die U-Jagd-Kräfte stehen würden, sollten diese Unterseeboote – im wahrsten Sinne des Wortes – an die

Front kommen. Eine Schlußfolgerung aus diesen Erkenntnissen war die verstärkte Bombardierung der deutschen U-Boot-Werften und ihrer Zulieferer.

Das Wissen von den Vorhaben des Gegners, das Briten und Amerikaner durch den Einbruch in den deutschen Enigma-Schlüssel über die Pläne der deutschen U-Boot-Führung hatten, dürfte in der Kriegsgeschichte einmalig sein. Selbst die Gesamtheit aller Anstrengungen von Aufklärung, Spionage und Verrat hätte nicht die Ergebnisse bringen können, die Bletchley Park der alliierten Kriegsführung geliefert hat.

Schiffbau

Ein großes Problem der alliierten Kriegsführung war die Vernichtung des Schiffsraumes durch die deutschen U-Boote. Man war sich im Klaren, daß dieser Krieg nur gewonnen werden konnte, wenn mehr Transportschiffe gebaut wurden, als die Deutschen versenken konnten. Dazu war es notwendig die Konvois sicher über den Atlantik zu bringen und den Schiffbau enorm zu steigern. Zu beiden Aufgaben waren die Alliierten entschlossen.

Zur Sicherstellung des vom Präsidenten der Vereinigten Staaten von Amerika am 19. Februar 1942 beschlossenen gewaltigen Schiffbauprogrammes wurden 18 neue Werften mit 171 Hellingen errichtet. Zur Lösung dieser Aufgabe führten die Amerikaner ein damals neues Schiffbauverfahren ein. Die Schiffskörper der Transportschiffe wurden voll geschweißt, und verkürzten damit die Bauzeit erheblich.

Mitte August 1941 lief der erste *Liberty*-Frachter vom Stapel. Die *SS-Ocean Vanguard* mit 10 800 BRT war das erste Frachtschiff aus einer Serie von 60 Transportern, weitere 200 sollten folgen. Das Ziel bestand im Bau von 140 Liberty-Schiffen pro Monat. Diese Aufgabenstellung erreichten die Amerikaner bereits im April 1943. Produktionsumfang und Produktivität in den amerikanischen Werften und Zulieferern konnten in der Folge weiter gesteigert werden. Die anfänglichen Planungen sahen vor, daß ein *Liberty*-Schiff nach sechs Monaten vom Stapel lief. Im Sommer 1942 lagen die Schiffe knapp drei Monate auf der Helling und im Jahre 1944 war die Bauzeit für ein Liberty-Schiff bereits auf 42 Tage herabgesetzt.

Erst die Serienproduktion von *Liberty*-Schiffen schuf die Voraussetzung für den gewaltigen Strom von Rüstungs- und Nachschubgütern über den Atlantik. Im April 1943 ließen die amerikanischen Werften rund 140 *Liberty*-Schiffe mit mehr als einer Million BRT zu Wasser. Der britische Marinehistoriker V. E. Tarrant hat errechnet, daß in den Jahren 1942/43 fast 82 Prozent der alliierten Gesamttonnage von 21 380 000 BRT an Neubauten auf Werften in den USA gefertigt wurden.

Man wird dem britischen Marinehistoriker, Dan van der Vat, zustimmen müssen, wenn er schreibt, daß aus jetziger Sicht der wahre Wendepunkt in der Atlantikschlacht im Juli 1942 eintrat. In diesem Monat hatte Admiral Dönitz den Tonnagekrieg verloren. Dieser rechnete noch im Mai 1942, daß er bei einer monatlichen Versenkungsrate von 700 000 BRT die Alliierten in die Knie zwingen könnte. Dönitz konnte nicht wissen, daß die USA, Großbritannien und Kanada dreimal mehr Schiffsraum bauten als er in seiner Rechnung zugrunde gelegt hatte. Auch wenn die Alliierten Perioden weiterer Katastrophen durchmachen mußten, war der U-Boot-Krieg ohne Aussicht auf ein siegreiches Ende. Vat verfolgt den Faden zurück bis zum 19. Februar 1942. An diesem Tag erhielt der Direktor der Kriegsschiffbau-Verwaltung vom US-Präsidenten die Weisung, den Bau von 24 Millionen BRT Schiffsraum für das Jahr 1942 in die Wege zu leiten, zwanzigmal mehr als 1941. Im Jahre 1943 wurde die Zahl noch einmal verdoppelt.

Handelsschiffahrt

Erst in den letzten Vorkriegsjahren ab 1936/1937 ging man in Großbritannien daran, trotz Widerstände das Konvoisystem zu planen und zu organisieren. Als sich im Sommer 1939 immer deutlicher der bevorstehende Krieg andeutete, war die britische Admiralität dazu übergegangen, die Bewaffnung von Handelsschiffen vorzubereiten. Zur Sicherstellung der *Defensively Equippend herchant Ship* (DEMS), wurden konservierte Schiffsgeschütze in den Haupthäfen eingelagert und auf die Anbordgabe vorbereitet. Die Planung ging von der Bewaffnung von 5 500 Transportschiffen aus. Tatsächlich wurden dann bei Kriegsbeginn 3 400 Schiffe bestückt.

Die Geschütze kamen zunächst mit Marineartilleristen an Bord.

Im Laufe der Zeit bildeten die Briten Personal der Handelsschiffe aus. Insgesamt wurden für die DEMS-Bewaffnung 24 000 Mann von der Navy und 150 000 Seeleute der Handelsmarine bereitgestellt. Außerdem wurde das Maritime Regiment *Royal Artillery* aus dem Personalbestand der Army gebildet. Mit diesen 14 000 Mann, die in Gruppen mit eigenen Maschinengewehren an Bord der Handelsschiffe kamen, sollte die Luftabwehr beim Aus- und Einlaufen der Schiffe verstärkt werden. Außerdem wurden Fischdampfer mit Asdicanlagen ausgerüstet, um so die U-Boot-Suchkräfte zu verstärken.

In dem Bestreben, einen größtmöglichen Lageüberblick über die U-Boot-Lage in See zu erhalten, hatte die britische Admiralität bereits im Jahre 1938 Weisungen erlassen, die Handelsschiffahrt in die U-Boot-Beobachtung mit einzubeziehen. Es wurde festgelegt und dann auch praktiziert, bei Sichten eines U-Bootes statt SOS SSS (für Submarine) und den eigenen Standort zu melden. Auch die bereits vor dem Kriege geplante Bewaffnung der Handelsschiffe im Verteidigungsfalle, kündigte Churchill als erster Lord der Admiralität am 20. September 1939 an. Am 1. Oktober wurden dann die britischen Handelsschiffe über Rundfunk aufgefordert, deutsche U-Boote zu rammen. Diese Weisungen und Handlungen waren ansich alles Verstöße gegen das Londoner U-Boot-Protokoll.

Die Handelsflotten stiegen dann im Verlaufe des Krieges gewaltig an. Für die Koordinierung und Optimierung des zielgerichteten Einsatzes dieser Transporttonnage wurde eine gemeinsame britisch-amerikanische Kommission die *Shipping Adjustment Board* gebildet.

Kampf gegen U-Boot-Rudel

Vom September 1939 bis März 1941

Wie bereits beschrieben, war man sich in der britischen Admiralität am Beginn des Krieges über die Notwendigkeit der Einführung des Geleitdienstes noch nicht einig. Außerdem war für Großbritannien der Mangel an Sicherungsschiffen ein großes Problem. Zerstörer, Fregatten und Korvetten fehlten auch für die U-Boot-Suche in Küstennähe und auf den Anmarschwegen der Konvois.
Die wenigen im Fronteinsatz stehenden deutschen U-Boote übten einen ungeheueren Druck auf die britischen Seeverbindungen aus. Die Situation wurde noch verschärft, als Deutschland am 6. Januar 1940 das Seegebiet Nordschottland–Orkney–Shetlands zwischen 51° und 56° Nord sowie 0° und 40° West zum Operationsgebiet seiner Kriegsmarine und Luftwaffe erklärte. Durch dieses Gebiet lief ein großer Teil der neutralen Schiffe, die nach Großbritannien wollten. Von diesem Tage an, sollte jedes Schiff, das hier von U-Booten angetroffen wurde, ohne Warnung angegriffen werden. So versenkten in der kurzen Zeit vom 3. September 1939 bis zum 28. Februar 1940 die deutschen U-Boote 250 Schiffe mit 854 719 BRT.

Die hohen Verluste, die Großbritannien durch den U-Boot-Krieg hinnehmen mußte, unterstrichen abermals die Notwendigkeit, das Konvoisystem wie im Ersten Weltkrieg durchzusetzen. Von 164 Transportschiffen, die im ersten Halbjahr des Krieges versenkt worden waren, wurden nur sieben, gleich vier Prozent, aus Konvois herausgeschossen. 157 Handelsschiffe versenkten die U-Boote als Einzelfahrer auf den Zufahrten zum Kanal bzw. zum Atlantik.

Getroffener Frachter sinkt in die Tiefe.

Wiedereinführung des Konvoidienstes

Mit der Wiedereinführung des Geleitzugdienstes wurden die Konvois in drei Gruppen aufgegliedert:

1. Allgemeine Transporte, einschließlich Truppentransporte, die langsamer liefen als 7,5 Knoten.
2. Schnelle Konvois mit den gleichen Transportaufgaben und mit Geschwindigkeiten von 9,5 bis 10 Knoten.
3. Truppentransportgeleitzüge mit Geschwindigkeiten von 12 bis 15 Knoten.

Handelsschiffe, die schneller als 13 Knoten liefen, sollten wegen des Mangels an Eskort-Schiffen nach einer Entscheidung der britischen Admiralität als Einzelfahrer auf die Reise geschickt werden. Dadurch wollte man die Geleitzüge entlasten. Darüber hinaus waren noch Spezialkonvois und Küstengeleite vorgesehen. Doch bis zur vollen Durchsetzung der Konvoifahrt galt es, noch eine Reihe materielle und organisatorische Hürden zu nehmen. Es galt das Zusammenwirken zwischen den Navy-Kommandanten und den Handelschiffskapitänen zu organisieren und zu schulen. Vor allem mußte das gegenseitige Verständnis für die zu erfüllende Aufgabe geweckt werden. So bewährten sich bald die vor jedem Auslaufen eines Geleitzuges durchgeführten Konvoikonferenzen, an denen der jeweilige Kommodore, die Kapitäne und die Kommandanten der Geleitschiffe sowie von der Admiralität der *Naval Control Service* teilnahmen. Bei diesen Zusammenkünften wurden letzte Einweisungen für die bevorstehende Fahrt vorgenommen, Probleme geklärt und offene Fragen beantwortet.

Gerade in dieser Anfangszeit war es für eine schwache Geleitsicherung schwer, die Sicherungsaufgaben zu erfüllen. Die Bewacher umkreisten meist im Zickzackkurs den Konvoi, um einmal den Feind unter Wasser zu finden und zum anderen den Unterseebooten das Schießen zu erschweren. Wurde ein U-Boot-Sehrohr ausgemacht, so liefen die Sicherungsfahrzeuge mit Höchstfahrt darauf zu und warfen ihre Wasserbomben. Für die vor allem im ersten Kriegsjahr schwach gesicherten Konvois war es fast unmöglich, die U-Boote an ihren Angriffen zu hindern, geschweige denn, sie bis zur letzten Konsequenz zu verfolgen. In den meisten Fällen waren die Geleitführer nicht in der Lage, entdeckte U-Boote solange verfolgen zu lassen, bis sie aufgrund der verbrauchten Elektroenergie auftauchen mußten. Aus Mangel an U-Jägern wurden die Unterseeboote nur so lange gejagd, wie das Geleit das gefährdete Gebiet passierte.

Die schwächste Stelle der britischen U-Boot-Abwehr an den Konvois war die Sicherung bei Nacht gegen die in Überwasserlage angreifenden Boote. Die U-Boote wurden über Wasser von Asdicanlagen nicht erfaßt. Dann stellte sich noch heraus, daß die Geleitsicherungskräfte, außer Zerstörer und Sloops, langsamer waren als ein aufgetaucht fahrendes U-Boot. Die U-Boote tauchten oft nicht weg, sondern liefen ihren Verfolgern in der Dunkelheit der Nacht einfach davon. Aus der folgenden Tabelle wird ersichtlich, wie dennoch die Transportschiffe im Konvoi sicherer waren.

Als dann das britische Konvoisystem zu greifen begann, gehörten zu einem Geleitzug in der Regel 36 Transporter, die in neun Kolonnen zu vier Schiffen fuhren. Der Abstand zwischen den Kolonnen betrug fünf Kabellängen (1 Kabellänge = 185 m), die Distanz zwischen den Schiffen in den Kiellinien drei Kabellängen. Das Konvoisystem nahm zügig konkrete Formen an. Bereits am Ende des Jahres 1939 waren 5 776 Schiffe in Geleiten gefahren, von denen nur vier U-Boot-Angriffen zum Opfer fielen. Die Masse der Transportschiffe ging aber zu dieser Zeit noch immer als Einzelfahrer auf Reise.

Von deutschen U-Booten versenkte Transportschiffe
(September 1939 bis Mai 1943)

	Versenkungen	Prozent
Alleinfahrer	1363	
Nachzügler von Konvois	208	
Insgesamt	1571	72
Geleite mit Schiffsdeckung	604	
Geleite mit Schiffs- und Luftdeckung	16	
Insgesamt	620	28

Geleitschiff mit Fesselballon zur Luftabwehr.
Foto: Sammlung Israel

Die Geleitformationen wurden nach der Wertigkeit der Ladungen so eingenommen, daß an der Vorderfront und in den Seitenkolonnen Transportschiffe mit Rohstoffen marschierten. In den inneren Konvoikolonnen liefen Schiffe mit Munition und Rüstungsgütern sowie Tanker und Truppentransporter.

Von Großbritannien abgehende Konvois sammelten sich vor Southend in der Themsemündung und liefen an der Südküste der Insel entlang. Transporter aus den Häfen von Southampton, Plymouth und Falmouth schlossen sich ihnen an. In Höhe Lands End formierten sich die Geleitzüge. Diese Konvois wurden laufend numeriert und erhielten vor der Nummer die Bezeichnung *DA*. Von Liverpool aus wurden die *OB* Konvois auf die Reise geschickt. Sie durchliefen die Irische See und nahmen Transporter aus dem Bristol Channel in den Verband auf. Mit Passieren der Scilly-Inseln formierten sich die Gibraltar-Konvois in Richtung Süden. Sie führten vor der Nummer die Bezeichnung *OG*.

Im der Anfangsperiode des Krieges bestand die Ozean-Escorte aus zwei Zerstörern. Diese sicherten die Geleite bis 12° 30' westlicher Länge. Dann liefen die Transporter ohne Eskorte weiter. Den weiteren Geleitschutz übernahmen dann später oft nur ein Hilfskreuzer und wenige Geleiter. Ähnlich sah die Lage in West-Ost-Richtung aus. Kanadische Zerstörer sicherten vom amerikanischen Kontinent aus bis etwa 400 Seemeilen über den Atlantik die Konvois. Die weitere Route war dann auch schwach gesichert. Die Zerstörer erwarteten an der Abgabeposition den nächsten aus Übersee kommenden Konvoi für die Sicherung bis zu den Britischen Inseln beziehungsweise zum amerikanischen Kontinent.

Versenkter Handelsschiffsraum 1939/1940[1]

September	48 Schiffe	178 621 BRT
Oktober	33 Schiffe	156 156 BRT
November	27 Schiffe	72 721 BRT
Dezember	39 Schiffe	101 823 BRT
Januar	53 Schiffe	163 029 BRT
Februar	50 Schiffe	182 369 BRT
Gesamt	250 Schiffe	854 719 BRT

Das britische Kriegskabinet unternahm große Anstrengungen, um die Lage auf den Atlantikrouten zu verbessern und die U-Boot-Abwehr zu stärken. So besetzten britische Marines am 8. Mai 1940 Island zur Stationierung von UAW-Schiffs- und Fliegerkräften. Eilig wurde Hvalfjord zur Flottenbasis ausgebaut. Gleiche Anstrengungen liefen auf den Färöer-Inseln. Im Juni verstärkte man die Marineeinheiten durch Truppen der Infanterie und des kanadischen Heeres. Die strategisch günstige Lage der Insel im Nordatlantik,

1 Angaben nach V. E. Tarrant, Kurs West, S. 116–184.

Schiffsverluste durch U-Boote vom September 1939 bis Mai 1940

sollte sie in der nun beginnenden Schlacht um den Atlantik zu einem herausragenden Luft- und Flottenstützpunkt werden lassen.

Im gleichen Jahr erwarb die britische Regierung gegen Abgabe von Kolonien sowie der Bereitstellung von Flotten- und Luftstützpunkten von den USA 50 Zerstörer. Um den U-Boot-Rudeln auszuweichen, verlegte die Admiralität die Geleitrouten in immer weiter nördlich verlaufende Seegebiete. Doch zu dieser Zeit war die deutsche U-Boot-Führung noch in der Lage, ihre Boote immer wieder auf die neuen Schiffahrtswege anzusetzen.

Von der U-Boot-Abwehr versenkte U-Boote
(September 1939 bis Mai 1940)

UAW-Kräfte	Anzahl
Überwasserkampfschiffe	14
Flugzeuge	2
Minen	5
Jagd-U-Boote	2
Gesamt	23

Einer der von den USA gelieferten 50 Zerstörer.
Hier HMS »Castleton«. (noch mit US-Nummer 132).
Foto: Verlagsarchiv

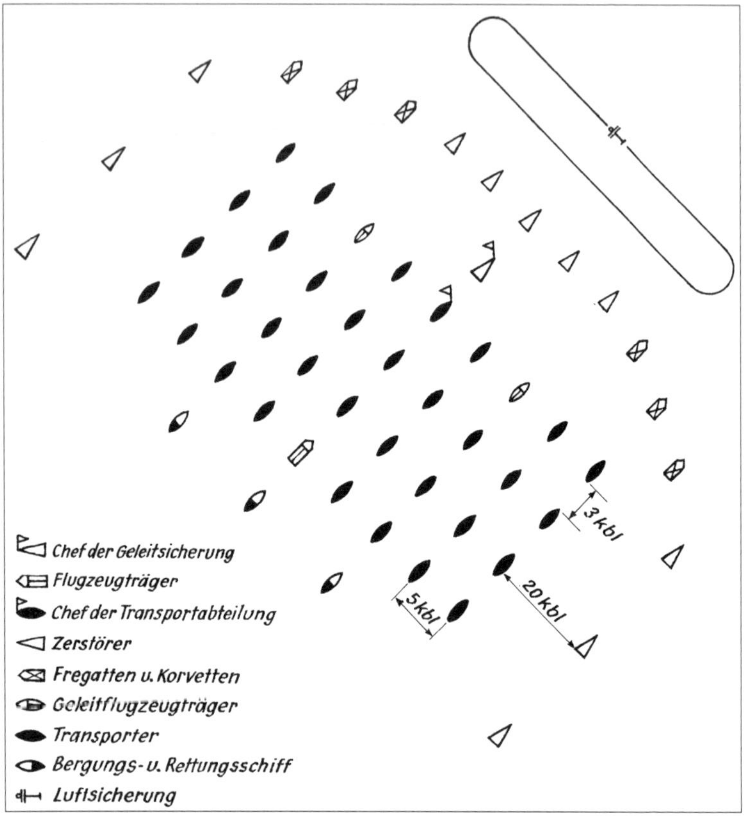

Variante eines Atlantik- Geleitzuges

Die Zahl der versenkten deutschen U-Boote hätte in der ersten Phase des Krieges höher sein können, wenn die vorhandenen Eskort-Schiffe zielgerichtet im Geleitdienst eingesetzt worden wären, statt sie in kräftezehrenden U-Jagd- und Patrouillengruppen *offensiv* einzusetzen.

Im Ergebnis der gewaltigen Evakuierungsoperation britischer und französischer Truppen im Juni 1940 aus Dünkirchen, mußten vor allem die Zerstörer große Verluste hinnehmen. Über diese für den Kampf gegen U-Boote so wichtigen Schiffe verfügte die Royal Navy noch über 43 einsatzbereite und 51 in Reparatur befindliche Einheiten. Als Großbritannien sich im Sommer 1940 von einer deutschen Invasion bedroht sah und in zunehmendem Maße seine Zerstörer aus der Konvoisicherung ziehen mußte, schickte Kanada seine sieben Zerstörer nach England und ließ sie dort in Dienst stellen.

U-Boot-Stützpunkte von Norwegen bis zur Biskaya

Nach der Kapitulation Frankreichs beherrschte die deutsche Wehrmacht die europäischen Küsten vom Nordkap bis zu den Pyrnäen und übte auf Großbritannien einen gewaltigen Druck aus. Hinzu kam am 27. September 1940 die Unterzeichnung des Dreimächtepaktes zwischen Deutschland, Italien und Japan. Das Inselreich war jetzt doppelt bedroht, es mußte mit einer deutschen Invasion und mit der weiteren Verschärfung des U-Boot-Krieges rechnen. In dieser schweren Zeit wurde die Atlantikroute zur wichtigsten Lebensader für die britische Verteidigungsfähigkeit.

In der zweiten Hälfte des Jahres 1940, in der sich das britische Konvoisystem zu stabilisieren begann, wurden die U-Boote, deren Anzahl im Steigen begriffen war, nördlich und westlich der Britischen Inseln gegen ankommende und abgehende Geleite eingesetzt. So griffen am 20. September 1940 zwei U-Boote den Konvoi HX-72 im Bestand von 47 Transportschiffen und sieben Zerstörern an. Insgesamt wurden von den beiden Unterseebooten 11 Transporter versenkt und zwei beschädigt. In dieser Zeit machte sich der Mangel an Geleitschiffen besonders bemerkbar. Obwohl nun fast der gesamte britische Seetransport in das Konvoisystem eingegliedert war, blieben die Transporter für die U-Boote vorerst noch eine leichte Beute, weil diese Riesengeleitzüge nur ungenügend gesichert werden konnten.

Nach dem französischen Waffenstillstand ging die deutsche U-Boot-Führung zielstrebig daran, die gewonnenen Atlantikhäfen als U-Boot-Stützpunkte auszubauen. So wurden die U-Boote bald in Brest, Lorient, La Pallice, St. Nazaire und Bordeaux basiert. Von diesen Stützpunkten hatten sich die Anmarschwege für die U-Boote zu ihren Operationsgebieten im Atlantik erheblich verkürzt.

Eine grundsätzlich Forderung an die britische U-Boot-Abwehr lautete, das Auslaufen der U-Boote zu verhindern. War diese Aufgabe mit den damaligen Mitteln schon nicht einfach, als die deut-

Bombensicherer U-Boot-Bunker.
Foto: Sammlung Israel

schen Unterseeboote aus den eigenen Nordseestützpunkten heraus operierten, so stand die britische Admiralität in der zweiten Hälfte des Jahres 1940 vor fast unlösbaren Problemen. Die U-Boote liefen aus einem gutgesicherten Stützpunktsystem von Norwegen bis Südfrankreich in ihre Operationsgebiete in den Atlantik aus. Der Kampf gegen diese U-Boote konnte aber erst erfolgreich werden, wenn es der britischen U-Boot-Abwehr gelang, die gegnerischen U-Boote daran zu hindern, ungestört auszulaufen und in ihre Operationsgebiete zu marschieren. Die U-Boote mußten also wesentlich früher bekämpft werden, als dies bis dahin der Fall war.

Hinzu kamen für die britische Admiralität beunruhigende Informationen über den geplanten Einsatz italienischer U-Boote an der Seite der deutschen U-Boot-Waffe im Atlantik. 27 große U-Boote der deutschen Verbündeten sollten in Bordeaux stationiert werden. Für die britische U-Boot-Abwehr war das zunächst eine Zahl. Wie würden sich die italienischen U-Boot-Besatzungen im Kampf an den Konvois behaupten, mit welchen Schlüsselmitteln würden sie ihre Beobachtungen melden, wie würden sie mit den Deutschen zusammenwirken? Alles Fragen, die die Zeit beantworten würde. Im Kampf sollte sich dann aber zeigen, daß die Italiener bei weitem nicht so erfolgreich operierten, wie befürchtet.

Im Verlaufe des Jahres 1940 stiegen die Handelsschiffsverluste enorm an. Die versenkten Transporter übertrafen die Neubauziffern um das Zwei- bis Dreifache. Wichtige Versorgungs- und Nachschubgüter kamen nie an. Es fehlte an Rohstoffen für die Verteidigungsindustrie und an Lebensmitteln. So zeigten bereits im Jahre 1940 die *Minigruppenangriffe* deutscher U-Boote ihre verheerende Wirkung. Im Oktober 1940 kam es an zwei Tagen zur Versenkung von 38 Schiffen aus drei Konvois. In dieser Zeit wurde der Begriff von den angreifenden *Wolfsrudeln* geboren. Bis 1940 gingen nach britischen Statistiken 585 Handelsschiffe mit insgesamt 2 607 314 BRT durch U-Boot-Angriffe verloren. In dieser Zeit verglich Winston Churchill Großbritannien mit einem Taucher, der *tief in der See sieht, wie Haifische an seinem Atemschlauch knabberten* (zit. nach: G. Böddeker, Die Boote, S. 106).

Die britischen Geleitkräfte hatten auf die *Rudeltaktik* zunächst keine Antwort. Die Sicherungskräfte waren noch immer äußerst begrenzt und konnten auf keinerlei Verstärkung durch Unterstützungskräfte rechnen. Wurde ein U-Boot am Konvoi oder im Vorfeld festgestellt, kommandierte der Geleitführer ein oder zwei Schiffe zur Bekämpfung ab, die dann für Stunden oder Tage in der Sicherung fehlten. In der Zeit wütete das Rudel weiter. Es zeigte sich immer deutlicher, daß der Rudeltaktik eine zielgerichtete Konvoitaktik entgegengestellt werden mußte.

Die britische U-Boot-Abwehr erkannte bald den wunden Punkt der U-Boot-Rudel: es waren die Fühlungshalter. Das erste Boot, das den Konvoi ausmachte, setzte über Funk eine Meldung ab und sollte nicht angreifen, sondern mußte Fühlung halten. Das hieß, von Zeit zu Zeit und bei Kursänderungen Standort, Kurs und Geschwindigkeit des Geleitzuges an die U-Boot-Führung zu melden, die Boote der Gruppe hörten mit. Das funkende U-Boot wurde von Land gepeilt und die Sprüche zwischen der U-Boot-Führung und den Booten entschlüsselt. Als dann die Sicherungsschiffe HF/DF-Geräte von Bord ihrer Schiffe einsetzten, wurden die Fühlungshalter auch von den Konvoisicherungen gepeilt und angegriffen.

In dieser Zeit formierten die Briten die ersten U-Jagd-Gruppen für die Geleitsicherung, die sogenannten *Escortgroups*, im Bestand von sechs bis acht Schiffen, darunter zwei Zerstörer. Der Gruppenchef, oder Escort Commander, übernahm mit seinen Schiffen die Sicherung des Konvois. Er bildete seine Kommandanten in der Geleittaktik aus und trainierte Geleitsicherung und U-Jagd mit eigenen, sogenannten *zahmen U-Booten* in See. Im kurzer Zeit kannten sich die Kommandanten untereinander und feilten ihre Taktik im Zusammenwirken aus. Mit dem Einsatz dieser Eskorte Groups verbesserte sich auch die Fähigkeit der Konvoisicherungen, die Fühlungshalterboote vom Geleit abzudrängen oder zumindest sie am Beobachten und Funken zu hindern sowie angreifende U-Boote auf Distanz zu halten.

Im Oktober 1940 stellten die Briten im Bereich der Western Approaches – Seegebiete westlich Englands bis zum 15. westlichen Längengrad – acht *Escort-Groups* auf, die in verschiedenen Seegebieten vor den Britischen Inseln ausgebildet wurden. In Liverpool, dem Haupthafen der North-Western-Approaches, baute die Admiralität ein Zentrum für die taktische Ausbildung der Offiziere von Escortschiffen auf. Wie effektiv sich die U-Jagd am Konvoi zu gestalten begann, belegen die acht zwischen November 1940 und März 1941 von Konvoisicherungen versenkte U-Boote.

Unter dem Druck der hohen Tonnageverluste in dieser ersten Phase des Kampfes gegen U-Boote, verbesserten die Briten zügig Ausrüstung und Bewaffnung der U-Boot-Abwehrkräfte. Dazu gehörten verbesserte Wasserbomben für die U-Jagd-Flugzeuge, die Ausrüstung der Schiffe und Flugzeuge mit ASV-Radargeräten und – was besonders wichtig für das taktische Zusammenwirken war – die Anbordgabe neuer VHF-Funktelefone. Bald konnten sich die Geleitschiffe, die Frachter und die Flugzeuge untereinander verständigen, wenn ein U-Boot ausgemacht worden war und Ausweichmanöver gefahren werden mußten.

Eine erfolgreiche Maßnahme der britischen U-Boot-Abwehr, die Verluste der Konvois zu reduzieren, war der periodische und nach dem Eindringen in den U-Boot-Funkverkehr systematische Wechsel der Geleitzuwege. In weitem Bogen wurden die Konvois um die entfalteten U-Boot-Gruppen herumgeführt.

Die sich verbessernde U-Boot-Abwehr im Raum der Britischen Inseln zwang die deutsche U-Boot-Führung, die Operationsgebiete der Unterseeboote weiter nach Westen zu verlegen, in Gebiete, in denen die Konvois zu diesem Zeitpunkt noch fast ohne Sicherung fuhren. Diese Verlegung der Handlungsgebiete der U-Boote west-

Konvoi bei der Kursänderung.
Foto: Sammlung Israel

lich Islands blieb nicht ohne Konsequenzen für die britische U-Boot-Abwehr auf diesen Geleitwegen. So errichtete Großbritannien auf Island einen Stützpunkt für seine Konvoisicherungskräfte. Damit wurde das Ziel verfolgt, den Raum zwischen dem amerikanischen Kontinent und Europa, in dem Geleite ohne Sicherung liefen, weiter einzuschränken.

Versenkter Handelsschiffsraum 1940[1]

Juni	63 Schiffe	356 937 BRT
Juli	9 Schiffe	197 878 BRT
August	55 Schiffe	287 136 BRT
September	59 Schiffe	284 577 BRT
Oktober	66 Schiffe	363 267 BRT
November	36 Schiffe	181 695 BRT
Dezember	46 Schiffe	256 319 BRT
Gesamt	364 Schiffe	1 927 809 BRT

1 Angaben nach V. E. Tarrant, Kurs West, S. 121–184.

Die sogenannte *glückliche Zeit der deutschen U-Boot-Fahrer* dauerte von Mitte Juli bis Mitte November 1940. Ab November begann sich die Lage an den Atlantikkonvois zu bessern. Britische UAW-Kräfte kamen jetzt verstärkt auf den Geleitwegen bis zum 15. westlichen Längengrad zum Einsatz. Aber nicht nur Überwasserstreitkräfte wurden im Atlantik konzentriert. Churchill hatte angewiesen, daß der Einsatz von Flugzeugen in der Schlacht um den Atlantik Vorrang vor allen anderen Aufgaben der Royal Air Force habe.

Der vorübergehende Rückgang der Versenkungsziffern durch U-Boote im November ist nach britischen Quellen auf eine Kombination von schlechtem Wetter, Erschöpfung auf deutscher Seite und besseren Ausweichmöglichkeiten zurückzuführen. Das sollte sich aber wieder ändern. Die außerordentlich hohe Anspannung der britischen U-Jagd-Kräfte mußte zwangsläufig einen weit über dem Normalen liegenden technischen Verschleiß nach sich ziehen. So befanden sich am Anfang des Jahres 1941 allein 70 Prozent der britischen Zerstörer in den Reparaturwerften und das zu einer Zeit, in der die U-Boote aktiv auf den Seeverbindungen operierten. Die umfangreiche Reparaturkapazität, die von der britischen Werftindustrie bereitgestellt werden mußte, war eine große Belastung für das Zerstörerbauprogramm, das mit Kriegsbeginn angelaufen war. So ist verständlich, daß unabhängig von der Lieferung von 50 US-Zerstörern in Großbritannien der Bau von U-Jagd-Schiffen Vorrang erhielt. Auch die kleinsten Werften und Zulieferbetriebe wurden in dieses Baugeschehen einbezogen.

In der Zeit von Juni 1940 bis Juni 1941 wurden allein 35 Zerstörer sowie 81 Fregatten und Korvetten und 17 U-Boote in Dienst gestellt. Damit verfügte die britische U-Boot-Abwehr über 248 Zerstörer, 99 Korvetten, 48 Sloops und 300 umgerüstete U-Jagd-Fahrzeuge. Gleichzeitig mit dem Neubau ging eine großangelegte Modernisierung einher. Neben der Ausrüstung der Schiffe mit Radaranlagen zur Ortung aufgetauchter Unterseeboote bei Nacht und unter schlechten Sichtbedingungen, mit Hochfrequenz-Peilanlagen zur Ortung funkender Fühlungshalter-U-Boote sowie mit wesentlich verbesserten Asdicanlagen wurden auch größere und verbesserte Wasserbomben in die Bewaffnung eingeführt.

Um die Führung und das Zusammenwirken der Kräfte auf den nördlichen Geleitwegen effektiver zu gestalten, verlegte die Royal

Lagezentrum des Kommandos der
Western Approaches in Liverpool, Juli 1941

Navy am 7. Februar 1941 das Kommando der Western Approaches von Plymouth im Süden der Britischen Inseln nach Liverpool im Norden. Oberkommandierender dieser wichtigen Operationszone der britischen Seestreitkräfte wurde Admiral Sir Percy Noble. Er erwarb sich in dieser Dienststellung große Verdienste für die Sicherung der Seewege in den Western Approaches. Auch Teile der UAW-Fliegerkräfte wurden nach Norden verlegt.

Italienisches U-Boot und deutsches Seeflugzeug treffen sich auf hoher See, 1942. Foto: Sammlung Israel

In der Innenstadt von Liverpool wurde das Derby House zur Zentrale des gemeinsamen Kampfes gegen U-Boote ausgebaut. Sie hatte direkte Verbindung zur Admiralität. Später unterstellte die Admiralität dann, zur Verbesserung des koordinierten Einsatzes der Kräfte, das Küstenkommando der Royal Air Force operativ der Royal Navy.

Mit Besorgnis stellte Churchill im Februar 1941 in einem Memorandum fest: *Ich sehe, daß in diesem Januar im Vergleich zum letzten nur halb so viele Schiffe mit Ladung eingelaufen sind.* (W. S. Churchill, Der Zweite Weltkrieg, S. 460.)

Erfolge der U-Boot-Abwehr

Im Frühjahr 1941 hatte die deutsche U-Boot-Waffe durch die gestiegene Kampfkraft der britischen U-Boot-Abwehr an den Konvois eine Reihe schwere Verluste hinnehmen müssen. Dabei verlor sie einige ihrer besten Kommandanten. So wurden im März U 47,

Korvettenkapitän Prien, U 70, Korvettenkapitän Matz, U 99, Korvettenkapitän Kretschmer, U 100 Kapitänleutnant Schepke und U 551, Kapitänleutnant Schrott von britischen U-Jägern versenkt. Wurden vor dem April monatlich zwei U-Boote versenkt so waren es jetzt drei. Von 30 versenkten U-Booten gingen 1941 im Durchschnitt zwanzig auf das Konto der Geleitsicherungen.

Am 8. März 1941 gegen 01.00 Uhr machte der britische Zerstörer *Wolverine* in seiner unmittelbaren Nähe U 47 in Überwasserlage aus. Das U-Boot ging im Alarmtauchen auf Tiefe. Kapitänleutnant James Rowland, Kommandant der *Wolferine* drehte auf die Geräuschquelle zu und ließ gleichzeitig die seitlichen Werfer schußklar und die Bomben in den achteren Ablaufbahnen scharf machen. Die *Wolferine* und der Zerstörer *Verity* nahmen Angriffspositionen ein. Die *Verity* leuchtete mit einer Leuchtkugel das Seegebiet aus. Da entdeckte der Ausguck das weiße Kielwasser eines U-Bootes, bald war auch das Boot selbst zu erkennen. Rowland setzte mit seinem Zerstörer zum Rammstoß an. U 47 wich aus und konnte sich durch Alarmtauchen der Sicht entziehen.

Mit langsamer Suchgeschwindigkeit versuchten die Zerstörer Asdic-Kontakt zu U 47 herzustellen. Das gelang der *Wolverine*. Der Zerstörer stellte auf 1 500 Meter Entfernung Kontakt her. Eilig wurden Kurs und Geschwindigkeit des U-Bootes errechnet und daraus der eigene Gefechtskurs bestimmt. Mit je 10 Wasserbomben in der Serie griffen die beiden Zerstörer mit Höchstfahrt nacheinander an. Von jeder Bordseite flogen drei Wasserbomben von den Werfern in die Nacht und über das Heck rollten weitere vier. Zehn Bomben bedeckten eine Fläche von annähernd 70 x 70 Metern und torkelten in die Tiefe. Als die Bomben detoniert waren, drehte die *Wolverine* bei und versuchte erneut Kontakt herzustellen. Langsam näherte sich der Zerstörer der Stelle, an der die Bomben detoniert waren. Es galt Spuren der Vernichtung oder Beschädigung des U-Bootes zu finden: vor allem Öl oder Teile aus dem U-Boot. Nichts.

Dann verloren sie den Kontakt. Nach einiger Zeit meldete der Mann am Asdic Kontakt. U 47 bewegte sich noch unter Wasser. Wieder griff die *Wolverine* an. Kein Ergebnis. Erneuter Angriff, so ging die Verfolgung über Stunden. Wie lange würden da unten noch Sauerstoff und Elektroenergie reichen. Die Zerstörer lagen auf der Lauer, sie hatten keinen Kontakt, sie waren aber bereit, sofort anzugreifen. Plötzlich meldete Asdic Kontakt auf maximaler

Reichweite. Das U-Boot schickte sich an, das Weite zu suchen. Der Kommandant der *Wolverine* manövrierte sein Schiff auf eine günstige Ausgangsposition für den Angriff. Alle Werte waren errechnet, da vernahmen die Horcher neben Kontakt und Reveberationsgeräuschen vom Asdic ein lautes metallisches Schlagen aus der Tiefe. Hatte das U-Boot einen Wellenschaden? Rowland wußte jetzt, daß ihm der Gegner nicht entkommen konnte. Die Ausgucks waren auf den Posten und suchten die Oberfläche des Ozeans ab. Da entdeckten sie in einiger Entfernung die Schaumspur eines U-Bootes. Kurz darauf tauchte U 47 erneut in der Nähe des Zerstörers auf. Der Kommandant des Zerstörers entschloß sich zum Rammstoß. Die Maschinen dröhnten auf, das Schiff schoß vorwärts. Rowland, das Nachtglas vor den Augen, sah wie sich der Zerstörer dem U-Boot näherte. Doch U 47 war schneller, wieder war das angeschlagene Boot im Alarmtauchen davongekommen. Die *Wolverine* drehte auf die Tauchposition ein und belegte sie mit einer weiteren Serie Wasserbomben. Das U-Boot konnte erst eine Tiefe von 20 Metern erreicht haben. Dann sahen sie in der Tiefe die orangenfarbene Explosion die offensichtlich von U 47 herrührte. Die britische Besatzung wußte zu diesem Zeitpunkt nicht, welches Boot sie vernichtet hatte. U 47, der Stier von Scapa Flow, Prien und seine Männer hatten nach harten Kämpfen in 3 000 Meter Tiefe ihr nasses Seemannsgrab gefunden.

Von der U-Boot-Abwehr versenkte U-Boote
(Juni 1940 bis März 1941)

UAW-Kräfte	Anzahl
Überwasserkampfschiffe	9
Flugzeuge	-
Minen	-
Jagd-U-Boote	1
Gesamt	10

Im Jahre 1941 drohten die für Großbritannien ja existentiellen Einfuhren aus Übersee noch immer abzureißen. Mit dem Wachsen der britischen U-Boot-Abwehr wuchs auch gleichzeitig die Zahl der

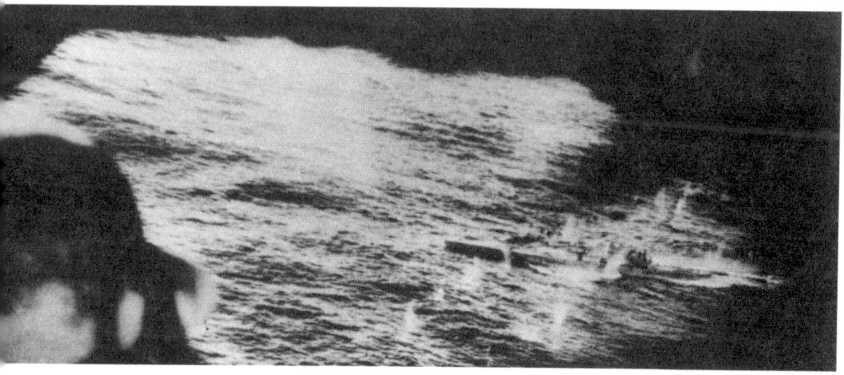

Ein Sunderland-Flugboot der Royal Air Force greift ein im Golf von Biskaya aufgetauchtes deutsches U-Boot überraschend an.
Foto: Imperial War Museum

Vollständige Vernichtung eines deutschen U-Bootes durch Bomben einer B-24.
Foto: U.S. Air Force

Ein Opfer des U-Boot-Krieges

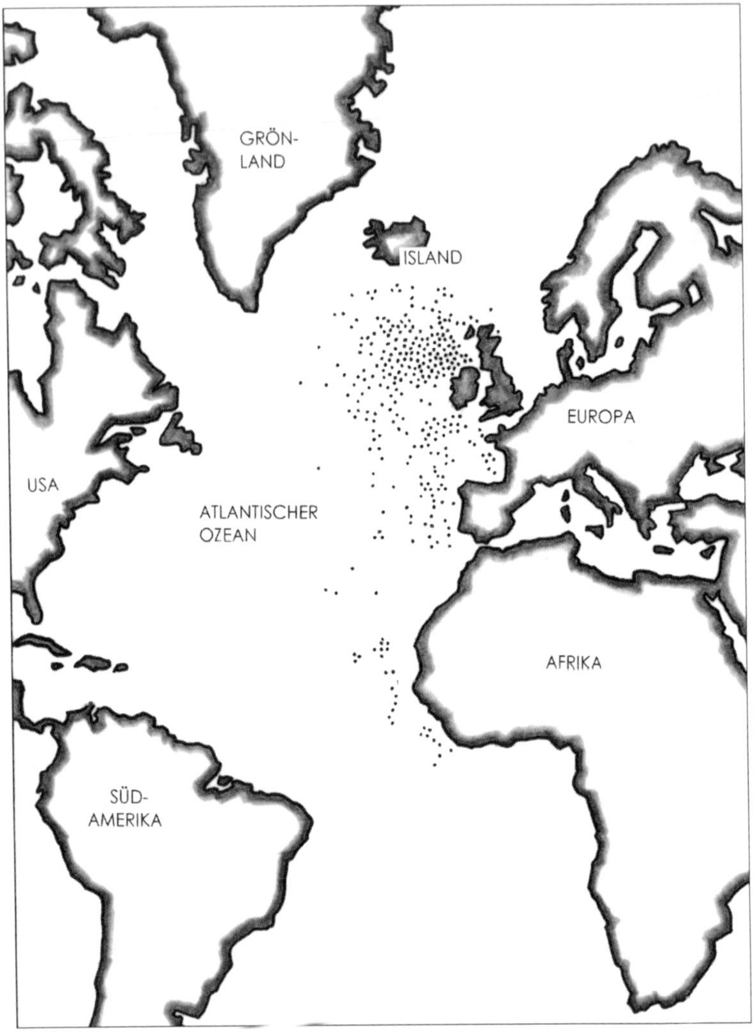

Schiffsverluste durch U-Boote von Juni 1940 bis März 1941

deutschen Frontboote. Die Tonnageverluste begannen sprunghaft zu steigen. Wurden im Jahre 1939 147 Schiffe mit 509 321 BRT und im Jahre 1940 471 Schiffe mit 2 273 202 BRT versenkt, so waren es in den ersten sechs Monaten des Jahres 1941 bereits 281 Schiffe mit 1 548 182 BRT. Insgesamt hatte Großbritannien bis zur Mitte des Jahres 1941 848 Schiffe mit 4 330 705 BRT verloren.

Im März 1941 war die durchschnittliche Lebenszeit eines deutschen U-Bootes im Fronteinsatz von drei auf vier Monate gestiegen. Das hatte verschiedene Ursachen: eine davon waren sicher die britischen Verteidigungsanstrengungen zur Abwehr einer deutschen Invasion. Im Zuge dieser Vorbereitungen wurde ein erheblicher Teil der britischen Geleitschutzkräfte, vor allem Zerstörer vom Atlantik abgezogen.

Um das Inselreich vor der Katastrophe zu bewahren, war es notwendig, daß die USA weiterhin verstärkt ihren Frachtraum zur Verfügung stellten und das Bautempo in den Werften erhöhten. Das Ziel war, mehr Transportraum einzusetzen, als Deutschland zu versenken in der Lage war.

Vom April 1941 bis Mai 1943

Anfang April 1941 verlegte die deutsche U-Boot-Führung die Operationsgebiete ihrer U-Boote weiter in den Atlantik hinein, weg von den stark gesicherten Seewegen der Western Approaches. Der Erfolg blieb nicht aus. In der Nacht vom 2. zum 3. April versenkten die U-Boote aus dem Konvoi SC 26 von 21 Schiffen sechs. In der darauf folgenden Nacht wurden noch einmal vier Schiffe aus diesem Geleitzug herausgeschossen. Die britische Seite zog aus den Verlusten von SC 26 entsprechende Schlußfolgerungen. Vor allem wurde die Konvoisicherung von den Western Approaches bis zum 35. westlichen Längengrad ausgedehnt und die Routen weiter nach Norden verlegt. Außerdem kamen auf diesem Geleitweg von den Flugplätzen Islands Hudson-Bomber und Sunderland-Flugboote zum Einsatz. Die nördlichere Route hatte noch den Vorteil der längeren Tageszeit.

Nach dem die deutschen U-Boote im freien Atlantik in Rudeln angriffen, reichte es nicht mehr aus, an der Küste stationierte Flugzeuge allein einzusetzen. Die Konvois benötigten mehr Bordflugzeuge, die, sich dem Geleitzug nähernde U-Boote früh ausmachten, diese auf Tiefe drückten, am Angriff hinderten und deren Fühlungshaltertätigkeit ausschlossen.

Eine Zäsur in der strategischen Lage auf dem Atlantikkriegsschauplatz wurde am 3. April 1941 von Präsident Roosevelt mit der Unterzeichnung eines Präsidentenerlasses vollzogen. Danach wurden die amerikanischen Konvoisicherungsschiffe der Royal Navy unterstellt. Außerdem verkündete der amerikanische Präsident, daß künftig britische Kriegsschiffe auf amerikanischen Werften überholt und repariert werden könnten.

Am 7. April waren die amerikanischen Flotten- und Luftstützpunkte auf den Bermudas einsatz- und aufnahmebereit. Weitere Basen folgten auf Grönland. Der Oberbefehlshaber der US-Navy, Admiral King, bildete für den Schutz der Atlantikkonvois eine Unterstützungsgruppe bestehend aus drei Zerstörerflottillen. Am 11. April teilte Präsident Roosevelt dem britischen Premier seinen Entschluß mit, die amerikanische Sicherheitszone bis zum 26. westlichen Längengrad auszudehnen. Sein Vorhaben bestand darin, Flugzeuge und Kriegsschiffe von Grönland, Neufundland, Neuschottland, den USA, den Bermudas und von den westindischen Inseln westlich dieser Linie gegen Schiffe und Flugzeuge der *Aggressorenstaaten* operieren zu lassen. Damit kontrollierten jetzt amerikanische Einheiten die Gewässer der westlichen Hemisphäre. All diese Aktivitäten der USA stellten eine unmittelbare Unterstützung der britischen Kriegsführung dar.

Obwohl Briten und Amerikaner alles erdenkliche taten, um den U-Booten nach *Ultra*-Informationen auf großen Umwegen auszuweichen, die Konvoifahrt nach Westen und nach Osten zunehmend ausgedehnt wurde und die Luftunterstützung bei der Konvoisicherung verbessert worden war, stiegen zwar die Erfolge gegen U-Boote, aber die U-Boot-Gefahr war im April 1941 noch bei weitem nicht gebannt. In den drei Monaten von März bis Mai versenkten allein die U-Boote 145 Schiffe mit 838 536 BRT Schiffsraum. Die deutschen U-Boote stießen weiter nach Westen vor, wo noch immer ein Seegebiet von 300 Seemeilen nicht von U-Jagd-Flugzeugen abgesucht werden konnte. So kamen die Regierungen Kanadas, Neufundlands und Großbritanniens am 23. Mai überein, St. Johns auf Neufundland als vorgeschobenen Stützpunkt für die Geleitsicherungskräfte zu nutzen. Nach der Basierung der Eskorte-Gruppen in St. Johns konnte Ende Mai im Westteil der Atlantikroute die durchgehende Konvoisicherung von kanadischen Einheiten übernommen werden.

Die Lage auf den britischen Seeverbindungen wurde noch dadurch erschwert, daß der deutschen U-Boot-Führung eine Gruppe Fernaufklärer vom Typ *Fw 200* von der Luftwaffe operativ unterstellt worden war. In der Regel flogen die Aufklärungsflugzeuge täglich mit einer oder zwei Maschinen von Bordeaux weit nach Westen, gingen auf Nordkurs, umflogen die Britischen Inseln und landeten in Südnorwegen. Am nächsten Morgen wurde auf der gleichen Route der Rückflug angetreten. Alle ausgemachten Seeziele meldeten die Piloten. Für die britische U-Boot-Abwehr war das Zusammenwirken von U-Booten und Aufklärern zu einer Größe geworden, mit der sie rechnen mußte. Überhaupt zeigen die wenigen Beispiele, bei denen U-Boote und Fliegerkräfte zusammenwirkten, welche Gefahren für die Sicherung des Seetransportes von dieser Seite des Seekrieges hätten drohen können.

Am 27. Mai 1941 vernichteten britische Seestreitkräfte nach einer spannungsreichen 3-Tage-Jagd die *Bismarck*, das damals schlagkräftigste Schlachtschiff der Welt. Zeuge dieses Kampfes war auch der Kommandant des U-Bootes U 536, Kapitänleutnant Wohlfahrt. Obwohl ihm ein Schlachtschiff und ein Flugzeugträger direkt vor die Rohre liefen, konnte er nicht eingreifen, da er sich auf dem Rückmarsch befand und keine Torpedos mehr an Bord hatte.

Der Verlust dieses Schiffes bedeutete für die Kriegsmarine nicht nur einen erheblichen moralischen Schlag, sondern auch einen schweren Prestigeverlust. Raeder schrieb dazu, Hitler habe ihm bis zur Versenkung der *Bismarck* im allgemeinen Handlungsfreiheit in den Fragen der Seekriegführung gelassen, aber nach dem Verlust des Schlachtschiffes seine eigenen Ansichten durchgesetzt. Der Aufwand zur Sicherung der Großkampfschiffe im Verhältnis zu ihrem Nutzen, war nach Ansicht Hitlers unvertretbar. Auch er sah im U-Boot-Krieg die einzige Möglichkeit, den Westmächten etwas entgegen zu setzen.

Für Großbritannien verkomplizierte sich trotz der umfangreichen Hilfe durch die USA der Seetransport über den Atlantik, die Beladung, Überführung und Sicherung der enorm gewachsenen Kriegstransporte galt es zu koordinieren. Um alle Aufgaben dieser lebenswichtigen Transporte in eine Hand zu geben, entschloß sich Churchill im Mai 1941 die Ministerien für Schiffahrt und Transportwesen zu einer Behörde zusammenzufassen. Unter der Bezeichnung Ministerium für Kriegstransporte liefen von jetzt an hier alle Fäden zur Planung und Koordinierung zusammen.

Auch im dritten Kriegsjahr waren die Versenkungsziffern vor allem bei Einzelfahrern unverhältnismäßig hoch. Mit der inzwischen gestiegenen Zahl an Eskort-Schiffen waren die Briten nun in der Lage, in den Konvois mehr Transporter zu überführen. So wurde am 18. Juni 1941 die Grenze der Mindestgeschwindigkeit für Einzelfahrer von 13 Knoten auf 15 Knoten heraufgesetzt. Die Erfolge dieser Maßnahme stellten sich bald ein. Wurden in den Monaten April bis Juni im Monatsdurchschnitt noch 34,6 Prozent der Einzelfahrer versenkt, so fiel die Quote in den folgenden Monaten auf 11,8 Prozent.

Der Fall Barbarossa

Als Hitler mit den Vorbereitungen für den Fall Barbarossa und dann am 22. Mai 1941 120 Divisionen im Osten des Reiches zu konzentrieren begann, spürten die Briten die daraus resultierende Entlastung für den Kampf im Atlantik bereits vor Beginn des eigentlichen Überfalls auf die Sowjetunion. In wachsender Zahl wurden auch Luft- und Seestreitkräfte aus Frankreich abgezogen. Als die Aggression dann ins Rollen gekommen war, flog die deutsche Luftwaffe weniger Aufklärung über den Ostatlantik, griff seltener britische Küstenkonvois an und deckte weniger die eigene Schiffahrt entlang der europäischen Küsten.

Am gleichen Tag als die deutsche Wehrmacht in die UdSSR einfiel, setzten die USA 4 400 Mann Marinelandetruppen in Marsch, die am 7. Juli 1941 auf Island an Land gingen. Zusätzlich zu den britischen Truppen auf der zu Dänemark gehörenden Insel, zeigten die USA hier Flagge. Sie errichteten Marine- und Luftstützpunkte für die Stationierung von Geleitsicherungskräften.

In dieser Lage handelte Churchill strikt nach der Devise: *Meines Feindes Feind ist mein Freund.* So kam es nach dem deutschen Angriff gegen die Sowjetunion zu einem Bündnisvertrag zwischen Großbritannien und der UdSSR. Es wurde vereinbart, der Sowjetunion Kriegsmaterial und andere lebenswichtige Güter zu liefern. Als Gegenleistung sollte Großbritannien vor allem Rohstoffe für die Rüstungsindustrie erhalten. Die nördlichen Seewege, auf denen diese Güter hauptsächlich transportiert werden sollten, wurden damit zu Operationsgebieten deutscher U-Boote.

Verladung von Kriegsmaterial für Rußland in einem britischen Hafen.
Foto: Dan van der Vat

Das für die UdSSR bestimmte Kriegsmaterial kam vor allem aus den USA und belastete zusätzlich das ohnehin angespannte transatlantische Konvoisystem. Am 21. August 1941 verließ der erste Konvoi für Nordrußland unter der Bezeichnung *DERVISH* Großbritannien. Er bestand aus sechs britischen und einem sowjetischen Transporter. Der Konvoi wurde von drei Zerstörern und drei Minensuchern übernommen. In der Bucht von Loch Ewe in Schottland formierte er sich und lief um Island herum nach Archangelsk. Ohne Verluste erreichte er sein Ziel. Das blieb aber die Ausnahme. Viele Konvois, die auf diesen Seewegen fuhren, erlitten in der Folgezeit hohe Verluste. Dem Kampf gegen U-Boote mußte auch hier im Norden größte Aufmerksamkeit geschenkt werden. Hinzu kam in der Nähe der norwegischen Küste die Gefahr gegnerischer Luftangriffe.

Im Verlaufe des Jahres 1941 erhöhten das erweiterte Basierungssystem der Deutschen an der Atlantikküste und in Norwegen sowie der weiter gewachsene Bestand an Flottenkräften die Mög-

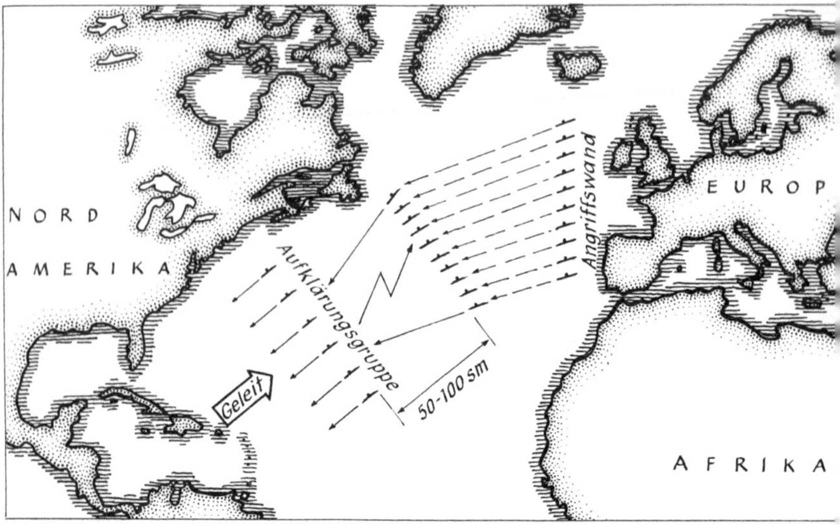

Gruppeneinsatz deutscher U-Boote

lichkeiten für die Seekriegführung der Kriegsmarine. Der U-Boot-Krieg wurde zum Kernstück der deutschen Seestrategie. Der gewachsene Bestand an U-Booten ermöglichte der deutschen U-Boot-Führung die Gruppentaktik voll zu realisieren. Wurde jetzt ein Konvoi von einem U-Boot entdeckt, so hielt es Fühlung bis über Funk noch andere U-Boote der Gruppe an den Geleitzug herangeführt waren. Dann begannen die Angriffe. Bei Nacht oder schlechter Sicht durchbrachen die U-Boote in Überwasserlage die Sicherung und griffen überraschend die Handelsschiffe an.

Für die gesamte Kriegsführung auf dem west- und südeuropäischen Kriegsschauplatz waren die Seeverbindungen von Nordamerika nach Großbritannien und dann weiter nach Nordrußland von strategischer Bedeutung. Von diesem Nachschub hing die britische Verteidigungsfähigkeit überhaupt und später die Eröffnung der zweiten Front durch die Westalliierten ab.

Die noch immer hohen Tonnageverluste durch deutsche U-Boote führten im Sommer 1941 zu dem Entschluß, künftig die Konvoisicherungen auf dem Atlantik von Ost nach West und von West nach Ost durchlaufen zu lassen. Eine solche Aufgabenstellung für die Geleitsicherungskräfte konnte bisher aus Mangel an

Schiffen und Flugzeugen nicht in Angriff genommen werden. Gemeinsam verwirklichten diesen erfolgversprechenden Entschluß britische, amerikanische und kanadische Einheiten.

Nach wie vor stellte die permanente Luftdeckung der Konvois ein Problem dar. Diese Aufgabe wurde im Laufe des Jahres 1941 zunehmend mit den Geleitträgern als zusätzliche Kräfte zu den stärker werdenden Konvoisicherungen gelöst. Der erste Geleitträger, der im Juni 1941 in Dienst gestellt wurde, war die HMS Audacity (ex. Hannover). Dieser komfortabel ausgestattete deutsche Frachtliner war im Februar 1940 bei den westindischen Inseln von den Briten aufgebracht und dann umgebaut worden. Von diesem Träger konnten die Maschinen starten und landen.

In der Mitte des Jahres 1941 entwickelte sich die Lage für die Briten auf dem Atlantik kurzzeitig günstiger. Die Versenkungsziffern waren stark zurückgegangen. Vernichteten die U-Boote im Mai noch 362 260 BRT, so waren es im August noch 85 603 BRT. Dafür gab es viele Ursachen: einmal machte sich die rückläufige Luftunterstützung für die U-Boote durch die deutsche Luftwaffe auf Grund der Erfordernisse an der Ostfront bemerkbar und zum anderen die gewachsene Stärke und Schlagkraft der britischen U-Boot-Abwehr.

Eine wesentliche Voraussetzung für den erfolgreichen Kampf gegen U-Boote lieferte zu dieser Zeit Bletchley Park. Der ständige Überblick über die U-Boot-Lage gewährleistete das rechtzeitige Umleiten der Konvois um die Operationsgebiete der U-Boot-Rudel sowie konzentrierte und zielgerichtete U-Boot-Suche und Bekämpfung. Sobald eine Meldung über den Standort eines U-Bootes einging, konnten die Maschinen aus dem Geleit heraus starten und den Unterwassergegner auf Tiefe drücken.

Die Versenkungsziffern sollten sich aber wieder ändern. Die Zahl der deutschen U-Boote war im Steigen begriffen. Durch exakte Analysen steuerte die U-Boot-Führung gegen. So wurden verschiedene Kombinationen der Aufstellung der U-Boot-Gruppen erprobt. Weit auseinander gezogene Aufklärungsstreifen sollten die Konvois finden und die Angriffsrudel heranführen. Bereits im September 1941 erreichten die U-Boote 212 237 BRT versenkten Schiffsraumes.

Geleitflugzeugträger erwiesen sich
als ein wirksames Mittel der U-Boot-Abwehr.
Auf dem Foto die »Corregidor« (Typ »Casablanca«),
Foto: Sammlung Israel

Grafische Darstellung eines Geleitflugzeugträgers
(nach Illustrated London News vom 26. Juli 1943).
Foto: Sammlung Israel

Die Atlantikcharta

In der ersten Augusthälfte 1941 trafen sich Präsident Roosevelt und Premierminister Churchill auf Neufundland. In Argentia fanden die Verhandlungen der beiden Delegationen statt. Neben pragmatischen Fragen zur laufenden Kriegsführung wurden auch die gemeinsamen strategischen Kriegsziele der Alliierten beraten. Politisch war das wesentliche Ergebnis der Zusammenkunft, die Verabschiedung der *Atlantikcharta*, die bereits die Idee der Vereinten Nationen enthielt. Die USA ließen sich in Argentia zwar nicht offiziell zum Kriegsbeitritt bewegen, sie sicherten aber die Übernahme der Konvoisicherung auf dem kanadisch-isländischen Abschnitt zu. Für Großbritannien war diese Zusage eine große Entlastung.

Im Herbst 1941 schuf Churchill das *The Battle of the Atlantik Commitee*. Sein Ziel war dabei, die Hemmnisse in der großen Zahl der beteiligten Ministerien und Regierungsstellen zu beseitigen und sie zum Handeln in der Atlantikschlacht zu zwingen. Dieses Commitee tagte wöchentlich, alle Minister und Experten mußten zur Berichterstattung und zum Empfang neuer Aufgaben persönlich erscheinen.

Nach einem Gefecht, das zwischen dem USA-Zerstörer *Greer* und U 652 (Oberleutnant zur See Fraatz) am 4. September 1941 stattgefunden hatte, obwohl die USA offiziell noch nicht in den Krieg eingetreten waren, in dessen Ergebnis die *Greer* versenkt worden war, erhielten die amerikanischen Seestreitkräfte den Befehl, alle Handelsstörer der Achsenmächte anzugreifen. Damit befanden sich die amerikanischen Geleitschutzkräfte im Krieg.

Ab September 1941 begann sich ein weiterer Schatten über die deutschen U-Boote zu legen. Seit dieser Zeit wurden die Geleitsicherungsfahrzeuge mit dem verbesserten Radargerät 271 M ausgerüstet. Es war eine zuverlässige Anlage, die, im Gegensatz zu den Vorgängergeräten, über den vollen 360° Beobachtungsbereich verfügte. Die Ausrüstung der Navy benötigte aber Zeit. Mit der Radaranlage 271 M war ein Sicherungsschiff in der Lage, aufgetauchte U-Boote auf Entfernungen bis zu vier Seemeilen auszumachen. Ein 2,5 Meter aus dem Wasser ragendes Sehrohr konnte auf 1 200 Meter geortet werden. Die Radartechnik versetzte den Chef der Escort-Group und seine Kommandanten in die Lage, einen Überblick

Britische UAW-Flugzeuge
sichern einen Geleitzug an der englischen Küste, 1941.
Foto: Sammlung Israel

über die Formation der Transporter, über die Positionen der Sicherungsfahrzeuge und über die Angreifer zu bekommen, solange die U-Boote in Überwasserlage angriffen.

Am Morgen des 31. Oktober 1941 wurde im mittleren Nordatlantik der von fünf Zerstörern gesicherte britische Geleitzug HX 156 von U 552 gesichtet, der Kommandant, Kapitänleutnant Topp, versenkte den zur Konvoisicherung gehörenden amerikanischen Zerstörer *Reuben James* um 08.34 Uhr. Für den Kommandanten eines von Zerstörern verfolgten U Bootes war es unmöglich, die Nationalität des Verfolgers auszumachen. Wieder ein Fall, der eigentlich hätte vermieden werden sollen, um den offiziellen Eintritt der USA in den Krieg zu verhindern. Was aber zu diesem Zeitpunkt nicht mehr abgewendet werden konnte.

Durch die verstärkten und besser eingespielten Konvoisicherungen wurde es für die U-Boote zunehmend schwerer zum Schuß zu kommen. Aktive, nicht an die Geleitzüge gebundene U-Jagd-Gruppen rauschten mit höherer bis zu 18 Knoten Suchgeschwindigkeit heran und drückten die U-Boote zumindest auf Tiefe. Als die Kommandanten dann nach einiger Zeit auf Sehrohrtiefe gingen und einen Rundblick nahmen, mußten sie feststellen, daß das Seegebiet von *Sunderland*-Flugbooten überwacht wurde. So kam es im Herbst 1941 vor, daß die U-Boote ihren Treibstoff verbraucht hatten, ohne einen Torpedoschuß abgegeben zu haben.

Von der U-Boot-Abwehr versenkte U-Boote
(April bis Dezember 1941)

UAW-Kräfte	Anzahl
Überwasserkampfschiffe	22
Flugzeuge	3
Minen	-
Jagd-U-Boote	2
Gesamt	27

Im Jahre 1941, vor allem aber nach dem Eintritt der USA in den Krieg, wuchs die Schlagkraft der alliierten U-Boot-Abwehr weiter. Neben der Verstärkung der Konvoisicherungen mit Zerstörern und Fregatten wurden 1941 beginnend weitere Geleitflugzeugträger für die U-Boot-Abwehr an den Konvois zur Verfügung gestellt. Es waren zum größten Teil umgebaute und speziell ausgerüstete Handelsschiffe, die in den Geleitzügen mitliefen. War ein Geleitzug mit den nötigen Sicherungskräften – Schiffe und Flugzeuge – versehen und wurde er straff und zielstrebig geführt, dann blieben die Erfolge auch vor der breiten Einführung der Radaranlagen nicht aus. Im Dezember 1941 lief der starkgesicherte Konvoi HG 76 unter Führung des legendären Commander Walker und seiner 36. Escort-Group von Reede Gibraltar nach Großbritannien ab.

Im Bestand seiner Sicherung befanden sich der bereits genannte Geleitträger *Audacity*, 3 Zerstörer, 7 Korvetten und 2 Sloops. Neben der Luftdeckung von U-Jagd-Flugzeugen der Luftbasen auf Gibraltar und Südengland war die *Audacity* in der Lage, während des Marsches aktiv die U-Boot-Suche und -Verfolgung am Geleit aus der Luft sicherzustellen. Der britische Marinehistoriker Dan van der Vat beschreibt den dramatischen Marsch dieses Geleitzuges sinngemäß wie folgt. Am 14. Dezember 1941 begann der Konvoi HG 76 von Gibraltar nach England seinen Marsch. Um diesen

Geleitzug aus 32 Schiffen sollte sich eine der härtesten und längsten Schlachten ihrer Art in diesem Krieg entwickeln.

Man wußte, daß mehrere U-Boote auf dem bevorstehenden Weg operierten. Das erste wurde gleich am ersten Abend von einer *Swordfish*-Maschine gesichtet und mit Wasserbomben unter Wasser gedrückt. Zwei Stunden später zwang dasselbe Flugzeug ein weiteres U-Boot zum Tauchen. Am frühen Morgen des nächsten Tages wurde ein drittes auf gleiche Weise abgedrängt. Bis zum 17. Dezember fand kein Angriff auf den Konvoi statt. Kurz darauf erhielt Walker eine Aufklärungsmeldung, daß sich vor ihm ein U-Boot-Rudel, Gruppe *Seeräuber*, im Bestand von fünf Booten sammele.

Den ersten deutschen Angriffsversuch auf den Konvoi unternahm U 131 (Fregattenkapitän Baumann) am Morgen des 17. Dezember. Er wurde von einer *Martlet*-Maschine entdeckt, und Walker schlug mit der *Stork* und vier weiteren Geleitern einen Bogen, bis sie sich 20 Seemeilen westlich vom Konvoi befanden. U 131 wurde von Wasserbomben schwer beschädigt, sank auf den Meeresboden und stieg dann wieder, unkontrollierbar geworden, an die Oberfläche, als Baumann seine letzten Reserven verbrauchte, um die Tauchtanks auszublasen. Wieder entdeckte ihn eine *Martlet*, diese wurde aber im Anflug von der U-Boot-Flak abgeschossen. Von zwei Zerstörern aus beobachtete man den Absturz der Maschine und eröffnete aus sieben Meilen Entfernung das Feuer. Baumann legte Sprengsätze und verließ mit der Besatzung das Boot.

Diesen Vorgang beobachtete aus wenigen Meilen Entfernung Kapitänleutnant Wolfgang Heyda in U 434. Als er sich 24 Stunden später selber heranmachte, sichteten ihn zwei Zerstörer und drückten ihn unter Wasser. Er revanchierte sich mit einem Torpedo, traf aber nicht. Der mit Wasserbomben geführte Gegenangriff der Zerstörer verursachte am U-Boot solche Schäden, daß auch Heyda gezwungen war, aufzutauchen, sein Boot zu verlassen und es selbst zu versenken. Bis zu diesem Zeitpunkt war noch auf keines der Handelsschiffe ein Torpedo abgeschossen worden, dafür waren aber schon zwei U-Boote verloren gegangen.

Nach Einbruch der Dunkelheit erhielt eine Korvette erneut Asdic-Kontakt zu einem U-Boot. Es handelte sich um U 574 (Leutnant zur See Gengelbach). Aber das Boot konnte sich in Überwasserlage absetzen, weil die Korvetten nicht schnell genug waren, ihn einzuholen. Gengelbach machte sich indessen keineswegs davon. Vielmehr feuerte er aus großer Entfernung einen Torpedofächer auf das Geleitschiff ab, traf aber nicht. Dann bekam er in den frühen Morgenstunden des 19. Dezember den Zerstörer *Stanley* am Ende des Konvois direkt vor das Rohr. Ein Torpedo traf den Munitionsbunker, der sofort mit einer hohen Stichflamme in die Luft flog. Aber die *Stanley* hatte rechtzeitig einen Hilferuf absetzen können, und Walker eilte selbst mit der *Stork* von achtern herbei: Gengelbach feuerte auf den Verfolger, traf aber nicht. Nach der Explosion änderte das U-Boot seinen Kurs und versuchte unter Wasser zu entkommen, weil die *Stork* die Verfolgung aufgenommen hatte.

Bald erhielt Walker Kontakt. Nach zwei erfolgreichen Angriffen war Gengelbach gezwungen, aufzutauchen. Sein Boot hatte schwere Beschädigungen. Nun begann eine Jagd im Kreis, wie Vat schreibt, denn das U-Boot lief parallel zur *Stork* in deren engstem Drehkreis. Dadurch war das U-Boot dem Sloop so nah, daß dessen Geschütze nicht mehr auf den Gegner gerichtet werden konnten. Den Bedienungen blieb nicht weiter übrig, als zu fluchen und dem nur wenige Meter entfernten U-Boot-Männern mit den Fäusten zu drohen. Am Ende dieses Gerangels wurde das U-Boot von der Sloop gestreift, kenterte, und dann mit einer Serie Wasserbomben versenkt. 25 britische Seeleute vom Zerstörer *Stanley* und fünf deutsche Überlebende fischte Walker aus dem Wasser.

Erst jetzt gelang einem deutschen U-Boot der erste Torpedotreffer gegen ein Transportschiff, das Feuer fing und von einem Geleiter den Gnadenschuß erhielt, nachdem die Überlebenden von Bord waren. Am 20. Dezember ging der Kampf weiter. Das letzte U-Boot, das angegriffen hatte, war als Fühlunghalter am Konvoi geblieben und hatte fünf weitere U-Boote herangeführt. Als die Luftsicherung am Morgen zwei U-Boote gesichtet hatte, war die Sicherung alarmiert. Am Nachmittag zwangen *Martlets* sie zum Tauchen. Am 21. Dezember wurden von der Luftsicherung achteraus zwei U-Boote gesichtet und angegriffen. Wenn sie auch nicht versenkt wurden, so mußten die U-Boote tauchen und kamen nicht mehr an den Konvoi heran. Walker kommandierte vier U-Jäger ab zur Suche und Bekämpfung, ohne Erfolg.

Walker hatte sich jetzt entschlossen, da der Konvoi ohnehin ständig im Kontakt zum Gegner stand, auf Zickzackkurse zu verzichten und mit direktem Kurs in Richtung England zu laufen.

Besatzungsmitglieder eines Konvoi-Schiffes auf der Nordatlantik-Route

Am Abend des selben Tages griff U 567 (Kapitänleutnant Endraß) von achtern an und versenkte einen Transporter. Inzwischen hatte sich U 751 (Kapitänleutnant Bigalk) zwischen die Steuerbordflanke des Geleitzugs und die *Audacity* geschoben, die in zehn Meilen Entfernung selbständig manövrierte. Um 20.30 Uhr machte Bigalk einen Fächer los und teilte den Flugzeugträger mit drei Torpedos in zwei Hälften. Jede sank für sich und nahm den größten Teil der Besatzung mit in die Tiefe. Zwei Stunden nach der Versenkung der *Audacity* fuhr Endraß seinen zweiten Angriff. Er wurde von drei Geleitern ausgemacht und angegriffen. Als Folge der Wasserbombenserien der *Deptford* explodierte U 567 in der Tiefe.

Am Morgen des 22. Dezember, als der Konvoi noch 700 Seemeilen zurückzulegen hatte, erschien über dem Geleitzug eine *Liberator* des britischen Küstenkommandos. Die Maschine hatte genug Treibstoff, um zur Deckung des Verbandes mehrere Stunden über ihm zu kreisen, bis Ablösung kam. Die ständige Luftdeckung zwang eine Gruppe von vier U-Booten zum Tauchen und verhinderte weitere Angriffe. Das Besondere an diesem Konvoi war, daß er eine Woche in ununterbrochenem Gefecht gestanden hatte. An den Konvoi setzten die Deutschen bereits im Raum von Gibraltar eine verstärkte U-Boot-Gruppe an. Die Boote kamen bei dem vorherrschend ruhigen Wetter kaum zum Schuß. Nur zwei Schiffe wurden aus dem Geleit herausgeschossen. Es gingen aber 4 U-Boote mit erfahrenen Kommandanten verloren. Die Briten verloren einen Flugzeugträger, einen Zerstörer und zwei von 32 Transportern.

Für Dan van der Vat erhebt sich nun die Frage: Wenn es einer *Liberator* mit Stützpunkt in England gelungen war, *Johnnie* Walker zu entlasten und Stunden über dem Konvoi zu kreisen, während der Verband noch vier Tage von seinem Bestimmungshafen entfernt war, dann mußte es auch möglich sein, daß die auf Island stationierten *Liberators* die Lücke im Atlantik schlössen, welche die Schiffe auf der weiter nördlichen Route zu durchfahren hatten. Doch dazu waren in der Royal Air Force noch viele Widerstände zu überwinden.

Vom April bis Dezember 1941 war die Zahl der versenkten Transportschiffe zurückgegangen. Das hatte auch damit zu tun, daß die Konvois mit Hilfe der *Ultra*-Informationen um die U-Boot-Rudel herumgeführt werden konnten. Statistisch versenkte ein U-Boot monatlich ein Schiff von 5 500 BRT. Das waren rund 25 Prozent von dem, was im Jahr vorher versenkt worden war. Dabei muß man aber berücksichtigen, daß die U-Boot-Zahlen im Jahre 1941 steil angestiegen waren. Verfügte die U-Boot-Führung im April noch über 54 Boote, so waren es am Ende des Jahres 200 U-Boote. Die U-Boot-Verluste hielten sich in diesem Zeitraum in Grenzen, weil die Boote weniger Feindberührung hatten. So lag die durchschnittliche Lebenserwartung eines U-Bootes im Jahre 1941 bei neun Monaten.

Der kräftezehrende Kampf der Wehrmacht an der Ostfront führte zu Spannungen im Rüstungsaufkommen des Deutschen Reiches. Es mußten immer wieder neue Prioritäten in der Rüstungsindustrie gesetzt werden, die vor allem zugunsten des Heeres und der Luftwaffe ausfielen. So ging bereits im Jahre 1941 die geplante Fertigstellung von U-Booten um ein Drittel zurück.

Bei allen Erfolgen des britischen und amerikanischen Schiffbaus sowie der Konvoi-Planung, -Führung und -Sicherung in den letzten neun Monaten des Jahres 1941 lag die Neubaurate an Transportschiffsraum immer noch unter den Verlusten. Auf 1 100 BRT versenkter Tonnage kamen 1 000 BRT Neubauten. Aber das war auch der Zeitpunkt an dem sich die Tendenz umzukehren begann. Am Ende des Jahres 1941 war die Anzahl der Geleitsicherungsschiffe von 375 auf 500 angestiegen.

Betrachtet man die Statistiken des Jahres 1941, so kann man die steigenden und fallenden Versenkungsziffern an Transportraum in direkten Zusammenhang mit den Entschlüsselungen des Enigma-Funkverkehrs sehen. Die Ausweichmanöver der Geleitzüge nach entsprechenden Warnungen verhinderten den Verlust einer beachtlichen Zahl von Transportschiffen. Und die Ergebnisse des Kampfes gegen U-Boote hätten weit besser gewesen sein können, wären die Streitigkeiten auf britischer Seite um effektivere Luftunterstützung zugunsten der Konvoisicherung beigelegt worden.

Im Dezember 1941 schätzte Churchill die Kriegslage wie folgt ein: *Die erste Etappe der Atlantikschlacht gegen die U-Boote hatte sich entschieden zu unseren Gunsten entwickelt. Wir zweifelten nicht mehr an unserer Fähigkeit zur Offenhaltung der Seewege; wir hegten die feste Überzeugung, Hitler schlagen zu können, falls er zur Invasion unserer Insel schritt; die Kraft des russischen Widerstandes ermutigte uns gleichfalls …«*

Versenkter Handelsschiffsraum 1941[1]

Januar	23 Schiffe	129 711 BRT
Februar	47 Schiffe	254 118 BRT
März	41 Schiffe	236 549 BRT
April	41 Schiffe	239 719 BRT
Mai	63 Schiffe	362 268 BRT
Juni	66 Schiffe	325 817 BRT
Juli	26 Schiffe	112 624 BRT
August	27 Schiffe	85 603 BRT
September	57 Schiffe	212 237 BRT
Oktober	28 Schiffe	170 786 BRT
November	15 Schiffe	76 056 BRT
Dezember	23 Schiffe	93 226 BRT
Gesamt	457 Schiffe	2 298 714 BRT

1 Angaben nach V. E. Tarrant, Kurs West, S. 128–184.

Operation Paukenschlag

Nach dem Überfall auf Pearl Harbor erklärten die USA am 8. Dezember 1941 Japan und am 11. Dezember die Verbündeten Japans, Deutschland und Italien, den USA den Krieg. Der japanische Überfall auf den US-Flottenbasis *Pearl Harbor* brachte für den deutschen U-Boot-Einsatz eine spürbare Entlastung, denn die US Navy war zur Umgruppierung beachtlicher Luft- und Seestreitkräfte von der Ost- an die Westküste des Landes gezwungen. Die USA kämpften jetzt an zwei Fronten. Im Atlantik standen die relativ unerfahrenen UAW-Kräfte einer kampferprobten deutschen U-Boot-Waffe

Bau von U-Booten
des Typs VII C auf der Werft Blohm & Voß
in Hamburg, März 1941

gegenüber und im Pazifik galt es der mächtigen japanischen Flotte Paroli zu bieten.

Auch in der US-Marine war man zwischen den Kriegen zu dem Schluß gekommen, daß man aufgrund der Sonaranlagen eine U-Boot-Gefahr ausschließen könne. Die Folge von dieser Fehleinschätzung der Kampfkraft der Unterwasserstreitkräfte in einem kommenden Krieg, waren unterentwickelte U-Boot-Abwehrkräfte. Wie in Großbritannien am Beginn des Krieges herrschte nun in der US-Navy ein akuter Mangel an Schiffen, Flugzeugen, Waffen und Gerät gegen U-Boote.

Die deutsche U-Boot-Führung setzte im Rahmen der Operation *Paukenschlag* die großen Boote vom Typ IX vorwiegend vor der nordamerikanischen Küste und die Atlantikboote vom Typ VII vor Neufundland und Nova Seotia ein. Die deutschen U-Boote hatten von ihren Biskayahäfen nach Amerika 3 000 Seemeilen und in die Karibik 3 800 Seemeilen zu überwinden. Mitte Januar waren die für den *Paukenschlag* zur Verfügung stehenden U-Boote in ihren Seegebieten entfaltet. Im Laufe der Kampfhandlungen auf den amerikanischen Seeverbindungen, sollte sich dann herausstellen, daß auch die Typ-VII-Boote zwei bis drei Wochen vor der ameri-

Brennender Tanker.
Foto: Sammlung Israel

Flottenadmiral Ernest J. King

kanischen Küste operieren konnten. Wenn die Boote hier ihre Torpedos verschossen hatten, setzten sie den Kampf mit Artillerie fort.

Die US Navy stand mit Beginn des Jahres 1942 vor komplizierten Aufgaben. Sie hatte einerseits im Pazifik schwere und verlustreiche Kämpfe zu bestehen und andererseits zusätzlich zu den Atlantikrouten noch an den Ostküsten der Vereinigten Staaten eine Linie von Neufundland bis nach Brasilien zu sichern. Die britischen Verbündeten gaben sich größte Mühe, Admiral King, den Oberbefehlshaber der US Navy, zu einem Konvoisystem auf den amerikanischen Seewegen zu bewegen.

Allein im Januar 1942 wurden von deutschen U-Booten in amerikanischen Gewässern 62 Schiffe mit 327 357 BRT versenkt. Von Mitte Januar bis Ende April gelang es der amerikanischen U-Boot-Abwehr, trotz aller Anstrengungen, nur ein U-Boot zu vernichten. Es handelte sich um U 85 (Kapitänleutnant Greger). In der gleichen Zeit verloren die Amerikaner 216 Schiffe mit insgesamt 1 930 000 BRT Transportraum, über die Hälfte davon waren Tanker. Noch immer versenkten die deutschen U-Boote mehr Schiffe als die Alliierten ersetzen konnten.

Die Amerikaner machten den Fehler, im Interesse der Konvoisicherung auf den Atlantikrouten, den Schutz der Schiffahrt vor der eigenen Küste zu vernachlässigen. Admiral King, soll den Standpunkt vertreten haben, daß mehr Zerstörer in den amerikanischen Küstengewässern, weniger auf den Handelsrouten nach England bedeuten würden. Das war aber ein Trugschluß. Viele der Tanker, die für Großbritannien bestimmt waren, wurden vorher versenkt und erreichten nicht die Sammelräume der Konvois. Umgekehrt wurden Schiffe, die im Schutz von Konvois über den Atlantik gebracht worden waren, nach ihrer Entlassung aus dem Geleitzug vor der amerikanischen Küste versenkt. So hätten viele Verluste des Jahres 1942 vor Amerika und auf der Atlantikroute vermieden werden können, wenn Admiral King, konsequent die Erfahrungen im Geleitdienst in seinem Bereich weitergeführt hätte, wie sie von britischer Seite unter großen Verlusten in 27 Kriegsmonaten gesammelt werden mußten.

Amerikanischer Zerstörer »Marshall« (Typ »Fletcher«).
Foto: Sammlung Israel

Coast-Guard-Schiff »Paulding« beim Einlaufen in Boston.
Foto: Sammlung Israel

Die US Navy schuf zunächst auch kein Gegenstück zum britischen *Operational Intelligence Centre* (OIC). Das wäre wichtig für den Lageaustausch und das Zusammenwirken der Stäbe und Flottenkräfte in See gewesen. So schickten die Briten ihren Chef des Submarine Tracking Room im OIC, Rodger Winn nach Amerika, um die Schaffung dieser Informationsorgane voranzutreiben. Da Rodger Winn auf Grund seiner Erfahrungen und seines Lageüberblickes die amerikanischen Verhandlungspartner bis hin zu Admiral King von der Notwendigkeit überzeugen konnte, entstand in kürzester Zeit das US-OIC. Dieses Zentrum sollte sich dann besonders im Zusammenwirken der alliierten Flotten bewähren.

Obwohl die USA bereits seit Kriegsbeginn Großbritannien mit umfangreichen Rüstungslieferungen unterstützten und amerikanische Zerstörer an der Sicherung der Atlantikkonvois beteiligt waren, zeigte sich, daß die amerikanische U-Boot-Abwehr noch bei weitem nicht auf der Höhe ihrer Aufgaben war. Die Unerfahrenheit des amerikanischen U-Jagd-Personals wurde den deutschen U-Boot-Kommandanten bald offensichtlich. Schematisch in regelmäßigen Abständen wurden die Seewege der Handelsschiffahrt vor der amerikanischen Küste nach U-Booten abgesucht. In der Zwischenzeit konnten die U-Boote frei handeln.

Auch bei der Bekämpfung von U-Booten hatten sowohl Schiffe

als auch Flugzeuge einen niedrigen Ausbildungsstand. Kam es zur U-Boot-Verfolgung mit Wasserbomben, wurde die Bekämpfung zu früh abgebrochen. Kenntnisse, Fertigkeiten und Erfahrungen die von der Royal Navy im Verlaufe von zwei Kriegsjahren gesammelt wurden, mußten nun von den Amerikanern in kurzer Zeit erworben werden. Auch die Luftüberwachung gegen U-Boote auf den amerikanischen Küstenrouten fehlte fast vollständig.

Nach der Kriegserklärung Deutschlands an die USA, übernahmen die amerikanischen Streitkräfte auch die Verantwortung über die Flotten- und Luftstützpunkte auf Island. Die auf der Insel stationierten US-Marines und die britische Besatzung wurden durch Einheiten der US-Army abgelöst. Die Stützpunkte bauten die Alliierten vor allem im Interesse der Sicherung der Seeverbindungen nach Europa zügig weiter aus.

Im März 1942 setzte die deutsche U-Boot-Führung die ersten U-Tanker, die sogenannten Milchkühe ein, um vor allem den VIIC-U-Booten den Seeaufenthalt zu verlängern. Die Einsatzdauer konnte so verdoppelt werden. Die U-Tanker, aus dem Typ IX hervorgegangen, waren in der Lage, über 400 Tonnen Diesel und vier Torpedos zur Versorgung an Bord zu nehmen. Das sensationellste war, daß die ankommenden U-Boote auch in der Unterwasserlage bebunkert werden konnten.

In Amerika wurde später Errechnet, daß die deutschen U-Boote bereits in den ersten Kriegswochen 1942 einen Schaden angerichtet hatten, der dem Verlust von 400 Panzern, 60 Haubitzen, 880 großen Geschützen, 400 kleinen Geschützen, 240 Schützenpanzerwagen, 500 LKWs, 52 100 Tonnen Munition, 6 000 Gewehren, 4 280 Tonnen Ersatzteilen für Panzer und 20 000 Tonnen Vorräten aller Art entsprach.

Mit Besorgnis verfolgte London die dramatische Entwicklung vor der amerikanischen Küste. Es waren die Monate, in denen Bletchley Park nicht in der Lage war, den deutschen U-Boot-Funkverkehr zu entschlüsseln. Auch auf den Seeverbindungen im Atlantik tappten die Briten im dunkeln. Zu dieser Zeit entschlüsselte der deutsche xB-Dienst die alliierten Funksprüche. Abfahrtszeiten und Routen der Geleitzüge, Wechsel der Sicherungen im Konvoisystem und die vagen Vorstellungen der Briten von den deutschen U-Boot-Positionen im Atlantik. Das waren alles wichtige Informationen für die deutsche U-Boot-Führung, die nach diesen Angaben ihre U-

Amerikanischer Zerstörer auf Angriffskurs.
Foto: Sammlung Israel

Boot-Aufstellungen präzisierte. In dieser schwierigen Situation bot Churchill dem amerikanischen Verbündeten 24 bestausgerüstete U-Boot-Jäger und zehn Korvetten mit ausgebildeten Besatzungen an. Anfang März traf diese Hilfe in der Not in New York ein.

Als die Verluste vor der amerikanischen Küste unerträglich wurden, entschloß sich Admiral King Anfang April, in den amerikanischen Gewässern ein Konvoisystem zwischen New York und dem Süden Floridas zu schaffen. Die Geleitzüge liefen in beide Richtungen. Mitte Mai gingen die ersten Konvois in See. Aber auch der Aufbau von Konvoisicherungskräften brauchte seine Zeit. Es mußten nicht nur Schiffe, Flugzeuge, Bewaffnung und Ausrüstung hergestellt, sondern auch der Personalbestand eingezogen und ausgebildet werden.

Und obwohl sich im zweiten Quartal 1942 die U-Boot-Abwehr vor der amerikanischen Küste zu konsolidieren begann, büßten die Alliierten im Mai und Juni in der Karibik 148 Schiffe mit 752 000 BRT ein, darunter wieder viele Tanker. Da die deutschen U-Boote vor Amerika besonders zielgerichtet Tanker angriffen, schufen die

Alliierten ab Mai 1942 einen separaten Eskortendienst für Tanker. Die Royal Navy stellte für diese Aufgabe Korvetten zur Verfügung. Auf dem Weg zwischen Halifax und Westindien wurden die Tanker auch von kanadischen Geleitschiffen gesichert.

Außerdem führte die US-Navy auf den Küstenrouten ein Bewachungssystem ein. Man ließ Schiffe (*Ship Lane Patrol*) bereitstellen, die auf den Seewegen vor der Küste die U-Boot-Suche und die Verfolgung ausgemachter U-Boote aufnehmen sollten. In den amerikanischen Küstengewässern wurde ein betonntes Zwangswegsystem eingerichtet; auf diesen vorgegebenen Routen hatte sich die Schiffahrt zu halten. Die deutschen U-Boot-Kommandanten hatten bald herausgefunden, wie sich die Schiffahrt von Tonne zu Tonne auf konstanten Kursen bewegte. Für das Torpedoschießen ideale Bedingungen. Oft fälschlich ausgemachte U-Boote *bekämpften* die US-U-Jäger auf der Seeseite der Schiffahrtswege. Hier suchten auch die wenigen zur Verfügung stehenden Flugzeuge. Die Folge war, daß sich die U-Boote am Tage unter Land auf Grund legten und des Nachts in Überwasserlage angriffen. Das Zielen wurde den U-Boot-Kommandanten noch dadurch erleichtert, daß man in den USA keine Verdunkelung kannte. Ihnen wurde das Gefechtsfeld regelrecht von den erleuchteten Stränden und von brennenden Tankern ausgeleuchtet. In den Küstenorten von New Jersey bis Miami konnten täglich draußen auf See die brennenden Schiffe beobachtet werden.

Zusätzlich zum Bewachungssystem wurde ein Vorpostensystem *(Coastal Picket Patrol)* 50 Seemeilen vor der Küste entfaltet. Es bestand aus privaten Yachten, deren Besitzer man zu Unteroffizieren der Küstenwache geschlagen hatte und die sich nun als U-Jäger betätigten. Prominentester Teilnehmer soll Ernest Hemingway gewesen sein. Dieses als *Korsarenflotte* bezeichnete Geschwader löste viele Fehlalarme aus, entdeckte aber kein U-Boot. Bald hatte der Verband den Namen *Hooligan Navy* weg. Er wurde nach kurzer Zeit aufgelöst.

Bewähren sollte sich dagegen die *Civil Air Patrol*. Dabei handelte es sich um Privatpiloten, die ihre eigenen Maschinen zur Verfügung stellten. Nach einer Grundausbildung flogen sie Luftüberwachung auf den Küstenrouten. Sie meldeten nicht nur U-Boote, sondern sie führten auch Rettungskräfte an Schiffbrüchige heran, deren Schiffe durch U-Boot-Angriffe verloren gegangen waren. Größere Maschinen wurden mit Wasserbomben ausgerüstet und zur U-Boot-Bekämpfung herangezogen.

Die deutsche Seite hatte jetzt zwar 249 U-Boote im Dienst, aber 158 dienten zur Ausbildung der in Scharen zu den U-Booten strömenden jungen Männer, nur 91 Boote gehörten in den Kampfbestand. Spürbare Schwächen im Ausbildungsstand, die durch den schnellen Ausbau der U-Boot-Waffe und durch die bereits erlittenen Verluste erfahrener Kommandanten und ihrer Besatzungen auftraten, kompensierte die U-Boot-Führung durch die steigende Zahl der U-Boote.

Während in den amerikanischen Gewässern die U-Boote relativ ungefährdet operierten, hatten sich die U-Boot-Ortung und Bekämpfung der britischen U-Boot-Abwehr im mittleren Atlantik sowohl von Überwasserstreitkräften als auch von der Luftwaffe im Frühjahr 1942 stetig verbessert. Die Engländer brachten die ersten Radaranlagen zum Einsatz, von denen die deutsche U-Boot-Führung noch keine Kenntnis hatte. Und die Briten fingen an, systematisch die Anmarschwege in der Biskaya aus der Luft zu überwachen. Die Biskayapatrouille zeigte für den deutschen U-Boot-Einsatz bald Wirkung. Allein im Juli wurden hier elf U-Boote versenkt. Die Folge war, daß die Kommandanten angewiesen wurden, dieses Seegebiet nur noch in Unterwasserfahrt zu durchqueren. Das wiederum zog längere Anmarschzeiten und verkürzte Einsatzzeiten nach sich.

Vor der amerikanischen Küste sollte es aber noch bis zum 14. Mai dauern, ehe der erste völlig organisierte Konvoi von Hampton Roads nach Key West auslief. Im weiteren Verlauf wurde das System zügig nach Norden bis New York und Halifax ausgebaut. Zum Monatsende verlief der gesamte Schiffsverkehr vor der amerikanischen Küste in Geleitzügen in sogenannten Pulks. Aperiodisch wurden U-Boot-gefährdete Gebiete vor dem Passieren der Pulks systematisch abgesucht. Nachts ruhte der Geleitverkehr. Im Sommer 1942 hatte sich dann die Führung und Koordinierung der Schiffahrt auf den amerikanischen Seewegen sowie die Suche und Verfolgung der U-Boote vor der nordamerikanischen Küste eingespielt. Die Zahl der Sicherungskräfte hatte sich erhöht und der Ausbildungsstand begann sich zu verbessern.

Das Konvoisystem wurde von der US-Air Force gedeckt. Außerdem hatten die Amerikaner ihre Luftüberwachung weit in den Atlantik hinein ausgebaut. Täglich mußten von der US-Navy mindestens 120 Transporter von einer geschützten Reede zum nächsten gesicherten Ankerplatz geleitet werden. Die daraus entstehenden Verzögerungen belasteten zwar die britische Kriegsführung, die Verluste vor der amerikanischen Küste aber gingen zurück.

Radar gegen U-Boote

Mit dem Einsatz der Radaranlagen von Flugzeugen und Schiffen, die den Alliierten jetzt in größeren Zahlen zur Verfügung standen, wurden die U-Boote von der Offensive in die Devensive gedrängt. Durch die Ausrüstung mit Radaranlagen waren die U-Boote ihres Hauptvorteils beraubt, ihrer Unsichtbarkeit, damit ging ihr Überraschungsmoment verloren. In einer Flughöhe von 750 Metern machten die Maschinen aufgetaucht laufende U-Boote in einer Entfernung von 15 Meilen aus.

Die zunehmende Ausrüstung der Schiffe und Flugzeuge mit Radaranlagen machte die Suche und Verfolgung der U-Boote effektiver. Flugzeuge, die ein U-Boot geortet hatten, meldeten den Standort und riefen eine U-Jagd-Gruppen heran, die das getauchte U-Boot suchte und bekämpfte. Oft wurde das Seegebiet, in dem das U-Boot getaucht war, von weiteren Flugzeugen überwacht, bis das Boot auftauchen mußte, denn die Atemluft im U-Boot reichte keine 24 Stunden, für Elektroenergie war diese Zeit selbst bei langsamster Geschwindigkeit die Höchstdauer für die Unterwasserfahrt.

So geschah es auch am 10. Juni 1942. U 157 (Korvettenkapitän Henne) hatte den Dampfer *Hagan* im Old-Bahama-Kanal nördlich von Kuba versenkt. Nach Bekanntwerden des Untergangs der *Hagan* ließ man das Gebiet von Flugzeugen absuchen und überwachen. Um 06.20 Uhr des nächsten Morgens wurde das U-Boot von einer B-18 mit dem Radargerät beim Auftauchen ausgemacht und sofort angegriffen. Der Angriff ging fehl, da das U-Boot sofort wieder tauchte. Von nun an patrouillierten laufend Flugzeuge in dem Gebiet, und bei jedem Auftauchversuch wurde U 157, ob bei Tag oder Nacht, mit Radar geortet. Inzwischen waren U-Jagd-Gruppen vom US-Küstenschutz in das Gebiet befohlen worden, die von der Luftwaffe unterstützt wurden. Das Boot wurde noch mehrmals von Flugzeugen angegriffen. Waren die Angriffe auch erfolglos, so lieferten die Flugzeuge den U-Jägern immer wieder den U-Boot-Standort. Am 13. Juni gegen 15.30 Uhr versenkte die Fregatte *Thatis* U 157 mit sieben Wasserbomben.

Das zweite Beispiel hatte sich auch in der Karibik ereignet. Am 7. August 1942 tauchte U 94 (Kapitänleutnant Ites) auf, um einen Konvoi anzugreifen, der nach Norden seinen Kurs zog. Es war dunkle Nacht. Im letzten Augenblick entdeckte der Ausguck des U-Bootes ein angreifendes Catalina-Flugboot. Alarmtauchen. Aber schon fielen die Bomben mit flacher Tiefeneinstellung. U 94 wurde an die Wasseroberfläche zurückgeworfen und schwer beschädigt. Das Flugboot setzte über der Position des U-Bootes eine Signalboje ab. Die Boje schwamm in der Nähe des manövrierunfähigen Bootes und schickte in kurzen Abständen grelle Signalblitze in die Nacht. Inzwischen flog das Flugboot eine nicht weit im Seegebiet patrouillierende Korvette an und signalisierte den Standort von U 94. Mit Höchstfahrt lief der U-Jäger auf die blitzende Boje zu und versenkte das U-Boot mit mehreren Rammstößen. Danach konnte die Korvette 26 Mann der U-Boot-Besatzung aus dem Wasser bergen.

Als die deutschen U-Boote in der zweiten Hälfte des Jahres 1942 immer erfolgreicher aus den amerikanischen Gewässern verdrängt wurden, und der U-Boot-Führung jetzt mehr Boote zur Verfügung standen, ging man von deutsche Seite zur großangelegten Gruppentaktik im mittleren Atlantik über. Am 19. Juli 1942 zog die deutsche Seite die letzten Boote aus den amerikanischen Küstengewässern zurück. Damit war die erfolgreiche Operation *Paukenschlag* abgeschlossen. Bis November 1942 operierten noch einige deutsche U-Boote im Seeraum zwischen Trinidad und der Mündung des Orinoko. Sie versenkten dort in drei Monaten 375 000 BRT Schiffsraum. Als U 507 (Korvettenkapitän Schacht) am 16. und 17. August fünf brasilianische Handelsschiffe versenkt hatte, erklärte Brasilien Deutschland den Krieg. Das brachte für die westlichen Alliierten eine wesentliche Verbesserung der seestrategischen Lage. Der Atlantik zwischen Brasilien und Westafrika konnte jetzt besser unter Kontrolle genommen werden. Sowohl gegen U-Boote als auch gegen die deutschen Überwasserstreitkräfte einschließlich der Hilfskreuzer konnten von nun an die Flottenbewegungen vom Nord- in den Südatlantik und umgekehrt erfolgversprechender überwacht werden.

Am 1. Juli 1942 verfügte die deutsche Kriegsmarine über 330 U-Boote, jeden Monat kamen weitere 20 Boote hinzu. Die jetzt zur Verfügung stehende Anzahl von U-Booten gestattete es, sowohl Aufklärungs- als auch Angriffsgruppen in den Weiten des Atlantiks zu entfalten. Die am weitesten nach Westen vorgeschobenen Boote handelten auf Aufklärungsstreifen, nach deren Meldungen die zweite als Angriffsgruppe an die entdeckten Geleitzüge herangeführt wurde. Der Abstand zwischen den beiden U-Boot-Gruppen betrug abhängig von der Lage 50 bis 100 Seemeilen. Der Abstand zwischen den U-Booten innerhalb der Aufklärungsgruppe betrug annähernd die doppelte Reichweite der Horchanlagen, etwa 40 Seemeilen. Innerhalb der Angriffsgruppe wurden 15 bis 20 Seemeilen Abstand gefahren. In Abhängigkeit von der konkreten Anzahl der U-Boote konnte mit einer U-Boot-Gruppe ein Seegebiet von 300 bis 360 Seemeilen überwacht werden.

War es aufgrund des massierten Einsatzes der U-Boote auch möglich, anlaufende Konvois mit einer höheren Wahrscheinlichkeit zu entdecken, so wurde es für das einzelne U-Boot immer schwerer anzugreifen, da Unterwasseraufenthalt und Unterwasserbeobachtungsradius zu gering waren. Hinzu kam, daß die Schiffs- und die Luftdeckung der alliierten Geleitzüge inzwischen so stark geworden waren, daß die Fühlungshalter-U-Boote immer häufiger unter Wasser gedrückt wurden. Damit blieben die Informationen für die anderen U-Boote des Rudels aus. Jetzt als die Boote wirklich als *Unterseeboote* im wahrsten Sinne des Wortes hätten handeln müssen, zeigten sie ihre Schwächen. Die Geleite entkamen und in großangelegten Suchoperationen in denen alliierte Schiffs- und Fliegerkräfte zusammenwirkten, wurden die U-Boot-Gruppen aufgerieben.

Im Sommer 1942 beschloß die britische Admiralität, sechs Tanker von je 11 000 BRT und sechs Bulkfrachtschiffe von je 8 000 BRT – beide Schiffstypen verfügten über durchgehende Decks – zu Geleitflugzeugträgern um- und auszurüsten. Die neuen Träger, die im Frühjahr 1943 in Dienst gestellt wurden, erhielten drei bis vier Swortfish-Maschinen an Bord, die in der Lage waren, Wasserbomben zu werfen. Die Flugzeuge konnten trägergestützt starten und landen. Außerdem transportierten die Schiffe noch Fracht. Nach dem die Voraussetzungen geschaffen worden waren, formierten die Alliierten bald die ersten *Hunter Killing Groups*, in denen Flugzeugträger, Zerstörer und U-Jagd-Schiffe beim Schutz der Seewege zusammenwirkten.

Von der U-Boot-Abwehr versenkte U-Boote
(Januar bis Juli 1942)

UAW-Kräfte	Anzahl
Überwasserkampfschiffe	18
Flugzeuge	10
Schiffe und Flugzeuge im Zusammenwirken	2
Minen	1
Jagd-U-Boote	1
Gesamt	32

Nach dem die USA offiziell in den Zweiten Weltkrieg einbezogen waren, wurde auch das gewaltige amerikanische Wirtschaftspotential im vollen Umgang in den Krieg eingeführt. Im Osten wuchs und erstarkte zusehends die riesige Militärmacht der UdSSR mit ihren schier unerschöpflichen Ressourcen an Menschen und Material. Strategisch war eine Lage eingetreten, die von Deutschland nicht mehr zu seinen Gunsten beeinflußt werden konnte. So wurde in den USA mit Kriegseintritt, neben dem gewaltigen Transportschiffbauprogramm, noch der umfassende Bau von Kampfschiffen aller Klassen eingeleitet. Bis 1945 erhielt die US Navy weitere zehn Schlachtschiffe, 18 Flugzeugträger, neun Geleitträger, 12 schwere Kreuzer, 110 Geleitkreuzer, 33 leichte Kreuzer, 358 Zerstörer, 504 Fregatten und 211 U-Boote. Diese gewaltige Armada wurde mit neuesten Waffen und Geräten ausgerüstet. In den Kriegsjahren baute die US-Industrie für die alliierten Flotten 80 000 Marineflugzeuge.

Trugen bis März 1942 die Angriffe auf die Nordmeerkonvois zufälligen Charakter, so änderte sich das im Verlaufe des Sommers. Von nun an griffen U-Boote, Überwasserkampfschiffe und Flugzeuge systematisch die Seewege nach Nordrußland an. Mit dem Jahre 1942 wurden zur Überführung der Seetransporte auf den nördlichen Routen neben den britischen auch amerikanische Sicherungskräfte eingesetzt. An der Linie Bäreninsel-Tromsö verstärkten Einheiten der sowjetischen Nordflotte die Sicherung und Deckung. In Höhe der Kola-Bucht wurde die Konvoiroute geteilt. Die Transporter, die für Murmansk bestimmt waren, liefen unter britischer Sicherung weiter, für die nach Archangelsk gehenden Schiffe übernahm die sowjetische Nordflotte den Schutz. Von der britischen Seekriegsgeschichtsschreibung wird allerdings der Beitrag der sowjetischen Nordflotte zur Sicherung der Konvois nicht allzu hoch eingeschätzt.

War die deutsche U-Boot-Industrie auch bald in der Lage, die Verluste schneller zu ersetzen, so zeigte sich zunehmend, daß die Besatzungen nicht mehr so gründlich auf ihren harten Einsatz im Atlantik vorbereitet waren. Den Kommandanten fehlte oft längere Kriegserfahrung. Und so kehrten viele der Boote von ihrer ersten Feindfahrt nicht zurück. Diese Entwicklung lief in der britischen U-Boot-Abwehr umgekehrt. Am Beginn des Krieges waren das Personal ungenügend auf den Kampf gegen U-Boote vorbereitet, die Sicherungsschiffe bei weitem nicht ausreichend, die Ortungsmittel und die UAW-Waffen in vielen Fällen unausgereift. Im Verlaufe dieses erbarmungslosen Kampfes wuchsen die Männer mit ihren Aufgaben und erhielten zunehmend mehr und bessere Schiffe, Flugzeuge, Waffen und Technik aus den unversiegbaren Quellen der amerikanischen, britischen und kanadischen Rüstungsindustrie.

Begünstigt durch die Offensiven des sowjetischen Verbündeten an der Ostfront konnten die Westalliierten währenddessen riesige Bauprogramme auf ihren Werften realisieren. Handelsschiffe, Geleitflugzeugträger, Zerstörer und U-Boot-Jäger wurden in nie gekanntem Ausmaß in Taktbauweise fabriziert. Radar- und Sonaranlagen wurden weiterentwickelt und in großen Serien hergestellt. Gleichzeitig lief die Produktion von U-Jagd-Flugzeugen und schweren Bombern auf Hochtouren. Parallel galt es für diese U-Boot-Abwehrkräfte die erforderlichen Waffen und Bekämpfungsmittel zu entwickeln und herzustellen. Weitab von jeder Kriegseinwirkung konnten die USA ihr gewaltiges Industriepotential zur vollen Wirkung entfalten.

Liberator und Leigh-Lights

Im Juni 1942 beherrschten die Briten den Luftraum über der Biskaya. In der großangelegten *Offensive im Golf von Biskaya* galt es, die deutschen U-Boote aus den Stützpunkten Lorient, Saint Nazaire, La Pallice, La Rochelle und Brest bei der Biskaya-Passage auszumachen und zu vernichten. An der Operation waren einige Geschwader Wellington- und Whitley-Bomber beteiligt, die ununterbrochen den Seeraum absuchten. Auch Sunderland-Flugboote kamen zum Einsatz.

Die deutschen U-Boote hatten Befehl, die Biskaya am Tage nur getaucht zu passieren. Nachts luden sie in Überwasserfahrt ihre Batterien auf. Bei einer solchen Überfahrt wurde U 105 (Korvettenkapitän Schuch) als erstes Boot nachts mit Radar und *Leigh-Lights* angegriffen. Beim *Leigh-Lights*, nach dem Erfinder Verde Leigh benannt, handelte es sich um einen Marinescheinwerfer mit 61 cm Durchmesser und einer Reichweite von etwa 5 000 Metern, der unter dem Flugzeug einziehbar montiert war. Der Scheinwerfer konnte bis zu 20° geschwenkt werden Für die Besatzung von U 105, die sich des Nachts über Wasser sicher wähnte und auch die anfliegende Maschine wegen des Diesellärmes nicht hören konnte, war es ein schreckliches und unfaßbares Erlebnis. Völlig Überraschend von einem schnell näherkommenden grellen Licht geblendet und dann angegriffen zu werden. Das Boot wurde von den Bomben so schwer getroffen, daß es mit seinen Beschädigungen zurück in den Stützpunkt laufen mußte. Hier erstattete der Kommandant Meldung über die neue Angriffsmethode der britischen U-Boot-Abwehr.

Erstmalig im Juli 1942 wurden auch landgestützte amerikanische Liberator-Maschinen auf Entfernungen bis zu 800 Seemeilen zur Luftsicherung abgehender und ankommender Konvois eingesetzt. Um die mit Radar bei Nacht ausgemachten U-Boote, die in der letzten Phase des Anfluges auf dem Radarschirm verschwanden, optisch angreifen zu können, rüsteten die Alliierten auch die schweren Bombenflugzeuge – *Fortresses* und *Liberator* – mit den starken Suchscheinwerfern aus. Wie U 105 wurden jetzt die meisten U-Boote bei Nacht angegriffen. Die Flugzeuge schalteten sofort nach dem Angriff die Scheinwerfer ab und manövrierten zum nächsten Anflug.

Mit Radar, Scheinwerfern und Bomben ausgerüstet, orteten die Maschinen die U-Boote bereits weitab von den Konvois und bekämpften sie bei Tag und Nacht mit wachsendem Erfolg. Als die Schlagkraft der Luftwaffe gegen den Unterwassergegner gewachsen war, verlegte die U-Boote ihre Operationsgebiete in den mittleren Nordatlantik, außerhalb der Reichweite der auf Island und Neufundland basierten Luftgeschwader.

Die Atlantikschlacht strebte im Jahre 1942 ihrem ersten Höhepunkt zu. Die deutsche U-Boot-Waffe war auf über 300 Boote angewachsen. Die Verluste der Alliierten stiegen trotz aller Anstrengungen weiter. Der Kampf an den Konvois wurde mit äußerster Härte geführt. Bei diesen Geleitzugsgefechten kam es zu dramatischen Situationen. So erinnert sich der Chef einer Eskorte, Commander Gretton, wie er im Interesse der Konvoisicherung, damit keine Lücke in der Sicherung entstand, an Schiffbrüchigen, die im eisigen Wasser um ihr Leben kämpften, mit seinem Schiff vorbeifuhr und damit ihrem Schicksal, dem sicheren Tod überließ. Das alles nur, um nicht noch mehr Schiffe versenken zu lassen, deren Besatzungen dann auch im Wasser treiben würden.

In dieser Zeit berief Churchill Admiral Max Horton zum Befehlshaber der Atlantikkonvoifahrt. Horten einer der erfahrensten britischen U-Boot-Kommandanten des Ersten Weltkrieges, wirkte im Zweiten Weltkrieg als Schlachtschiff- und Kreuzeradmiral entscheidend beim Schutz der Atlantikrouten mit. An der Spitze dieses sensiblen Bereiches der britischen Seekriegsführung stand jetzt ein Mann, der sowohl aus der Sicht des U-Boot-Fahrers als auch aus der Perspektive der Konvoisicherung die Aufgabe mit Nachdruck anpackte.

Zu einer Zeit der großen Verluste wurde Admiral Horten zum Befehlshaber der Sicherungsstreitkräfte auf den atlantischen Zufahrtswegen im Westen der britischen Inseln den sogenannten *Western Approaches* berufen. Er stand nun vor der schweren Aufgabe des Kampfes gegen U-Boote in der Schlacht um den Atlantik. Er motivierte die Männer der britischen U-Boot-Abwehr für diesen schweren Kampf und trieb die U-Jäger mit rücksichtsloser Entschlossenheit in den Kampf. Mit seinem Amtsantritt forcierte er die Verbesserung und Verstärkung der U-Boot-Abwehrstreitkräfte in personeller, materieller und technischer Hinsicht. Er inspirierte neue taktische Verfahren und setzte eine straffe Führung der Kräfte

Admiral Max Horton (Mitte)

durch. Horton konnte sich als ehemaliger U-Boot-Fahrer in die Probleme der deutschen U-Boot-Führung hineindenken und nutzte deren Schwächen für diesen Kampf aus. Admiral Horton setzte auch durch, daß zusätzlich zu der Konvoisicherung sogenannte frei operierende *Unterstützungsgruppen* formiert und den Geleitzügen beigegeben wurden.

Als sich im Verlaufe des Jahres 1942 die Lücke der Luftdeckung über dem Nordatlantik weiter schloß (das Loch betrug noch 300 Seemeilen), setzte die deutsche U-Boot-Führung die U-Boote verstärkt auch im sogenannten *Black Gap*, einem Seegebiet im Raum der Azoren ein, das ebenfalls noch nicht aus der Luft gedeckt werden konnte. Hier verlief der Sierra-Leone-Verkehr.

Waren die Schiffe und Flugzeuge einer Konvoisicherung mit Radar ausgerüstet, so traten wesentlich niedrigere Verluste auf. Aber so weit war man 1942 noch nicht. In den Monaten Juli bis September versenkten deutsche U-Boote auf den alliierten Seeverbindungen 1 516 090 BRT Schiffsraum. Im gleichen Zeitraum gelang es der U-Boot-Abwehr 32 U-Boote zu vernichten. Im Ver-

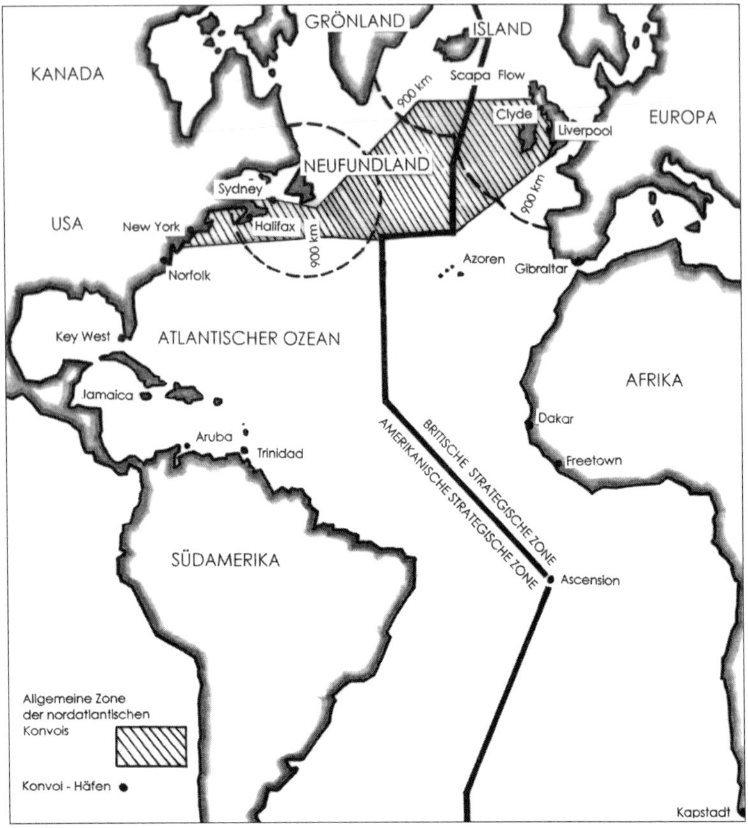

Organisation der Atlantikverteidigung 1942

hältnis zu den in See befindlichen U-Booten waren das im Juli 15 Prozent, im August 9 Prozent und im September 6 Prozent.

Wie verheerend sich noch immer die Verluste im Konvoi auswirkten, wenn die Sicherungskräfte noch nicht mit Radar ausgerüstet waren, unterstreicht der Schaden, den der Konvoi ON 127 Anfang September 1942 im Nordatlantik nahm. Vier Tage griffen die U-Boote an. Es wurden 7 Schiffe mit 50 205 BRT und der Zerstörer *Ottawa* versenkt, vier weitere Transporter erhielten Torpedotreffer. Den Sicherungskräften gelang es nicht, auch nur ein U-Boot zu vernichten.

In Deutschland arbeiteten Forschung und Industrie fieberhaft daran, den Kampfwert der U-Boote wiederherzustellen. Die Boote mußten gewarnt werden, wenn sie von Radar geortet wurden. Um den U-Booten einen Schutz gegen diese überraschenden Angriffe zu geben, kamen im August 1942 Funkmeßbeobachtungsgeräte (FuMB) *Metox* an die Front. Diese Geräte hatten die Aufgabe, elektromagnetische Wellen, die den Bootskörper trafen, rechtzeitig anzuzeigen. Im Interesse einer zügigen Produktion und Ausrüstung der Boote, waren die Geräte in Konstruktion und Ausführung recht einfach. Es handelte sich um einen Empfänger aus der französischen Radioindustrie, der im Funkraum aufgestellt wurde. Ein *fliegendes* Kabel, durch das Turmluk gezogen, führte zur Antenne, zum sogenannten Biskaya-Kreuz. Ein Nachteil des Gerätes war, daß es bei jedem Tauchen mit ins Boot genommen werden mußte und dadurch das Alarmtauchen verzögerte. Dennoch war diese Behelfslösung effektiver als es die U-Boot-Fahrer zunächst wahr haben wollten.

Die alliierte U-Boot-Abwehr mußte einschätzen, daß mit Hilfe von Metox 95 Prozent der U-Boote die Biskaya-Passage meisterten. Metox ließ im Oktober 1942 die Biskaya-Offensive der Alliierten gegen die U-Boote fast zum Stehen kommen. Die Flugzeuge arbeiteten mit ihren Radaranlagen noch im 1,5-m-Wellenbereich, der von dem FuMB erfaßt wurde, und den U-Booten noch eine gewisse Chance gab, Schutz in der Tiefe des Atlantiks zu suchen. Metox blieb bis Februar 1943 wirksam. Mit der Einführung des 10-cm-Radars ASV III wurde dieses FuMB unwirksam.

Das gewaltige Industriepotential und die Anstrengungen im Kampf gegen die deutschen U-Boote machten sich in der Atlantikschlacht bemerkbar. Bis zum Jahresende 1942 hatte Großbritannien sechs Geleitträger in Dienst gestellt. Mit Zunahme der U-Jagd-Fahrzeuge waren die Alliierten in der Lage, im Jahre 1943 fünf selbständige U-Jagd-Gruppen, die Geleitträger in ihrem Bestand hatten, zur Unterstützung der Konvoisicherungen und zur U-Boot-Suche in U-Boot-gefährdeten Seegebieten zu formieren.

Mit der Geleitflugzeugträgerklasse *Bogue* hatten die Alliierten im Frühjahr 1943 beginnend Schiffe in die Atlantikschlacht eingeführt, die in kurzer Zeit das Schicksal der deutschen U-Boote mit besiegeln sollten. Diese Träger wurden zum Kern der *Support Groups*. Die Geleitträger *Bogue*-Klasse waren in der Lage, bis zu 20 Maschinen einzusetzen. Vorwiegend starteten von diesen Trägern Kampfflugzeuge vom Typ *Martlet* und *Avenge* gegen U-Boote. Es waren Maschinen, die Bordwaffen einsetzten und Bomben warfen.

Aber die alliierten und neutralen Tonnageverluste stiegen trotz aller Anstrengungen weiter an. Zwischen Januar und Oktober verdoppelte sich die Anzahl der Frontboote. Die Tonnageeinbuße überstieg die von der amerikanischen und britischen Werftindustrie in diesem Zeitraum abgelieferte Neubautonnage erheblich. Das führte vor allem in Großbritanniens angespannte Verteidigungswirtschaft zu einer Krise. Als der U-Boot-Krieg im November seinem dramatischen Höhepunkt zustrebte, schuf der britische Premier einen neuen Anti-U-Boot-Ausschuß, den er mit umfangreichen Vollmachten zur Führung des Kampfes gegen U-Boote ausstattete. Churchill urteilte rückblickend in seinen Memoiren: *»Allein das Jahr 1942 hielt manchen herben Schock für uns bereit und sollte sich im Atlantik als das schlimmste des ganzen Krieges erweisen... Sechs oder sieben Monate wüteten die U-Boote fast ungehindert in den amerikanischen Gewässern und trieben uns um ein Haar in die Katastrophe einer nicht abzuschätzenden Kriegsverlängerung.«* (W. S. Churchill, Der Zweite Weltkrieg, S. 151.)

Zur Vermeidung der hohen Tonnageverluste war die Sicherung der Geleite in den Admiralstäben zum Thema Nummer Eins gemacht worden. So war der folgerichtige Schritt der Alliierten zur erfolgreichen Bekämpfung der deutschen U-Boote die Schaffung einer gemeinsamen Abteilung *Konvois und Marschrouten*. Bereits die Beladung der Transporter und die Formierung der gewaltigen Konvois mußte gemeinsam geplant und koordiniert werden. Diese Aufgaben wurden von der neugeschaffenen Abteilung übernommen. Sie stellte die Handelsschiffe zu Konvois zusammen, organisierte die Geleiteinweisungen. Sie legte auch die Marschrouten der Konvois fest. Bei der großen Anzahl der Geleitzüge, die damals den Atlantik überquerten, keine einfache Aufgabe.

Alle diese Anstrengungen zahlten sich im Laufe der Zeit aus. Immer seltener brach auf den Handelsschiffen Panik aus, wenn des Nachts ein Schiff torpediert wurde. Stellte man U-Boote fest, so war unmittelbar darauf das ganze Seegebiet durch Leuchtraketen und Leuchtschirme erhellt. Außer den Sicherungsschiffen bekämpften auch die Transporter gesichtete U-Boote. Während der Abwehr von U-Boots-Angriffen am Geleit, wurden große Mengen Wasserbomben verbraucht, die über die Kampfsätze der Schiffe

Großadmiral Karl Dönitz an der Positionstafel seiner Einheiten. Foto: Sammlung Israel

weit hinausgingen. Den Ersatz trugen die Transportschiffe im Konvoi mit.

Die folgende Tabelle hebt die Bedeutung des Geleitdienstes im Kampf gegen U-Boote hervor. Aus ihr wird ersichtlich, daß in der Zeit, als die Alliierten noch nicht in der Lage waren, die Seetransporte aktiv zu schützen, die größte Effektivität im Kampf gegen U-Boote dort erreicht wurde, wo die Unterseeboote massiert angriffen; das war in der Nähe der Geleitzüge. Es war die Umkehrung der Devise von Karl Dönitz, der Konzentration von Transportern in den Konvois die U-Boot-Gruppen entgegenzusetzen. Dem konzentrierten U-Boots-Angriff mußte also eine konzentrierte Abwehr entgegengestellt werden.

Effektivität des Konvoidienste und Effektivität des offensiven Kampfes gegen U-Boote vom September 1939 bis Mai 1943

Eingesetzte Kräfte und Mittel	Versenkte U-Boote	Gesamt, Prozent
Konvoidienst vernichtet durch U-Jagd-Schiff und -Flugzeuge	150	65
Offensive Maßnahmen vernichtet durch Schiffs- und Flugzeug-U-Jagd-Gruppen in See	21	9,4
vernichtet durch Schiffs- und Flugzeug-U-Jagd auf den Zufahrten	24	10,6
vernichtet durch Minen, die mit offensiven Zielen gelegt waren	6	3,0
vernichtet durch Bombardierung von Stützpunkten, Werften usw.	0	0
Gesamtvernichtung durch offensive Maßnahmen	51	23

Im November 1942 mußte die alliierte U-Boot-Abwehr aus den Atlantik-Geleitzügen 125 Zerstörer, Kanonenboote, Fregatten und Korvetten sowie 52 Minensucher herausziehen und zur Sicherstellung der Operation *Torch*, der Anlandung in Nordafrika bereitstellen. Durch diesen Aderlaß mußten die sich gerade zu bewähren beginnenden U-Jagd-Unterstützungsgruppen aus Mangel an Schiffen wieder aufgelöst werden. Außerdem sollten die Atlantik-Konvois, um Treibstoff, Zeit und Eskorten zu sparen, die direkte Route nehmen. Dieser Entschluß begünstigte die Operationen der deutschen U-Boot-Rudel und erhöhte die Tonnageverluste dramatisch. Allein aus sieben Konvois schossen die U-Boote 43 Schiffe heraus.

Im Dezember 1942 hatte die deutsche U-Boot-Waffe 397 U-Boote in ihrem Kampfbestand. Ende 1942 sicherten trotz der Operation *Torch* weit mehr als 500 UAW-Schiffe – Zerstörer, Fregatten und Korvetten – die atlantischen Seewege. Annähernd 1 000 Flugzeuge befanden sich von Geleitträgern aus im Einsatz. Das reichte aber nicht aus. In dieser Phase des Krieges auf dem westlichen Kriegsschauplatz ging die Hauptgefahr für alle weiteren Planungen von den deutschen U-Booten aus. Noch immer schlugen sie in den Seegebieten zu, in denen landgestützte Flugzeuge nicht hinreichten und die Geleitträger – deren Bereitstellung sich für die Atlantik-Konvois auf Grund der Operation *Torch* um weitere sechs Monate verzögert hatte – nicht genügend vorhanden waren.

Versenkter Handelsschiffsraum 1942[1]

Januar	56 Schiffe	301 224 BRT
Februar	72 Schiffe	429 255 BRT
März	93 Schiffe	507 514 BRT
April	81 Schiffe	418 161 BRT
Mai	129 Schiffe	616 835 BRT
Juni	136 Schiffe	636 926 BRT
Juli	96 Schiffe	467 051 BRT
August	117 Schiffe	587 245 BRT
September	96 Schiffe	461 794 BRT
Oktober	89 Schiffe	583 690 BRT
November	126 Schiffe	802 160 BRT
Dezember	64 Schiffe	337 618 BRT
Gesamt	1 155 Schiffe	6 149 473 BRT

Ende Dezember 1942 wurde von Trinidad aus zur Sicherstellung der Operation *Torch* ein Spezialkonvoi im Bestand von neun großen Tankern unter der Bezeichnung TM 1 nach Gibraltar in Marsch gesetzt. Gesichert wurde der Verband von dem Zerstörer *Havelock* und drei Korvetten verhältnismäßig schwach. Zu dieser Zeit erkannte Bletchley Park unter der Bezeichnung *Delphin* ein U-Boot-Rudel, das zwischen den Azoren und Madeira operierte. Das OIC vermutete richtig, daß die Gruppe *Delphin* auf den *Torch*-

1 Angaben nach V. E, Tarrant, Kurs West, S. 144–184.

Nachschub angesetzt war. Durch Zufall entdeckte U 514 (Kapitänleutnant Auffermann) den Konvoi und meldete diesen an die U-Boot-Führung und damit auch an die Gruppe *Delphin*.

So erging an TM 1 der Befehl, nach Einbruch der Dunkelheit den Kurs steil nach Süden zu ändern, um dem Rudel großräumig auszuweichen. Aber TM 1 änderte den Kurs auf Entschluß des Geleitführers nicht und U 514 hielt Fühlung. Noch am selben Abend kam Auffermann am Konvoi zum Schuß und versenkte *British Vililance*. Danach verlor U 514 den Kontakt zu TM 1. Die U-Boot-Führung beorderte weitere Boote in das Seegebiet, um TM 1 vollständig zu vernichten. Delphin hatte nun fast zehn U-Boote im Bestand und stellte, gegenseitig Fühlung haltend, den Kontakt zum Konvoi wieder her. Bis zum 10. Januar 1943 wurden sieben der neun Tanker versenkt. Erst als am 11. Januar aus Gibraltar Luftunterstützung erschien, mußten die U-Boote den Kampf aufgeben.

Wäre TM 1 den empfohlenen Ausweichkurs gefolgt, hätte der Konvoi die U-Boot-Gruppe in einhundert Seemeilen umfahren. So aber verlor er sieben Tanker mit 100 000 t Öl. Für die Kriegsführung in Nordafrika eine Katastrophe. Am 14. Januar liefen die beiden verbliebenen Tanker unbeschädigt in Gibraltar ein. Als Folge der Operation *Torch* wurden von den deutschen U-Booten 119 Schiffe mit 729 160 BRT versenkt. Insgesamt versenkten die U-Boote im Jahre 1942 6 149 473 BRT. Im gleichen Zeitraum wurden 88 deutsche U-Boote vernichtet.

Hauptaufgabe U-Boot-Abwehr

Bei ihrem Treffen in Casablanca mußten sich die amerikanische und die britische Seite eingestehen, daß die Operation *Torch* dic Alliierten in der Atlantikschlacht um Monate zurückgeworfen hatte. Die Tragödie von TM 1 führte zu Schlußfolgerungen für die Formierung der Atlantik-Konvois. Künftig sollte der Kampf gegen die deutschen U-Boote wieder absolute Priorität haben. Das bedeutete aber auch, daß die Invasion in Europa für 1943 zurückgestellt wurde. Die westlichen Alliierten mußten erkennen, daß sie noch nicht in der Lage waren, die beiden für dieses Jahr gestellten Aufgaben, nämlich die Versorgung Großbritanniens zu sichern und gleichzeitig in Westeuropa die zweite Front zu eröffnen, zu erfüllen. Dafür konzentrierte die US-Navy jetzt mehr Kräfte in der Atlantikschlacht, um Rüstungsgüter und Nachschub aller Art für die nun 1944 geplante Invasion über den Ozean nach Europa zu bringen.

Allein für den Kampf gegen die deutschen U-Boote zur Sicherstellung der Atlantiktransporte forderte die britische Seite zusätzlich 65 Geleitsicherungsgruppen, mehr als 12 Geleitträger und so viele Langstrecken-*Liberators* wie möglich. Im Abschlußbericht der Stabschefs über *Die Führung des Krieges im Jahre 1943* heißt es u. a.: »*Die vordringlichste von den Streitkräften der Vereinten Nationen zu erfüllende Aufgabe bleibt die Niederringung der U-Boote. Die Sowjetstreitkräfte müssen in größtem Umfang mit Kriegsmaterial versorgt werden.*« (W. S. Churchill, Der Zweite Weltkrieg, S. 742.)

Das in Großbritannien stationierte amerikanische Bomberkommando erhielt die Weisung, innerhalb des Gesamtkonzepts vorerst folgende Ziele mit Vorrang anzugreifen: »*a) deutsche U-Boot-Werften, b) die deutsche Flugzeugindustrie* ...« (W. S. Churchill, S. 187.) Im Ergebnis dieser Richtungsentscheidung warfen alliierte Bomberverbände 11 000 Tonnen Sprengbomben und annähernd 8 000 Tonnen Brandbomben auf U-Boot-Stützpunkte am Atlantik, auf U-Boot-Werften und auf deutsche Häfen ab.

Der Befehlshaber der Western Approaches, Admiral Horten, unternahm in dieser Lage große Anstrengungen, um der bedrohlichen U-Boot-Lage Herr zu werden. Es kam zu Umgruppierungen der Hochsee-Eskorten aus der Gibraltarroute sowie kanadischer Einheiten zugunsten der Öl-Konvois aus der Karibik und zum Schutz der Seeverbindungen im Atlantik. Die durch diese Maßnahmen freiwerdenden 27 Zerstörer und Fregatten sowie ein Geleitträger der Home Fleet wurden den Western Approaches für den Einsatz im Atlantik zugeteilt. Obwohl nun weite Gebiete des Atlantiks aus der Luft überwacht wurden, war in der Mitte des Ozeans noch ein Gebiet, das von den landgestützten Flugzeugen nicht erreicht werden konnte. Um auch die letzte Lücke zu schließen, wurden hier Hilfsflugzeugträger entfaltet.

Es kam am Beginn des Jahres 1943 darauf an, die Tonnageverluste herabzusetzen. Durch die *Triton-/Sharpkrise* wußte man in Bletchley Park seit Dezember 1942 nur in Umrissen, daß die Deutschen vermutlich einen großen Schlag im Atlantik vorbereiteten.

Es wurde klar, daß nur die Gesamtheit aller Anstrengungen und Umstände den Erfolg im Kampf gegen U-Boote bringen konnte. Dazu gehörte, daß die Alliierten alle verfügbaren Luft- und Seestreitkräfte auf die Sicherung der Seeverbindungen im Atlantik konzentrierten, daß *Sharp* wieder mehr Informationen lieferte und daß nicht mehr die direkten Routen gewählt, sondern die Konvois möglichst auch auf Umgehungswegen um die U-Boot-Rudel herumgeführt wurden. Aufwand und Nutzen bestätigten dann auch, daß der mehr verfahrene Treibstoff durch weniger Verluste auch an Tankern wettgemacht wurde. Zu den günstigen Umständen im Januar 1943 gehörte auch das für U-Boote extrem ungünstige Wetter. Schwere Winterstürme und verbunden mit schlechter Sicht tobten über dem Atlantik.

Aber noch immer versenkten die massiert eingesetzten U-Boote hohe Tonnenzahlen an Transportraum. Selbst permanenter Geleitschutz mit Schiffs- und Flugzeugdeckung konnten nicht verhindern, – so die britische Seekriegsgeschichtsschreibung – daß auch im Jahre 1943 wiederholt U-Boote an die Konvois herankamen und des nachts angriffen. Im März 1943 gelang es den deutschen U-Booten noch einmal Schiffe mit mehr als einer halben Million BRT zu versenken. In der britischen Admiralität kamen jetzt sogar Zweifel an der Wirksamkeit des Konvoisystems auf.

Den Anstrengungen und Erfolgen der Alliierten stand im Frühjahr 1943 die zahlenmäßig wachsende deutsche U-Boot-Waffe gegenüber. Die U-Boot-Führung setzte die Boote zielstrebig in weiträumigen Such- und Angriffsoperationen ein, durchkreuzte die Anstrengungen der Alliierten und führte im Atlantik zu einer ernsten Krise auf den Seeverbindungen. Vier in kurzen Abständen nach Großbritannien laufende schwer beladene Konvois, SC 121, HX 228, SX 122 und HX 229 wurden so schwer getroffen, daß die Verluste mit zu dieser Krise führten. In diesen Kämpfen wurden 146 000 BRT Schiffsraum versenkt, und das obwohl GC & CS rechtzeitig die Angreifer gemeldet hatte und die Konvois von starken und erfahrenen Eskorten unter vollem Einsatz gesichert wurden.

In den ersten zwanzig Tagen des Monats März gingen mehr als eine halbe Million BRT Schiffsraum verloren. 108 der 120 verlorenen Schiffe wurden von U-Booten versenkt, und 82 davon sanken im Nordatlantik. In diesem Zusammenhang ist es interessant, daß nach dem 10. März keine *Sharp*-Nachrichten mehr eingingen, die zur Analyse der U-Boot-Lage notwendig gewesen wären.

Damals urteilte die britische Admiralität über den März 1943: »*Nie kamen die Deutschen dem Ziel einer Unterbrechung der Verbindungswege zwischen der Alten und der Neuen Welt näher, als in den ersten zwanzig Tagen des März 1943.*« (Zit. nach: D. Vat, Schlachtfeld, S. 494.) Nach gründlicher Untersuchung der Kampfhandlungen im Winter und Frühjahr kam man schließlich zu einer günstigeren Einschätzung. Denn trotz der Verluste im März stimmten die realen Ergebnisse zuversichtlich. Der größte Teil der versenkten Schiffe waren Nachzügler. Aus den Konvois selbst wurden nur 4 Prozent versenkt. Außerdem hatten die Briten aus dem deutschen Funkverkehr herausgefunden, welche Sorgen der deutschen U-Boot-Führung die wachsende Luftdeckung der Geleitzüge bereitete.

Und es sollte für die deutschen U-Boote noch schlimmer kommen. Die gewaltigen Verluste auf den Atlantikrouten im März 1943 veranlaßten Churchill zu dem Entschluß, alle Kräfte gegen die U-Boote zum Einsatz zu bringen. Selbst die *Very Long Range Aircraft*, gewaltige Fernbomber, wurden in die Atlantikschlacht gegen die deutschen U-Boote eingeführt. Das britische Kabinett beschloß auch, bisherige Rücksichten gegenüber der französischen Bevölkerung zurückzustellen, Städte und Stützpunktanlagen in der Nähe der U-Boot-Bunker an der französischen Atlantikküste sollten mit Bomben belegt werden. Mit diesen Bombardierungen sollten die Reparaturmöglichkeiten zerstört werden, denn die U-Boot-Bunker waren gegen Fliegerbomben sicher. Im Ergebnis dieser Luftangriffe wurden die französischen Hafenstädte erheblich mehr zerstört als die U-Boot-Reparaturen in den Bunkern behindert werden konnten. Als die Bunker im Bau waren und Bomben noch eine Gefahr dargestellt hätten, hatten die Briten davor zurückgeschreckt.

Unterschiede in der Bewertung der Prioritäten im Einsatz der Fernbomber zwischen der US-Air Force und der britischen Admiralität führten dazu, daß die Sicherung der Seewege bei weitem nicht die Kräfte erhielt, die nötig gewesen wären. Die meisten der vorhandenen *Liberator* Maschinen waren im Bombeneinsatz über Deutschland oder Nordafrika. Die am 1. März 1943 in Washington begonnene Konvoi-Konferenz sollte dann unter maßgebendem

Amerikanisches Prisenkommando nimmt aufgebrachtes U-Boot in Schlepp. Foto: L. Peillard, Geschichte des U-Boot-Krieges

Einfluß von Churchill Weichenstellungen zugunsten des Atlantiks bringen. Es wurde beschlossen, daß die US-Air Force und die US Navy 135 *Liberators*, die Royal Air Force 120 und die Royal Canadian Air Force 20 Maschinen dieses Fernbombertyps für den Atlantikeinsatz bereitstellten.

Ende März 1943 hatte sich die Lage für die Alliierten im Atlantik wieder stabilisiert. Das lag daran, daß Admiral King seine Zusagen zur Konvoisicherung einhielt, das Grönlandloch durch den Einsatz der *Liberators* geschlossen werden konnte und Admiral Horton 27 Eskorten von der Home Fleet zu fünf Unterstützungsgruppen für den Atlantik formieren konnte.

Der U-Boot-Krieg im Atlantik tobte weiter. Im April 1943 versenkten die deutschen U-Boote 50 Transporter mit 287 137 BRT und die alliierte U-Boot-Abwehr vernichtete 15 U-Boote. Im Mai trat dann offensichtlich die Wende in der Atlantikschlacht ein.

Anfangs wurden im Nordatlantik zwar noch einmal 45 Schiffe mit 237 777 BRT versenkt, aber im weiteren griffen die U-Boote vier Geleitzüge im Bestand von 161 Transportern erfolglos an. Alle Schiffe erreichten unbeschädigt ihre Ziele. In diesem Monat verlor die U-Boot-Waffe aber 38 Boote durch Feindeinwirkung. Die Gesamtverluste an U-Booten betrugen 43 Boote, das war die doppelte Neubaurate.

Von der U-Boot-Abwehr versenkte U-Boote
(August 1942 bis Mai 1943)

UAW-Kräfte	Anzahl
Überwasserkampfschiffe	39
Flugzeuge	71
Schiffe und Flugzeuge im Zusammenwirken	12
Minen	4
Jagd-U-Boote	4
Gesamt	130

Nachdem im Frühjahr 1943 die Funkmeßanlagen vom Dezimeterwellenbereich auf den Zentimeterwellenbereich in Gestalt der neuen ASVIII-Radaranlagen umgestellt worden waren, sprachen die FuMB-Geräte der U-Boote nicht mehr an, und die UAW-Flugzeuge und -Schiffe konnten die U-Boote wieder überraschend angreifen. So waren die U-Boote nachts blind und durch die eigenen Dieselgeräusche auch taub. Sie konnten ihre Angreifer nicht mehr feststellen und waren ihnen wehrlos ausgeliefert. Auch der Befehl der U-Boot-Führung, nachts getaucht zu fahren und am Tage nur so lange aufzutauchen, bis die Batterien wieder vollgeladen waren, machte keinen Sinn. Denn selbst das bewährte *Leigh-Light* war durch das *ASVIII* überflüssig geworden. Die Flugzeuge verloren beim Angriff nicht mehr den Kontakt zum Ziel. Hinzu kam, daß sich der Ausbildungsstand der alliierten Flugzeugbesatzungen entscheidend verbessert hatte. Sie setzten die neuen Waffen und Geräte mit hoher Perfektion gegen die U-Boote ein. Nach dem April 1943 waren die Alliierten in der Lage, zunehmend mehr U-Jagd-

Unterstützungsgruppen zu formieren. Diese Flottillen waren von Geleitschutzpflichten befreit und jagten die U-Boote selbständig auf den Geleitwegen im Nordatlantik.

In den USA war im Jahre 1943 die sogenannte *Zehnte Flotte* formiert worden. Dabei handelte es sich um eine Führungsstelle, die seit Mai 1943 den Kampf gegen U-Boote auf den Atlantikrouten lenkte. Nach britischem Vorbild verfügte die *Zehnte Flotte* über einen *Submarine Tracking Room*, der sich auch auf Informationen der Royal Navy stützen konnte. Nach Auswertung der U-Boot-Lage wurde entschieden, welchen Weg die Geleitzüge zu nehmen hatten und wie die Route im Verlaufe des Marsches bei U-Boot-Gefahr präzisiert werden mußte.

Im Submarine Tracking Room wurde der gesamte aufgefangene deutsche Funkverkehr zwischen der U-Boot-Führung und den Booten im Atlantik entschlüsselt. Nach entsprechenden Konsultationen mit Bletchley Park und laufendem Informationsaustausch war die *Zehnte Flotte* auf dem Gebiet der Entschlüsselung voll auf der Höhe dieser anspruchsvollen Aufgabe. Als im Juni 1944 U 505 (Oberleutnant zur See Lange) nach harter Verfolgung aufgegeben werden mußte, und von einem amerikanischen Kommando geentert worden war, erbeuteten die Amerikaner auch die Chiffrierunterlagen des Bootes. Bei der Auswertung der Beute bestätigte sich, daß auch die *Zehnte Flotte* auf dem neuesten Stand war.

Für die U-Boot-Kommandanten kam der konzentrierte Einsatz der Geleitflugzeugträger im Bestand von starken U-Jagd- Unterstützungsgruppen, die massierte Bedrohung durch schwere Bomber und das neue Kurzwellenradar so überraschend, daß sie sich erst in die neue Lage finden mußten. Selbst wenn der Konvoi direkt in die U-Boot-Aufstellung hineinlief, kamen die Boote aufgrund der alliierten Luftherrschaft kaum noch zum Schuß. Die entstandene Lage im Atlantik machte der deutschen U-Boot-Führung zunehmend Sorgen.

Der BdU mußte eingestehen, daß unter den Bedingungen permanenter UAW-Luftpatrouillen in der Biskaya und an den Geleitzügen sowie freimanövrierender U-Jagd-Gruppen auf den Seewegen die deutschen Tauchboote als Kampfmittel nicht mehr geeignet waren. Zu kurz waren ihre Tauchzeiten und zu gering ihre Unterwassergeschwindigkeit. Sobald sie auftauchten, um ihre Batterien zu laden, wurden sie geortet und von Flugzeugen und Schif-

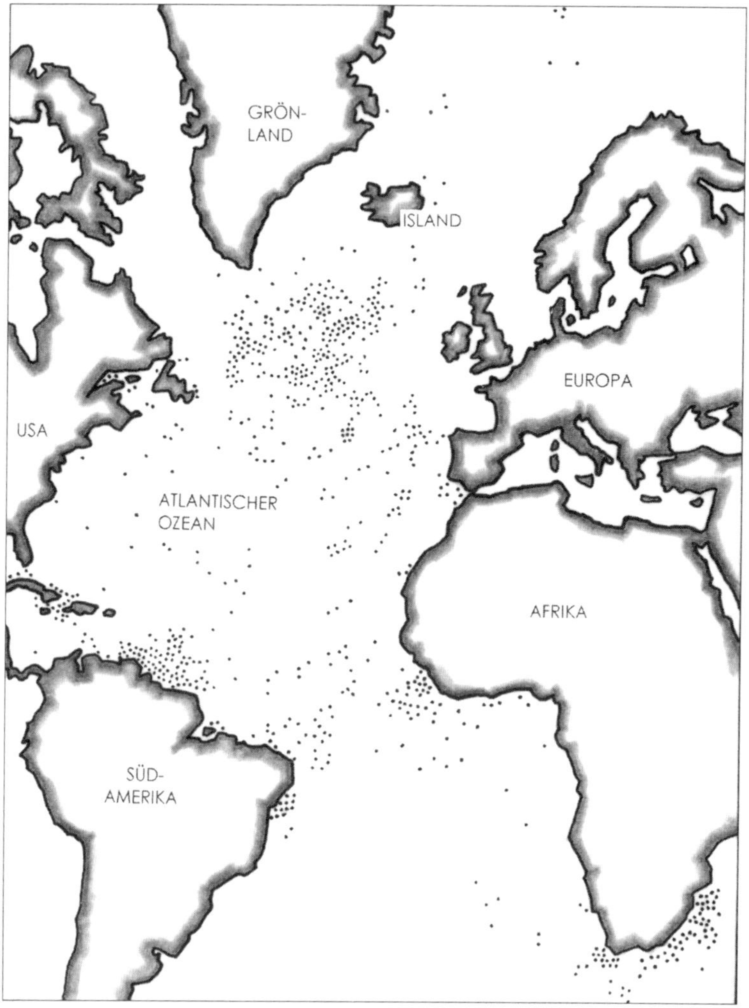

Schiffsverluste durch U-Boote von August 1942 bis Mai 1943

fen angegriffen. Wesentlichen Anteil an den nun einsetzenden deutschen U-Boot-Verlusten, hatte die konzentrierte Luftpatrouille durch die Royal Air Force über der Biskaya.

Ende Mai ließ der Befehlshaber der Western Approaches, Admiral Horton, an alle ihm unterstellten Verbände und Einheiten einen Funkspruch absetzen, aus dem die ganze Siegeszuversicht der Alliierten sprach: *»In den letzten beiden Monaten hat die Schlacht im*

Atlantik eine entscheidende Wendung zu unseren Gunsten genommen... Alle Eskorten-Verbände, Hilfsverbände, Geleitträger und ihre Maschinen wie auch die Flugzeuge von den verschiedenen Luftkommandos haben zu diesem großen Erfolg beigetragen... Der Höhepunkt der Schlacht liegt hinter uns.« (Zit. nach: D. Vat, Schlachtfeld, S. 516.)

Vom Juni 1943 bis Mai 1945

Die Wende

Unter dem Druck der hohen Verluste die von der U-Boot-Waffe hingenommen werden mußten, zog die U-Boot-Führung ihre Boote aus dem Atlantik zurück. Sie sollten in weniger gefährdeten Seegebieten zum Einsatz kommen. Dieser Entschluß brachte nicht die erwarteten Ergebnisse. Die Alliierten waren in der zweiten Hälfte des Jahres so stark, daß ihre schweren *Liberator*-Maschinen, die Hunter Killer Groups und Bletchley Park überall hinreichten, um die U-Boote aufzuspüren und zu verfolgen. Allein der Sommer 1943 brachte 4 000 deutschen U-Boot-Fahrern Tod oder Gefangenschaft.

Am 2. August 1943 befahl der BdU, daß die U-Boote in den Atlantikstützpunkten zu verbleiben hatten. Die Verluste in der Biskaya waren dramatisch gestiegen. Erst im September liefen die ersten Boote wieder in den Atlantik aus, um dann aber am 16. November aus dem westlichen Atlantik zurückgezogen zu werden. Wie am Kriegsbeginn operierten die U-Boote wieder auf den westlichen Zugängen, jetzt aber unter erheblichen Verlusten durch die perfekt eingespielte U-Boot-Abwehr.

Die dauerhafte Wende in der Atlantikschlacht resultierte aus einer Vielzahl von Faktoren: Vor allem war es gelungen, die sogenannten *Luftlöcher* über dem Atlantik mit Hilfe von Langstreckenflugzeugen und Geleitträgern zu schließen. Weiter kam jetzt das gewaltige Kriegs- und Handelsschiffsbauprogramm voll zum Tragen. Nicht zu vergessen sind die außerordentlichen Ergebnisse der Nachrichtendienste. In den Gesamtrahmen dieser siegreichen Entwicklung gehörten auch die Bereitstellung modernster Waffen und Geräte für den Kampf gegen U-Boote. Dieser Kriegslage hatte die deutsche Seite nicht mehr viel entgegenzusetzen, sie war das Ergebnis eines 45 Monate währenden Kampfes um die Seeverbindungen zwischen der Alten und der Neuen Welt.

Noch vor den hohen Versenkungszahlen, die von den alliierten Luftstreitkräften gegen die deutschen U-Boote erzielt werden konnten, liegt der Wert für die U-Boot-Abwehr vor allem in der Allgegenwärtigkeit der Flugzeuge, die den Unterwassergegner zum Tauchen zwang und ihn damit am Angriff hinderte.

Die Kapitulation der deutschen 6. Armee in Stalingrad war ein Wendepunkt im Kriegsverlauf und sollte auch in die Schlacht um den Atlantik hineinreichen. Nach Stalingrad hatte sich die militärisch-strategische und wirtschaftliche Lage 1943 für Deutschland spürbar verschlechtert. Die großen Verluste an der Ostfront mußten ausgeglichen werden. Vor der Schlacht im Kursker Bogen hatte Hitler in einer Weisung festgelegt, alle Kräfte und Mittel, die Hauptkräfte von Heer und Luftwaffe und die gesamte Rüstungsindustrie auf diese Schlacht zu konzentrieren, die dann aber ebenfalls verloren ging.

Diese Entscheidung hatte aber auch zur Folge, daß der Kriegsmarine bereits bewilligte Mittel gestrichen oder gekürzt wurden, was sich namentlich auf die U-Boot-Kriegführung auswirken sollte. Es ging aber schon nicht mehr allein um die Quantität der in den Atlantik geschickten Unterseeboote, sondern vielmehr um die Qualität dieser Boote. Es mußte eine neue Generation von wirklichen Unterseebooten an die Front. Der Sprung vom Tauchboot zum ausgesprochenen Unterseeboot stand auf der Tagesordnung. Hier wurde auch nach Lösungen gesucht.

Herausforderung für die U-Boot-Abwehr

Der am 31. Januar 1943 unter gleichzeitiger Beförderung zum Großadmiral zum neuen Oberbefehlshaber der Kriegsmarine ernannte bisherige Befehlshaber der U-Boote, Karl Dönitz, unternahm große Anstrengungen, die Lage der U-Boote in See zu verbessern. In dieser schwierigen Situation stellte er an Forschung, Entwicklung und an die Industrie die Forderung, das echte Unterseeboot zu entwickeln. Im Auge hatte man dabei, die künftigen Boote mit dem Walterantrieb, einer außenluftunabhängigen Turbine, zu versehen. Die künftigen Unterseeboote sollten höhere Unterwassergeschwindigkeiten laufen, über größere Unterwasserfahrbereiche verfügen und sich erfolgreich gegen U-Jagd-Kräfte zur Wehr setzen können. Die neuen Unterseeboote sollten mit ihrem wesentlich größeren Unterwasserfahrbereich und ihrer höheren Unterwassergeschwindigkeit in der Lage sein, ohne sich vor einen Konvoi setzen zu müssen, auch aus achterlichen Winkeln in einen Geleitzug einzudringen und Schiffe zu versenken. Dazu sollten sie mit zielsuchenden Torpedos bewaffnet sein, die auch aus Tiefen bis zu 30 Metern geschossen werden konnten.

Als dann absehbar wurde, daß die Walterturbine vorerst nicht an die Front kommen würde, konzipierte man die Boote mit Schnorchel und Elektroantrieb für den ständigen Unterwassereinsatz. Im Zuge dieser Anstrengungen wurden im August 1943 die ersten Unterseeboote mit einem neuen, verbesserten FuMB *Hagenuk* oder *Wanze* ausgerüstet, das auch die Frequenzen der ASVIII-Radargeräte der Alliierten anzeigte. Hagenuk konnte allerdings auch nur Radarwellen mit einer Länge von mehr als 50 Zentimetern auffassen und die Besatzungen warnen. Die Alliierten arbeiteten aber inzwischen mit einem Neun-Zentimeter-Radar, daß weder von *Metox* noch von *Hagenuk* erfaßt wurde.

Außerdem waren bei den U-Boot-Typen VII und IX die Fla-Waffen an Bord verstärkt worden, um sich beim Marsch durch die Biskaya besser verteidigen zu können. Weiterhin erhielten die U-Boote Mitte des Jahres 1943 den akustischen Torpedo *Zaunkönig*, auch als T 5 bezeichnet, an Bord. Mit diesem Torpedo sollten sie sich vor allem gegen Zerstörer und Fregatten verteidigen können. Der *Zaunkönig* konnte aus 30 Metern Tiefe blind in Richtung des angreifendes Zerstörers abgefeuert werden.

Diese U-Jäger, die bisher ohne eigene Gefahr das im Alarm tauchende U-Boot angegriffen hatten, waren plötzlich verhängnisvoll gefährdet, da diese Torpedos selbständig die Schraubengeräusche des Verfolgers ansteuerten und ihn versenkten. Zunächst sahen sich die Kommandanten der Überwasserschiffe hilflos gegenüber dieser Waffe der U-Boote. Über Ultra hatte die alliierte U-Boot-Abwehr auch erste Informationen über den neuesten akustischen Torpedo T 5, *Zaunkönig* erhalten. Für die Alliierten waren die technischen Daten und die Parameter der akustischen Zielsucheinrichtung wichtig, um die Sicherungsfahrzeuge auf den Einsatz dieser Waffe seitens der U-Boote vorbereiten zu können. Die Unkenntnis über den Torpedo hatte vor allem in der Anfangszeit zu Zerstörerverlusten geführt.

Aus dem deutschen Funkverkehr erfuhren die Alliierten die Einsatzbedingungen für den T 5. Aus welcher Entfernung, Tauchtiefe und aus welchem Winkel der Torpedo losgemacht wurde und mit welcher Geschwindigkeit der *Zaunkönig* sein Ziel anlief. Diese Werte nutzten die Alliierten für die Entwicklung einer speziellen Geräuschboje, welche die Bezeichnung *Foxer* erhielt. Zunächst aber stoppten die Jäger ihre Maschinen, wenn die Horcher den Abschuß eines U-Boot-Torpedos meldeten, bis der Torpedo vorbeigelaufen war. Damit bildeten sie aber ein leichtes Ziel für normale Torpedos. Dann wurde von alliierter Seite der *Foxer* in die Bewaffnung eingeführt. Diese Bojen erzeugten starke Geräusche, die den Geräuschpegel des schleppenden Schiffes übertrafen. Schleppte nun ein Zerstörer oder eine Korvette den *Foxer*, wurde der T 5 vom schleppenden Schiff abgelenkt und lief auf diese Geräuschboje.

Die Kehrseite des Ablenkungsgerätes bestand darin, daß einmal die Asdic-Ortung gestört wurde und zum anderen der Foxer nur mit Geschwindigkeiten bis zu 15 Knoten geschleppt werden konnte. Beide Nachteile waren erheblich. Die Suchgeschwindigkeit von 12 bis 15 Knoten war gestört und der Angriffskurs mit 18 bis 25 Knoten konnte nicht gelaufen werden. Dennoch führte der Einsatz der Foxer zur Verhinderung einer Reihe von Schiffsverlusten. Die deutschen U-Boot-Kommandanten glaubten allerdings wesentlich mehr Zerstörer und Korvetten versenkt zu haben, als sie in der Realität getroffen hatten. Der im Alarm tauchende Kommandant konnte nur schwer entscheiden, ob der T 5 in einem Foxer detoniert war oder ob er seinen Verfolger getroffen hatte. Zu dieser Zeit war der deutschen Seite die Existenz des *Foxers* noch nicht bekannt.

Als dann im Juli 1944 ein VII-C-Boot, U 250 (Kapitänleutnant Schmidt), von sowjetischen U-Jägern im Finnischen Meerbusen versenkt worden war, gelangte der erste Torpedo dieses Typs in alliierte Hände. Nach Auswertung der gewonnenen Erkenntnisse konnten weitere Schlußfolgerungen für das taktische Verhalten der U-Jäger und für waffentechnische Maßnahmen zur Ablenkung dieser Torpedos gezogen werden.

Aber auch an dem Schutz vor überraschenden Radarangriffen arbeiteten Forschung und Industrie in Deutschland. Als die U-Boote im Jahre 1944 mit dem neuen FuMB *Naxos* ausgerüstet waren, wurden sie wieder vor den alliierten Radaranlagen gewarnt.

Ende 1944 kamen dann die ersten neuen U-Boot-Typen XXI und XXIII in die U-Boot-Waffe. Beim Typ XXI handelte es sich um ein großes Atlantikboot und beim Typ XXIII um ein Küsten-U-Boot. Diese Boote waren eine wesentlicher Schritt zum Unterseeboot im Sinne des Wortes. Nach dem Kriege wurden diese Typen in allen Flotten, die sich mit dem U-Boot-Bau befaßten, zur Grundlage für die weitere Entwicklung von herkömmlichen U-Booten genommen.

Im Kriege aber, kamen die Typen XXI und XXIII zu spät, um noch einmal in die Atlantikschlacht eingreifen zu können. Wären die neuen Unterseeboote Anfang 1944 frontreif gewesen und in größeren Stückzahlen zum Einsatz gekommen, hätten sie zwar den Ausgang des Krieges nicht ändern können, sie hätten aber für die alliierte U-Boot-Abwehr eine ernste Herausforderung dargestellt. Diese Boote wären in der Lage gewesen, ihre Überwassergegner – Zerstörer und Fregatten – zwei bis dreimal früher auszumachen als diese sie auffaßten. Mit ihrer höheren Unterwassergeschwindigkeit und ihrem größeren Unterwasserfahrbereich wäre es ihnen möglich gewesen, U-Boot-Suchgruppen und Konvoisicherungen auszumanövrieren und zum Schuß zu kommen. Mit dem verbesserten Schnorchelsystem hätten sie fast ausschließlich unter Wasser operieren können.

Auf den massiert vorgetragenen Angriff solcher U-Boote wäre die alliierte U-Boot-Abwehr Anfang 1944 nicht vorbereitet gewesen. Bereits der Einsatz der Schnorchelboote zeigte die Schwierigkeiten, die mit den neuen Booten auf die alliierte U-Boot-Abwehr zugekommen wären. Die Schnorchelboote waren aus der Luft optisch schwer auszumachen und der Schnorchel wurde von den damaligen Radaranlagen nicht erfaßt. Die Alliierten hätten sich aber mit Hilfe ihres gewaltigen Potentials, das ihnen innewohnte, und vor allem mit ihrer absoluten Luftüberlegenheit auch diesen Unterwassergegnern stellen müssen.

Die reale Lage auf dem Seekriegsschauplatz im Jahre 1943 sah aber anders aus, sie kann auch nicht losgelöst von der Gesamtkriegslage betrachtet werden. Im Zuge der Kriegsentwicklung gingen die Berechnungen zum U-Boot-Krieg nicht mehr auf. Die deutschen U-Boote wurden unter starken Verlusten aus der Offen-

Kopfteil einer Schnorchelanlage auf einem U-Boot des Typs XXI. Bei Unterwasserfahrt wurde die Anlage teleskopartig auf Sehrohrlänge ausgefahren. Der kugelförmige Schwimmer des Ventils ist deutlich zu sehen. Durch den waffelartigen Kunststoffüberzug sollte die Funkmeßortung des Schnorchelkopfes von der Wasseroberfläche erschwert werden.
Foto: Sammlung Israel

sive in die Devensive gedrängt, zumal die deutsche Luftwaffe, die den größten Teil ihrer Flugzeuge an der Ostfront einsetzen mußte, die Luftüberlegenheit an den west- und nordeuropäischen Küsten verloren hatte und die eigenen U-Boote kaum noch decken konnte. Hitler soll gegenüber Vizeadmiral Kranke bereits am 17. Januar 1943 erklärt haben, *daß man klar begreifen müsse, daß dieser U-Boot-Krieg aussichtslos werden würde, wenn wir im Osten nicht Rußland besiegen* (s. F. Minow, Die Stalingrader Schlacht, S. 1248).

Inzwischen hatten die Alliierten ihre U-Boot-Abwehr im bisher nicht gekannten Ausmaß verstärken können. Als Beispiele, wie im Sommer 1943 Funkaufklärung, Air Force und Schiffsgruppen bei der U-Boot-Jagd zusammenwirkten, soll hier die Ausschaltung einiger deutscher U-Tanker geschildert werden:

Bletchley Park entschlüsselte am 11. Juni einen Funkspruch an die U-Tanker U 118 und U 460. Darin wurde den Booten befohlen,

U 758 zu treffen und zu bebunkern. Der entschlüsselte Spruch war zwei Tage alt. Die U-Boote hatten sich bereits am 10. Juni getroffen. Dennoch plante die US Navy einen Angriff. Zur fraglichen Zeit befanden sich U 758 und U 460 auf dem Marsch nach Nordost und U 118 lief nach Süden, um weitere vier Boote zu versorgen. Die Amerikaner schickten eine *Task Force*, im Bestand des Geleitträgers USS *Bogue* und drei Zerstörer zu dem neuen Treffen. Noch hinter dem Horizont ließ der Träger Maschinen zur Seeaufklärung aufsteigen. Am Nachmittag des 12. Juni wurde U 118 in Überwasserlage ausgemacht und von neun U-Jagd-Flugzeugen mit Wasserbomben angegriffen und versenkt.

Von der U-Boot-Abwehr versenkte U-Boote
(Juni bis September 1943)

UAW-Kräfte	Anzahl
Überwasserkampfschiffe	16
Flugzeuge	63
Schiffe und Flugzeuge im Zusammenwirken	2
Minen	1
Jagd-U-Boote	2
Gesamt	84

Dann ortete eine Patrouille der Royal Air Force am 24. Juni den Tanker U 119 in der Biskaya. Diese gab die Sichtmeldung an *Johnnie* Walkers Unterstützungsgruppe, die in diesem Seegebiet operierte. Mit Höchstfahrt lief die U-Jagd-Gruppe im Bestand von vier Schiffen zu der angegebenen Position. Von den U-Jägern wurde das Tauchen von U 119 noch beobachtet. Walker entfaltete die Gruppe zur U-Boot-Suche. Bald hatten die Schiffe Asdickontakt. Sofort gingen die U-Jäger zur Bekämpfung über. Pausenlos warfen den Schiffe im Wechsel ihre Wasserbombenserien auf U 119. Mit schweren Beschädigungen tauchte das Boot auf und wurde von Walkers Führerschiff gerammt. Keiner der Männer konnte gerettet werden.

Als Bletchley Park Ende Juni 1943 einen Spruch dechiffrierte, aus dem hervorging, daß die U-Boot-Führung die U-Boot-Gruppe

Monsun – die Gruppe bestand aus zehn U-Booten des Typs IX – in den Indischen Ozean in Marsch gesetzt hatte, schickte die 10. US-Flotte vier Unterstützungsgruppen, jede hatte einen Geleitträger und drei Zerstörer in ihrem Bestand, in das aufgeklärte Seegebiet. Die Gruppe *Monsun* nahm südlich der Azoren Treibstoff von U 487. Trägermaschinen orteten den U-Tanker überraschend in Überwasserlage und versenkten ihn. So und ähnlich wurden nach und nach die deutschen U-Tanker ausgeschaltet.

Die alliierte U-Boot-Abwehr hatte an Stärke so zugenommen, daß ab Mitte 1943 von drei U-Booten zwei nicht von Feindfahrt zurückkehrten. Der Kampf gegen U-Boote wurde auch im zweiten Halbjahr 1943 mit großer Intensität weitergeführt. Im Juli versenkten die alliierten See- und Luftstreitkräfte 37 U-Boote. Der überwiegende Teil wurde aus der Luft vernichtet und die Hälfte davon in der Biskaya.

Um den Druck, den die Rote Armee auf die deutsche Ostfront ausübte, abzuschwächen, hatte Hitler von Dönitz gefordert, die Nordmeer-Konvois der Alliierten verstärkt anzugreifen. Ab 1944 schickte die deutsche U-Boot-Führung zunehmend Boote ins Europäische Nordmeer. Bis zu 24 Boote operierten jetzt auf den nördlichen Geleitwegen der Alliierten.

Versenkter Handelsschiffsraum 1943[1]

Januar	44 Schiffe	307 196 BRT
Februar	67 Schiffe	362 081 BRT
März	110 Schiffe	633 731 BRT
April	50 Schiffe	287 137 BRT
Mai	45 Schiffe	237 182 BRT
Juni	17 Schiffe	76 090 BRT
Juli	42 Schiffe	237 777 BRT
August	20 Schiffe	92 443 BRT
September	16 Schiffe	98 852 BRT
Oktober	20 Schiffe	91 295 BRT
November	9 Schiffe	30 726 BRT
Dezember	8 Schiffe	55 794 BRT
Gesamt	448 Schiffe	2 510 304 BRT

1 Angaben nach V. E. Tarrant, Kurs West, S. 156–184.

Insgesamt ging die Effektivität des U-Boot-Einsatzes stark zurück. Die Verluste auf deutscher Seite stiegen. So betrug die Lebenserwartung der deutschen U-Boote jetzt nur noch durchschnittlich zwei Einsätze. Von September 1943 bis Juni 1944 versenkten deutsche U-Boote im Nordatlantik 12 alliierte Transporter. Dagegen wurden allein auf diesem Seeschauplatz von den UAW-Kräften 72 U-Boote vernichtet.

Operation Overlord

In der ersten Hälfte des Jahres 1944 nahmen die alliierten Vorbereitungen auf die Landung in der Normandie immer konkretere Formen an. Fester Bestandteil der Vorbereitungsphase waren umfangreiche Maßnahmen zum Kampf gegen die deutschen U-Boote. Die verbündete U-Boot-Abwehr rechnete mit dem Einsatz von 200 U-Booten gegen die Landungsflotte. Das alliierte Oberkommando nahm an, daß die deutsche Kriegsmarine in den Stützpunkten an der Biskaya bis zu 130 U-Boote durch Verlegung aus Norwegen und aus der Ostsee konzentrieren könnte. Es ging bei der Einleitung der UAW-Maßnahmen weiter davon aus, daß innerhalb von zehn Tagen weitere 70 U-Boote in das Landungsgebiet beordert werden könnten. Diese Kräfte konnten zur ernsten Gefahr werden. Doch dann brachte das alliierte Oberkommando durch Aufklärungsinformationen in Erfahrung, daß in den Häfen an der Biskaya über 50 U-Boote zusammengezogen worden wären, um im Falle der erwarteten Landung die Landungsverbände anzugreifen.

Von der U-Boot-Abwehr versenkte U-Boote
(Oktober 1943 bis Mai 1944)

UAW-Kräfte	Anzahl
Überwasserkampfschiffe	53
Flugzeuge	74
Schiffe und Flugzeuge im Zusammenwirken	16
Minen	3
Jagd-U-Boote	3
Gesamt	149

Alliierte U-Jagd-Flugzeuge begannen bereits drei Monate vor der Landung mit der verstärkten U-Boot-Suche auf den wahrscheinlichen Anmarschwegen deutscher U-Boote. Auf diese Weise wurden allein vom 16. bis 30. Mai 1944 in der Nordsee 22 U-Boote entdeckt; sechs davon wurden vernichtet. Im Juni 1944 wurden von 22 georteten U-Booten neun versenkt. Die U-Jagd-Kräfte beschädigten mehrere Boote so schwer, daß sie in ihre Stützpunkte zurückkehren mußten. Zur Sicherung der Invasion gegen U-Boote hatten die Alliierten zwischen Portsmouth und Cherbourg vor dem Kanal drei Geleitträger sowie 57 Sicherungsschiffe entfaltet.

In Erwartung von U-Boot-Angriffen auf die Invasionsflotte, entfalteten die Alliierten bis zum D-Tag an den Hauptangriffsrouten Sicherungsgruppen, die sie aus 54 U-Jagd-Einheiten formierten. Außerdem wurde von Maschinen des Küstenkommandos der RAF im Zusammenwirken mit in See operierenden Zerstörerflottillen über dem Westeingang zum Kanal und über dem Golf von Biskaya verstärkt Luftpatrouille geflogen. Bei der Berechnung der Suchstreifen ging die alliierte U-Boot-Abwehr davon aus, daß die deutschen U-Boote eine Unterwasserfahrstrecke von 94 Seemeilen bei einer angenommenen Unterwassergeschwindigkeit von vier Knoten zu durchlaufen hätten. Daß diese Rechnung aufging, bewies die hohe Effektivität, mit der die U-Boot-Verfolgung in den Seegebieten geführt wurde, in denen man das Auftauchen der Boote erwartete.

Wie angenommen, setzte die deutsche U-Boot-Führung, als sich das Gebiet der Invasion konkreter abzeichnete, ihre Boote gegen die Landungskräfte ein. Die Kommandanten griffen auch entschlossen an, hatten aber kaum eine Chance die U-Boot-Abwehr der Alliierten zu überwinden. Zu stark waren Luftüberwachung und Sicherungsgürtel der Seestreitkräfte, die, im jahrelangen U-Boot-Abwehrkampf eingespielt, hervorragend zusammenwirkten. Im Verlauf von fünf Tagen, vom 6. bis 10. Juni 1944 sichteten die Sicherungskräfte etwa 40 U-Boote, wovon 24 angegriffen wurden. In diesen Abwehrkämpfen wurden allein von den Luftsicherungen sechs U-Boote versenkt und zahlreiche Boote beschädigt.

Nach der Landung der Alliierten in der Normandie versenkten die U-Boote bis Ende August 1944 lediglich fünf Sicherungsfahrzeuge, 12 Transporter und vier Landungsschiffe, und das obwohl in dem Zeitraum 5 000 Fahrzeuge den Landungsabschnitt anliefen. In dieser dramatischen Periode wurden von 30 im Kanal eingesetzten U-Booten 20 versenkt. Unter diesen Lagebedingungen konnten die deutschen U-Boote die in sie gesetzten Erwartungen nicht erfüllen. Trotz zähen Ringens waren sie nicht in der Lage, die Landung zu behindern, geschweige denn zum Scheitern zu bringen.

Versenkter Handelsschiffsraum 1944[1]

Januar	11 Schiffe	74 816 BRT
Februar	14 Schiffe	66 043 BRT
März	16 Schiffe	94 721 BRT
April	9 Schiffe	62 149 BRT
Mai	4 Schiffe	24 423 BRT
Juni	12 Schiffe	57 406 BRT
Juli	14 Schiffe	61 395 BRT
August	17 Schiffe	91 454 BRT
September	8 Schiffe	50 790 BRT
Oktober	4 Schiffe	1 659 BRT
November	5 Schiffe	25 193 BRT
Dezember	11 Schiffe	53 268 BRT
Gesamt	125 Schiffe	663 317 BRT

Als nach der Landung in der Normandie die U-Boot-Stützpunkte am Golf von Biskaya durch die vorrückenden Alliierten bedroht waren, begann die deutsche U-Boot-Führung die Verlegung der Boote in norwegische Häfen. Beim Marsch durch die Biskaya und den Kanal wurden allein Mitte August 1944 15 U-Boote von U-Jagd-Flugzeugen versenkt. Die Boote, die sich nach Norwegen durchschlagen konnten, liefen in den letzten Monaten des Krieges aus behelfsmäßigen norwegischen Stützpunkten gegen eine hochgerüstete U-Boot-Abwehr aus. Die Folge war, daß der U-Boot-Einsatz in der Atlantikschlacht zum drastischen Rückgang der Versenkungsziffern und zu einem deutlichen Anstieg der U-Boot-Verluste führte.

So ging der Kampf gegen die U-Boot-Rudel mit einem Sieg der alliierten U-Boot-Abwehrkräfte zu Ende. Es wäre ungerecht, die

1 Angaben nach V. E. Tarrant, Kurs West, S. 176–184.

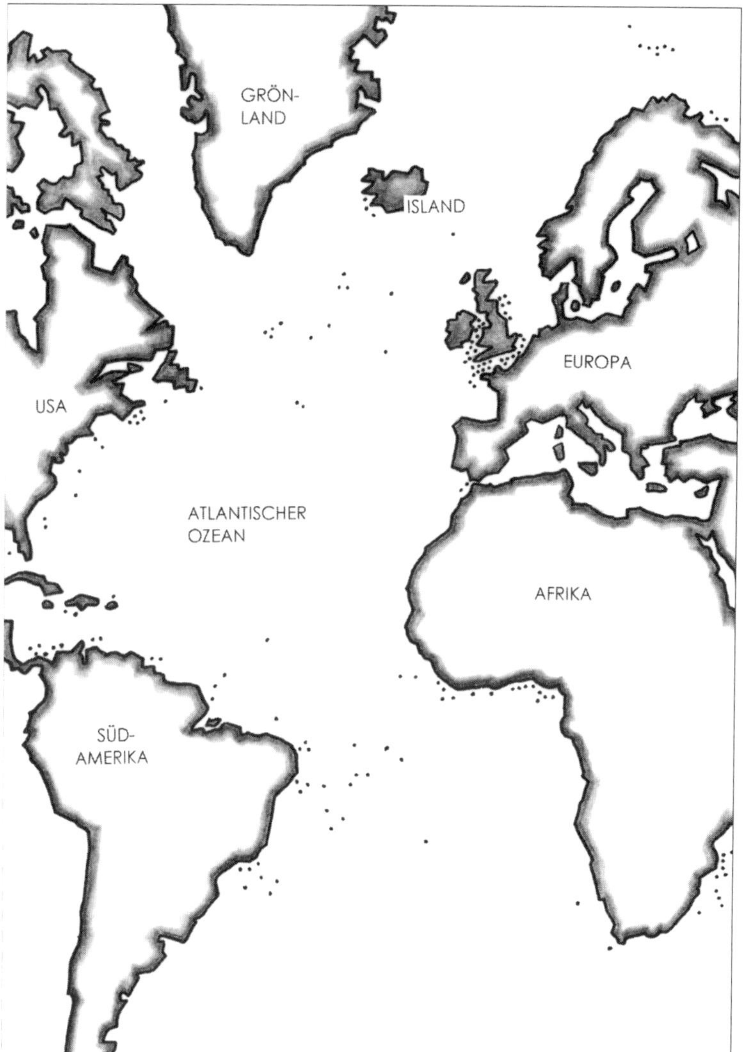

Schiffsverluste durch U-Boote
von Juni 1943 bis Mai 1945

Erfolge in diesem Kampf einer Kräftegattung zuschreiben zu wollen. Die Gesamtheit aller Anstrengungen führte letztendlich zum Sieg über die zeitweilig existenzbedrohenden deutschen U-Boot-Rudel. Dazu gehört an erster Stelle das von den Briten entwickelte und von den alliierten See- und Luftstreitkräften getragene Konvoisystem und die Formierung und Ausbildung spezieller Geleitschiffsgruppen. Weiterhin die Ausrüstung dieser Kräfte mit leistungsfähigen Asdicanlagen, mit HF/DF-Geräten, mit Kurzwellensprechfunkgeräten, mit den Leigh-Light-Scheinwerfern, mit verbesserten Radaranlagen und Wasserbomben sowie mit den Hedgehog-Salvenwerfern.

Eine wesentliche Unterstützung für den erfolgreichen Kampf gegen U-Boote auf den alliierten Seeverbindungen war die Entschlüsselung des deutschen Funkverkehrs. Nach dem Kriege stellte die US-Admiralität in ihrem geheimen U-Boot-Report fest, daß 96 deutsche U-Boote von amerikanischen Schiffen und Flugzeugen nur deshalb versenkt werden konnten, weil ihre Standorte und Handlungen von der Funkaufklärung festgestellt wurden.

Versenkter Handelsschiffsraum 1945[1]

Januar	14 Schiffe	67 410 BRT
Februar	18 Schiffe	75 911 BRT
März	15 Schiffe	65 901 BRT
April	12 Schiffe	64 532 BRT
Mai	4 Schiffe	10 722 BRT
Gesamt	63 Schiffe	284 476 BRT

Von der U-Boot-Abwehr versenkte U-Boote
(Juni 1944 bis Mai 1945)

UAW-Kräfte	Anzahl
Überwasserkampfschiffe	79
Flugzeuge	151
Schiffe und Flugzeuge im Zusammenwirken	14
Minen	18
Jagd-U-Boote	9
Gesamt	271

1 Angaben nach V. E. Tarrant, Kurs West, S. 176–184.

Bilanz des Kampfes gegen U-Boote

Versenkte U-Boote

Von der alliierten U-Boot-Abwehr versenkte deutsche U-Boote
(September 1939 bis Mai 1945)

U-Boot-Abwehrkräfte	Anzahl
Überwasserkampfschiffe	246
Flugzeuge	374
Schiffe und Flugzeuge im Zusammenwirken	46
Minen	32
Jagd-U-Boote	24
Andere Ursachen	59
Gesamt	781

Vergleicht man die Zahlen des von deutschen U-Booten im Ersten Weltkrieg versenkten Handelsschiffsraumes mit denen des Zweiten Weltkrieges, stellt diesem Ergebnis die Anzahl der in beiden Weltkriegen eingesetzten U-Boote gegenüber und betrachtet außerdem noch die Zahlen der U-Boot-Verluste, dann wird klar, welche Entwicklung der Kampf gegen U-Boote in all seinen Ebenen von Strategie bis hin zur Taktik genommen hatte und wie die U-Boot-Abwehrwaffen und technische Mittel vervollkommnet worden waren.

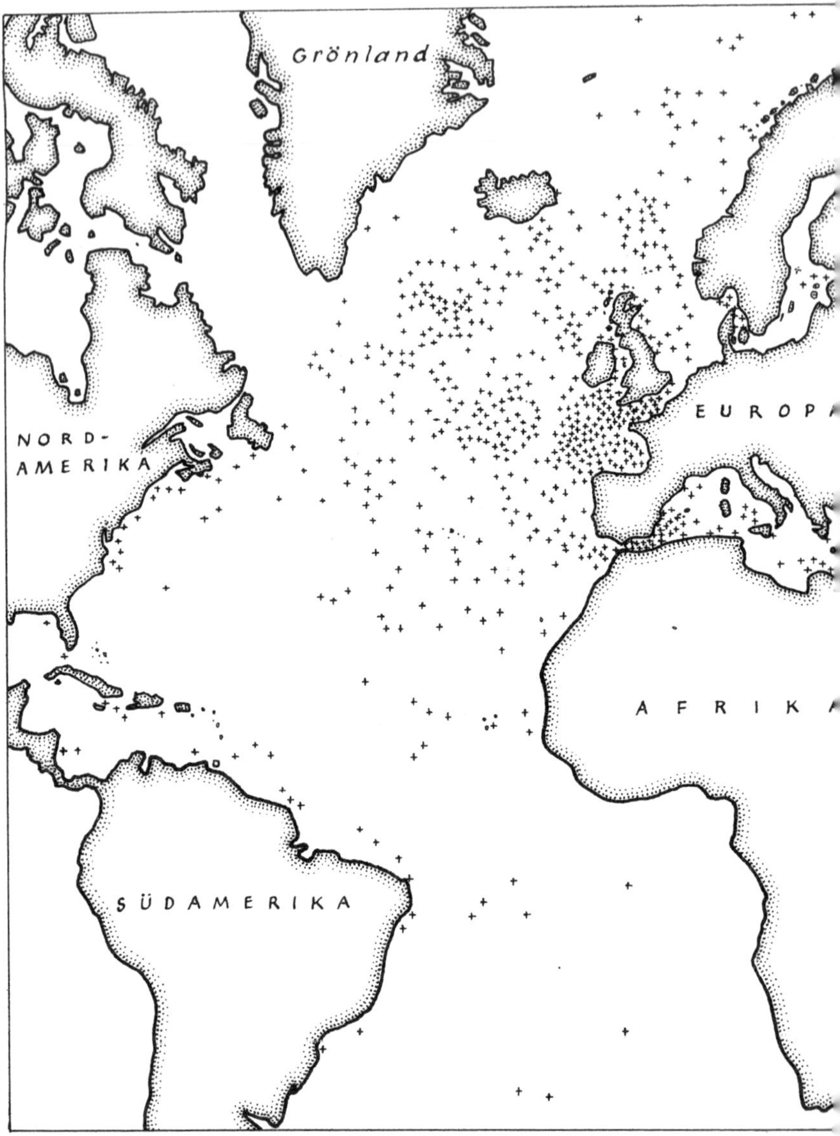

Gesamtverluste deutscher U-Boote

Versenkte Handelsschiffstonnage

Alliierte Schiffsverluste durch deutsche U-Boote
von 1939 bis 1945

Kriegsjahr	Anzahl	Tonnage
1939	147 Schiffe	509 321 BRT
1940	467 Schiffe	2 276 207 BRT
1941	457 Schiffe	2 298 714 BRT
1942	1 155 Schiffe	6 149 473 BRT
1943	448 Schiffe	2 510 304 BRT
1944	125 Schiffe	663 317 BRT
1945	63 Schiffe	284 476 BRT
Gesamt	2 862 Schiffe	14 690 812 BRT

Schluß

Vergleicht man Aktivitäten und Ergebnisse sowohl der U-Boote als auch ihrer Gegner, der U-Jäger, im Ersten und im Zweiten Weltkrieg, so wird deutlich, daß in den Jahren von 1939 bis 1945 wesentlich mehr U-Boote eingesetzt waren und auch mehr vernichtet wurden als in den Jahren von 1914 bis 1918. Dabei reichten die Tonnageverluste, die von den westlichen Verbündeten durch 343 deutsche U-Boote hingenommen werden mußten, fast an die Verluste durch 820 U-Boote des zweiten Weltkrieges heran. In der britischen Marinegeschichtsschreibung wird sogar eingeschätzt, *daß der U-Boot-Handelskrieg zum entscheidenden Faktor geworden wäre, den Kriegsausgang zu Deutschlands Gunsten zu bestimmen, wenn im Spätsommer 1917 die deutsche Seite zur Taktik übergegangen wäre, die Geleitzüge mit in Gruppen konzentrierten U-Booten anzugreifen. Ohne Asdic-, Radar- oder HF/DF-Ausrüstung hätten die von der Anzahl her völlig unzureichenden Geleitsicherungsfahrzeuge den aufgetaucht bei Nacht in Rudeln angreifenden deutschen U-Booten machtlos gegenübergestanden.*(s. V. E. Tarrant, Kurs West, S. 202.) Auch amerikanische Kreise schätzten für 1917 ein, wenn zu dieser Zeit ständig 50 U-Boote auf den Seewegen nach Großbritannien operiert hätten, wäre der Sieg im Weltkrieg Deutschland zugefallen.

Vor einer ähnlichen Situation stand die britische U-Boot-Abwehr in der sogenannten *glücklichen Zeit der U-Boot-Fahrer*, vom Juni 1940 bis zum März 1941, als Großbritannien seine Konvois entblößen mußte, um eine eventuelle deutsche Invasion abzuwehren. Wären zu diesem Zeitpunkt die von Dönitz geforderten 300 U-Boote an der Front gewesen, hätte die Schlacht im Atlantik für die britische U-Boot-Abwehr mit einer Katastrophe enden können. Als dann im August 1942 358 U-Boote zur Verfügung standen, war die alliierten Abwehr, trotz der Verluste, die sie noch immer hinnehmen mußte, stark genug, ihre Seeverbindungen so weit zu sichern, daß von einer Blockade Großbritanniens nicht gesprochen werden konnte.

Im Ersten Weltkrieg war die Anzahl der durch Flugzeuge versenkten U-Boote noch unbedeutend, während im Verlaufe des Zweiten Weltkrieges die Fliegerkräfte vor den Überwasserkampfschiffen in der Anzahl der versenkten U-Boote an erster Stelle rangieren. So gingen allein auf das Konto der Flugzeuge und deren Mithilfe bei der U-Boot-Verfolgung 47 Prozent der deutschen U-Boot-Verluste. Weiterhin liefen nach britischen Angaben von 33 U-Booten 16 auf Minen, die von Flugzeugen gelegt worden waren.

Der Kampf gegen die auf den alliierten Seeverbindungen operierenden deutschen U-Boote wurde nach der Wende in der Schlacht im Atlantik, im Sommer 1943, in anderen Maßstäben geführt als in den ersten Kriegsjahren. Ein tiefgestaffeltes Blockadesystem, in dem vor allem U-Jagd-Flugzeuge, UAW-Schiffe und Unterseeboote handelten, erschwerten den U-Booten bereits das Auslaufen und die Entfaltung in ihren Operationsgebieten. Zusätzlich wurden die Anmarschwege und U-Boot-gefährdete Seegebiete von frei manövrierenden U-Jagd-Gruppen, die mit U-Jagd-Flugzeugen zusammenwirkten, abgesucht. Sämtliche U-Boot-Stützpunkte, Ausbildungseinrichtungen, U-Boot-Werften und Zulieferbetriebe waren aufgeklärt, wurden überwacht und immer wieder mit Bomben belegt.

Diese gewaltigen Kräfte konnten durch Ultra-Informationen zielgerichtet gegen die U-Boote und ihr Hinterland eingesetzt werden. Gelang ihnen dennoch der Durchbruch in den Atlantik, kamen die Boote an den stark durch See- und Luftstreitkräfte gesicherten Konvois kaum noch zum Schuß, und das, obwohl die U-Boot-Führung 1944 noch über 450 U-Boote zur Verfügung hatte. Das waren mehr U-Boote als Dönitz vor dem Kriege zur *Niederwerfung* Großbritanniens gefordert hatte.

Man wird V. E. Tarrant Recht geben müssen, wenn er feststellt, daß der Kampf gegen U-Boote an den Konvois entschieden wurde. Hier wurde nicht nur devensiv die Handelsschiffstonnage mit den transportierten lebenswichtigen Kriegs- und Versorgungsgütern durch See- und Luftstreitkräfte geschützt, sondern hier waren auch die deutschen U-Boote konzentriert und boten den U-Boot-Abwehrkräften die Ziele, die sie bei der sogenannten *offensiven* U-Jagd in den Weiten des Ozeans in kräftezehrenden Patrouilleneinsätzen oft vergeblich gesucht hatten. Das von den Briten geschaffene alliierte Konvoisystem war das effektivste sowohl defensive als auch offensive Mittel im Kampf gegen die deutschen U-Boote.

Die Überlegenheit der U-Boot-Abwehr über die deutsche U-Boot-Waffe vor allem in der letzten Phase des Zweiten Weltkrieges, kann auch mit Zahlen belegt werden: Von 1939 bis 1945 wurden mit 781 Booten annähernd 73 Prozent der deutsche U-Boote versenkt. Von 1914 bis 1918 machten die 178 versenkten U-Boote rund 51 Prozent der in Dienst gestellten aus. Blieben im Ersten Weltkrieg rund 6 000 deutsche U-Boot-Fahrer in See, so fanden im Zweiten Weltkrieg von 39 000 U-Boot-Fahrern über 30 000 den Tod auf den Meeren.

Insgesamt gesehen war der Kampf gegen U-Boote im Zweiten Weltkrieg 32mal teuer als der deutsche U-Boot-Bau und -Einsatz. Und der britische Premierminister mußte am Ende dieses Menschen und Material vernichtenden Kampfes feststellen: *Das einzige, was mich während des Krieges wirklich beängstigte, war die Bedrohung durch die U-Boote.* (W. S. Churchill, Der Zweite Weltkrieg, S. 458).

Der überaus erfolgreiche Einsatz der deutschen U-Boote in beiden Weltkriegen, der den Seekrieg revolutionierte, in dem die U-Boote durch ihren Tonnagekrieg die Briten zwangen, sich von ihren Vorkriegsdoktrinen zu trennen und sich auf die Hauptaufgabe der Royal Navy – den Schutz der Handelsflotte auf dem Lebensnerv des Inselreiches, den Seeverbindungen – zu konzentrieren.

ANHANG

Glossar

Angriff auf ein U-Boot: Umfaßte das Bestimmen der Bewegungselemente des U-Bootes (Kurs, Geschwindigkeit und Tauchtiefe), die Annäherung zum Einsatz der Waffen und die Manöver nach dem Waffeneinsatz zur Wiederherstellung des Kontaktes. Es wurden Einzelangriffe und Gruppenangriffe mit getrenntem und gleichzeitigem Waffeneinsatz unterschieden.

Binauraleffekt: Eigenschaft des menschlichen Gehörorgans, die Richtung zu einer Schallquelle bestimmen zu können.

Dopplereffekt: Eine relative Verlagerung der Schallquelle und des Empfängers, bei der sich die Frequenz der empfangenen Schwingungen ändert. Bei Annäherung erhöht sich die Frequenz der empfangenen Schwingungen (der empfangene Ton wird höher), bei Entfernung voneinander verringert sie sich (der empfangene Ton wird tiefer).

Interferenz: Überlagerung, gegenseitiges Einwirken von zusammentreffenden Schwingungen.

Kabellänge (kbl): In der Seefahrt übliches Längenmaß, zehnter Teil einer Seemeile = 185,2 Meter

Prisenkommando: Gruppe bewaffneter Marineangehöriger, die von einem Kriegsschiff auf ein gegnerisches oder neutrales Handelsschiff übersetzt, um dessen Ladung auf Konterbande (Ladung, die nicht in ein Land eingeführt werden darf; im Kriege Waren, die direkt der Kriegsführung dienen) zu untersuchen und im Falle der Beschlagnahme das Schiff in einen eigenen oder verbündeten Hafen überführt.

Refraktion: Brechung von Schallwellen, d. h. ihre Ablenkung beim Übergang einer Temperaturschicht in eine andere.

Rudeltaktik: Im Zweiten Weltkrieg so bezeichnete und von der deutschen U-Boot-Waffe mit großem Erfolg angewendete Methode, U-Boote in größeren Gruppen gegen Geleitzüge einzusetzen.

Schiffsvermessung:

1. **Deplacement**, Masse der vom eingetauchten Schiffskörper verdrängten Wassermenge. Das D. entspricht der Gesamtmasse des Schiffes und wird in Tonnen gemessen. Bei Kriegsschiffen wird das D. in der Regel in englischen Tonnen (ts) zu je 1016 Kilogramm angegeben. Wir unterscheiden bei Kriegsschiffen die
   - Standard- (Typ-) Verdrängung des vollausgerüsteten Schiffes ohne Treib- und Schmierstoffvorräte;
   - Konstruktionsverdrängung des voll ausgerüsteten Schiffes mit normalem Treib- und Schmierstoffvorrat;
   - Maximalverdrängung mit der höchstmöglichen Überlast an Kampfmittel, Treib- und Schmierstoffen.
2. **Registertonne,** Raummaß für die Vermessung von Handelsschiffen. Einer RT entsprechen 100 englische Kubikfuß = 2,83 m^3. Wir unterscheiden die
   - Bruttoregistertonne (BRT), sie umfaßt den Gesamtinhalt aller festumbauten Schiffsräume einschließlich Aufbauten, außer den Räumen für die

Hauptantriebsanlagen sowie für die Sanitärtrakte, Kombüse, Niedergänge u.ä.

- Nettoregistertonne (NRT), sie umfaßt den Inhalt des Raumes, der für Ladung beziehungsweise Fahrgäste genutzt werden kann.

Seemeile (sm): In der Seefahrt übliches Längenmaß, das aus dem Äquatorumfang der Erde abgeleitet wurde. Die Seemeile entspricht der Länge einer Bogenminute = 1/60 Grad = 1852 m.

U-Boot-Abwehr: 1. Art der Gefechtssicherstellung von Kampfhandlungen mit dem Ziel, gegnerische U-Boote zu suchen und zu vernichten beziehungsweise Schläge gegnerischer U-Boote zu erschweren oder zu verhindern. 2. Abwehrart, die vor Stützpunkten und Reeden oder im Verband von Kriegsschiffen, bei der Geleitsicherung und auf Kampfschiffen organisiert wird.

U-Boot-Bekämpfung: Gezielter Einsatz der U-Jagd-Bewaffnung bei der U-Boot-Verfolgung.

U-Boot-Jagd (U-Jagd): Kampfhandlungen der Seestreitkräfte im Kampf gegen U-Boote. Die U-Jagd umfaßt die U-Boot-Suche und die U-Boot-Verfolgung.

U-Boot-Suche: Systematische Handlungen der U-Jäger und U-Jagd-Flugzeuge, um gegnerische U-Boote auszumachen und im weiteren zu verfolgen.

U-Boot-Verfolgung: Kampfhandlungen der U-Jäger und U-Jagd-Flugzeuge nach dem Ausmachen eines gegnerischen U-Bootes, um es zu vernichten beziehungsweise an der Erfüllung seiner Aufgabe zu hindern. Die U-Boot-Verfolgung umfaßt das Kontakthalten zum U-Boot, die Einnahme günstiger Ausgangspositionen zum Angriff, die U-Boot-Bekämpfung und das Wiederherstellen des Kontaktes, wenn dieser nach einem Angriff verlorengegangen ist und das U-Boot nicht vernichtet wurde.

Wasserbombensalve: Bestimmte Anzahl von Wasserbomben, die gleichzeitig oder in kurzen Zeitintervallen abgeschossen werden. Wasserbombensalven werden aus Wasserbombensalvenwerfern abgeschossen, um ausgemachte U-Boote zu vernichten.

Wasserbombenserie: In festgelegten Zeitintervallen nacheinander geworfene Wasserbomben. Die WBS wurde aus Wasserbombeneinzellagern, aus Wasserbombenablaufgerüsten und aus Wasserbombenwerfern mit gleicher und unterschiedlicher Detonationstiefeneinstellung geworfen, um einen möglichst großen Raum unter der Wasseroberfläche mit Wasserbomben zu belegen, damit das ausgemachte U-Boot mit höherer Wahrscheinlichkeit vernichtet werden konnte.

Auswahlbibliographie

Assmann, Kurt: Deutsche Seestrategie in zwei Weltkriegen, Heidelberg 1957.

Bagnasco, Erminio: Uboote im 2. Weltkrieg, Technik-Klassen-Typen. Eine umfassende Enzyklopädie. 5. Aufl., Stuttgart 1996.

Ballard, Robert D. mit Rick Archbold: Die Entdeckung der Bismarck, Frankfurt/M. – Berlin 1993.

Bekker, Cajus: Verdammte See. Ein Kriegstagebuch der deutschen Marine 1939 – 1945, Gräfelfing vor München o. Jg.

Böddeker, Günter: Die Boote im Netz. Karl Dönitz und das Schicksal der deutschen U-Boot-Waffe, Bergisch-Gladbach 1991.

Brennecke, Jochen: Jäger – Gejagte. Deutsche U-Boote 1939 – 1945. 7., überarb. u. wesentl. erw. Aufl., Herford 1989.

Busch, F.-O.: Krieg der Grauen Wölfe. Die Feindfahrten des Unterseebootes U 110, 2. Aufl., Rastatt 1986.

Busch, Harald: So war der U-Boot-Krieg, Bielefeld 1952.

Churchill, Winston: Der Zweite Weltkrieg. 5. Aufl., Bern – München – Wien 1996.

Dönitz, Karl: Zehn Jahre und zwanzig Tage. Erinnerungen 1935 – 1945, Bonn 1991.

Frank, W.: Die Wölfe und der Admiral, Oldenburg 1953.

Gannon, Michael: Operation Paukenschlag. Der deutsche U-Boot-Krieg gegen die USA, Augsburg 1997.

Gebauer, Jürgen / Krenz, Egon: Marine Enzyklopädie, Berlin 1998.

Grenfell, R.: Die Seemacht im nächsten Kriege, Berlin 1939.

Groos, Otto: Seekriegslehren im Lichte des Weltkrieges, Berlin 1920.

Herzog, Bodo: Deutsche U-Boote 1906 – 1966, Erlangen 1993.

Kaulisch, B.: U-Boot-Krieg 1914 – 1918, Berlin 1978.

Kruse, E.-W.: Neuzeitliche Seekriegsführung, Berlin 1938.

Kuenne, R. E.: Das Angriffs-U-Boot – eine strategische Studie, New Haven und London 1965.

Kurowski, Franz: Krieg unter Wasser. U-Boote auf den sieben Meeren 1939 – 1945, Düsseldorf und Wien 1979.

Lakowski, Richard: U-Boote. Zur Geschichte einer Waffengattung der Seestreitkräfte, Berlin 1985.

Ders.: Deutsche U-Boote Geheim 1935 – 1945, Berlin 1997.

Michelsen: Der U-Boot-Krieg 1914 – 1918, Leipzig 1925.

Minow, Fritz: Die Stalingrader Schlacht und ihre Auswirkungen auf die deutsche Seekriegsführung im Zweiten Weltkrieg. In: Marinewesen, Rostock, 10/1968.

Peillard, Léonce: Geschichte des U-Boot-Krieges 1939/1945, Wien 1970.

Ders.: Die Schlacht im Atlantik, Klagenfurt 1975.

Rohwer, Jürgen: Die U-Boot-Erfolge der Achsenmächte 1939 – 1945, München 1968.

Ders.: »Ultra«, xB-Dienst und »Magic«. Ein Vergleich ihrer Rolle für die Schlacht im Atlantik und den Krieg im Pazifik. In: Marinerundschau 10/1979.

Rohwer, Jürgen; Jäckel, Eberhard: Die Funkaufklärung und ihre Rolle im zweiten Weltkrieg, Stuttgart 1979.

Roskill, S. W.: Royal Navy. Britische Seekriegsgeschichte 1939 – 1945, Oldenburg – Hamburg 1961.

Ruge, Friedrich: Der Seekrieg 1939–1945, Stuttgart 1954.

Schofield, Brian B.: Geleitzug Schlachten. In der Hölle des Nordmeeres, München 1983.

Sohler, Herbert: U-Boot-Krieg und Völkerrecht. In: Beiheft 1 der Marine-Rundschau, September 1956.

Tarrant, V. E.: Kurs West. Die deutschen U-Boot-Offensiven 1914 – 1945, Stuttgart 1989.

Thomas, Lowell: Ritter der Tiefe, Berlin 1931.

Topp, Erich: Fackeln über dem Atlantik. Lebensbericht eines U-Boot-Kommandanten, 3. Aufl., Berlin 1997.

Vat, Dan van der: Schlachtfeld Atlantik, Der deutsch-britische Seekrieg 1939 – 1945, 2. Aufl., München 1990.

Register